Leo Ochsenbauer
Klaus-M. Schremser

Nullzeit, Sex und Tiefenrausch

333 Antworten auf Taucherfragen

KOSMOS

Zu diesem Buch

WER IST LEO OCHSENBAUER?

Leopold Ochsenbauer, wie sein vollständiger Name lautet, wurde am 29. September 1967 in Wien, Österreich, geboren und ist Herausgeber und Chefredakteur des Online- Wassersportmagazins „nullzeit.at". Neben dieser Tätigkeit arbeitet er als Konzeptionist und Projektleiter für das renommierte österreichische Internetunternehmen net-value sowie als freier Journalist und Fotograf für diverse Medien, wie etwa den Magazinen Aquanaut (CH) und Seastar Tauchsport XL (D). Seinen journalistischen Grundstein legte er – nach einigen Jahren Tätigkeit als Aufnahmeleiter beim österreichischen Spielfilm – bei der Austria Presse Agentur (APA).
Seit 1994 zählt der Tauchsport zu seinen großen Leidenschaften, seit 2003 ist er auch zertifizierter Tauchlehrer und Erste-Hilfe-Ausbilder (PADI MSDT + EFR-Instructor) mit über 1000 Tauchgängen weltweit.

WER IST KLAUS-M. SCHREMSER?

Der am 26. November 1975 in Wien geborene Klaus-M. Schremser, dessen M für Michael steht, ist ebenfalls Chefredakteur von „nullzeit.at". Sein Hauptaugenmerk liegt bei seiner Familie und seiner Arbeit als technischer Projektleiter beim führenden, österreichischen Hersteller für Internet-Portal-Lösungen, Gentics, die ihn seit seinem Studium der Betriebswirtschaftslehre beruflich ausfüllt.
Im Jahr 1996 kam er erstmals mit dem Tauchsport in Berührung, wobei er den Großteil seiner bis dato unzähligen Tauchgänge in den kalten, aber wunderschönen Seen Österreichs durchführte. Erst spät entbrannte seine Liebe zum Meer. Seit kurzem engagiert er sich auch bei der Wasserrettung Mödling, wo einige der Fragen in diesem Buch entstanden sind. Neben dem Wassersport zieht es ihn zum Triathlon und Halb-Ironman hin, für die er lange und ausdauernd trainiert.

WOFÜR STEHT DER BEGRIFF NULLZEIT.AT?

Das bereits mehrfach angesprochene Wassersportmagazin „nullzeit.at" wurde im Jahr 2000 durch Leo Ochsenbauer, Klaus-M. Schremser und Nicolaus Piso gegründet und zählt mit seinen Teilbereichen Tauchen, Segeln und Surfen heute zu den zugriffsstärksten Online-Magazinen im deutschsprachigen Raum.
Der Begriff „Nullzeit" stammt aus dem Tauchsport und definiert die Zeitspanne vom Abtauchen bis zum Beginn des Wiederaufstiegs, in der man ohne Dekompressionsstopp – unter Einhaltung der maximalen Aufstiegsgeschwindigkeit – an die Wasseroberfläche zurückkehren kann. Das Kürzel „.at" wird als Top-Level-Domain (TLD) bezeichnet und kennzeichnet ein bestimmtes Land oder eine Kategorie, in unserem Fall stehen die Buchstaben für Österreich.

Inhalt

Zu diesem Buch

Vor der Entstehung dieses Buches war eine Idee. In meiner langjährigen Arbeit als Tauchjournalist und Tauchlehrer hatte ich bemerkt, dass es zwar etliche Nachschlagewerke zum Thema Tauchsport gibt, alle aber für sich genommen entweder nur einen ausgesprochen spezifischen Blick auf ein bestimmtes Thema (wie z. B. Rifführer oder medizinische Ratgeber) richten, oder aber zu den klassischen Ausbildungsbüchern zählen, bei deren Durchlesen mir schon während meiner Ausbildung die Augen zugefallen sind.

Auch wird sehr vieles in der mir bekannten Tauchliteratur gar nicht behandelt, da dieses Wissen als unnötig gilt – zu Unrecht, wie ich meine. Immer wieder wurde ich mit Fragen von Schülern konfrontiert, die ich nur sehr schwer oder gar nicht beantworten konnte. Warum springen Delfine aus dem Wasser? Wieso hilft in die Maske spucken gegen das Beschlagen? Wer hat die Tauchflasche erfunden? Sind Haie wirklich so aggressiv, wie man immer wieder hört? Keine dieser Fragen ist für die Ausübung des Tauchsports besonders relevant, aber dennoch verlangen sie geradezu nach einer Antwort. Die Erstauswahl der Fragen für dieses Buch war auch nicht leicht – nicht etwa, weil wir keine fanden, sondern weil wir so viele entdeckten. In diesem Buch beantworten wir die aus unserer Sicht 333 wichtigsten Fragen.

Wir haben im Zuge der Recherchen für dieses Buch auch gemerkt, dass es manche Erkenntnisse gibt, die in den unterschiedlichsten Quellen unterschiedlich interpretiert, wiedergegeben oder gelistet sind. Es mag daher sein, dass manch ein Leser bei der einen oder anderen Frage eine andere Antwort kennt oder gefunden hätte – jede Antwort in diesem Buch für sich ist aber über einige Quellen verifiziert und abgesichert. Manchmal müssen eben auch mehrere Antworten als richtig gelten, je nachdem von welchem Standpunkt aus man die Frage betrachtet.

In diesem Sinne wünsche ich Ihnen viel Freude beim Lesen und viele neue Informationen mit unseren Antworten auf 333 Fragen, die definitiv nicht die Welt bewegen, aber nichts desto trotz spannend sind.

Herzlichst
Ihr Leo Ochsenbauer

PADI Instructor (MSDT)
Emergency First Response Instructor
Freier Journalist und Chefredakteur von nullzeit.at, dem Online-Wassersportmagazin

„Du, wir schreiben jetzt ein Buch!"

Mit diesen Worten überraschte mich Ende 2004 Leo Ochsenbauer, mein Mitherausgeber und Partner bei nullzeit.at, dem Online-Wassersportmagazin für Tauchen, Segeln und Surfen. Zuerst wusste ich nicht so recht, was ich davon halten sollte. Als er mir jedoch seine Idee über das nun vorliegende Buch unterbreitete, war ich spontan zur Mitarbeit bereit.
Während der langen Monate, die wir mit der Recherche der Antworten auf die zuvor erarbeiteten 333 Fragen verbrachten, stellte ich immer wieder fest, wie wenig Zeit ich in den letzten Jahren dem Wissen rund um das Tauchen gewidmet habe. Ich tauche nun seit beinahe zehn Jahren und habe mich doch, wie wahrscheinlich auch die meisten von Ihnen, nach den Basiskursen nicht mehr sehr intensiv fortgebildet.
Dieses Buch hat mich wieder auf den Geschmack gebracht, mein Wissen zu vergrößern, und es hat mir gezeigt, dass Tauchen noch um vieles spannender sein kann, wenn man sein Hirn nicht nur mit Stickstoff anreichert, sondern auch mit Informationen und Wissen rund um den Tauchsport und die einen umgebende, fremde, aber doch faszinierende Unterwasserwelt.

Viele der Fragen, die mich schon immer interessierten, auf die ich jedoch bisher noch nicht nach einer Antwort gesucht habe, kann ich jetzt beantworten. Dazu zählen nicht nur Fragen zum Tauchen selbst, sondern auch solche über U-Boote oder die Tiefsee.

Ich denke, dass dieses Buch eine gelungene Informationsquelle für jeden Taucher, aber auch Nicht-Taucher, darstellt. Weil man es nicht von vorne nach hinten durchlesen muss, haben wir die Fragen themenspezifisch gegliedert. So kann sich jeder zunächst seine persönlichen „Lieblingsfragen" heraussuchen, sich dann auch mit anderen Themen beschäftigen und so seinen Horizont und sein Wissen rund ums Tauchen vergrößern.

Ich hoffe, wir können mit diesem Buch auch Ihr Interesse für die vielfältigen Gebiete des Tauchens (wieder) wecken und würden uns freuen, wenn Sie uns auf unserer Website „DasBuch.nullzeit.at" ein entsprechendes Feedback hinterlassen würden.

Zu guter Letzt möchte ich auch noch meinen besonderen Dank an meine Lebensgefährtin Lisi und meine Tochter Sophie richten, die mir sowohl Zeit als auch Unterstützung bei der Umsetzung dieses Buches gaben.

Herzlichst
Ihr Mag. Klaus-M. Schremser
PADI Rescue Diver
Chefredakteur von nullzeit.at, dem Online-Wassersportmagazin

Rund ums Tauchen

Kann man unter Wasser 100 km/h erreichen?

Ja, man kann schon, aber Man(n) nicht. Geschwindigkeiten von über 100 km/h unter Wasser erreicht nicht der Mensch, sondern nur Fische, genauer gesagt, der Fächerfisch mit Spitzengeschwindigkeiten von bis zu 120 km/h. Im Vergleich dazu erreicht ein durchschnittlicher Unterwasser-Scooter 4–6 km/h, ein 50-m-Schwimmer schafft ungefähr 8 km/h, ein Barrakuda kann im Antritt 150 km/h liefern, Quallen bis zu 2 km/h, Lederschildkröten bis zu 35 km/h und Seelöwen bis zu 40 km/h. Ein sowjetisches Atom-U-Boot der Alpha-Klasse erreicht ca. 45 Knoten, das entspricht ungefähr 80 km/h.
Kurz gesagt, der Mensch befindet sich am unteren Ende der Liste, wenn es um die Geschwindigkeiten unter Wasser geht.

Was ist die größtmögliche Abstiegsgeschwindigkeit?

Die einzige medizinische Begrenzung in der Abstiegsgeschwindigkeit ist der Druckausgleich. Wenn dieser nicht dem Abtauchen entsprechend ausgeglichen wird, kann es zu schweren Trommelfellverletzungen kommen.
Besonders die Liga der Apnoe-Taucher hat spezielle Techniken entwickelt, um sich möglichst schnell auf Tiefen von über 150 m zu bewegen. Für 150 m braucht ein Freitaucher ungefähr 3 Minuten. Damit wäre eine Abstiegsgeschwindigkeit von 50 m pro Minute möglich. Es soll sogar Leute geben, die es schaffen, dass beim Abstieg die Eustachische Röhre dauernd geöffnet bleibt. Wer dies beherrscht, für den sind nur noch der Wasserwiderstand, die Flossen, die Kraft in den Beinen und das Gewicht des Bleigurtes die einzigen Limitationen – von der Fähigkeit die Luft anzuhalten wollen wir da erst gar nicht reden.
Bei Gerätetauchern gilt allerdings zu beachten, dass, je größer die Abstiegsgeschwindigkeit ist, desto stärker steigt der Inertgaspartialdruck (Stickstoff) und desto schneller kann es zu einer Stickstoffnarkose kommen. Die „Professional Association for Technical Diving" (PATD) gibt eine maximale Abstiegsgeschwindigkeit von 15 m pro Minute vor. Wer zu schnell nach unten will, der kommt vielleicht nicht mehr nach oben.

Ist der Umgebungsdruck in Unterwasser-Badewannen höher?

Nein, der Druck innerhalb von Unterwasser-Badewannen ist gleich dem Umgebungsdruck. In einer in 10 m Tiefe montierten Badewanne entspricht der Umgebungsdruck 2 bar (1 bar von der Oberfläche + 1 bar pro 10 m). Also ist er genauso groß wie neben der Badewanne.
Die Unterwasser-Badewanne wird in der Tiefe mit Luft gefüllt und da die Atemregler umgebungsdruckabhängig sind, liefern sie dem Umgebungsdruck entsprechend komprimierte Luft (in diesem Beispiel 2 bar). Also, auch in der Unterwasser-Badewanne keine endlosen Partys abhalten.

Wie arbeiten Berufstaucher auf Bohrinseln?

Berufstaucher sind sicher die interessanteste Gilde der Taucher. Sie arbeiten oft in einer Einsatztiefe von mehreren hundert Metern Tiefe und absolvieren dabei Tauchgänge, die über Tage dauern können. Damit dies möglich wird, werden von Begleitschiffen aus Taucherglocken in die Arbeitstiefe abgesenkt und sind über einen Schlauch, den so genannten Umbilical (englisch für Nabelschnur), mit der Oberfläche verbunden. Nach einer bestimmten Wartezeit für den Druckausgleich können die Berufstaucher ihre Arbeit außerhalb der Tauchglocke beginnen, die meist nicht länger als 4 Stunden dauert. Ihre Pausen zwischen den Einsätzen verbringen die Taucher dann wieder in der Taucherglocke. Ein plötzlicher Aufstieg aus dieser Tiefe ist nicht möglich, da die Dekompression mehrere Tage dauert, die die Taucher in Druckwohncontainern verbringen können.

Ist man unter Wasser gefährdet, wenn ein Blitz einschlägt?

Grundsätzlich gilt: Raus aus dem Wasser, wenn es blitzt. Es gibt allerdings eine Theorie, dass sich um den Einschlagspunkt eines Blitzes im Wasser ein so genannter „Spannungstrichter" bildet. Taucher, die sich in der Tiefe befinden, sollten demzufolge weniger gefährdet sein, als ein Schwimmer, der sich an der Wasseroberfläche nahe dem Einschlagspunkt befindet. Das elektrische Feld nimmt ab, je tiefer man taucht. Wie stark der Einfluss eines Blitzes auf den Menschen ist, hängt von der Größe des Menschen und der Leitfähigkeit des Wassers ab: Meerwasser leitet besser als Süßwasser. Bis heute konnten leider keine echten Erfahrungen zu diesem Problem gesammelt werden, da trotz vieler Bitten kein Blitz genau dort eingeschlagen ist, wo es die Wissenschaftler gerne hätten.

Woher kommt das Buddy-System?

Das heutzutage überall gelehrte Buddy-System, also das Prinzip „nie allein, sondern stets mit einem Partner zu tauchen", kommt wahrscheinlich aus dem Bereich des Schwimmens. Die YMCA (Young Men's Christian Association) stellte fest, dass es zu viele Unfälle bei Allein-

schwimmern gab und so wurde fortan eine Art Buddy-System in der Schwimmausbildung beigebracht. Da die YMCA die erste „Organisation“ war, die Tauchausbildungen in größerem Umfang anbot, wurde dieses Buddy-Prinzip ohne weitere Studien auf das Tauchen übertragen.
Zum Buddy-System sei noch gesagt: Auch wenn das Partnersystem eine durchaus sinnvolle Sache ist, so wird sie von vielen Organisationen mehr als Dogma behandelt denn als Regel. In Österreich, Deutschland oder der Schweiz ist Solo-Tauchen nicht verboten. Auch viele Versicherungen sehen im Solo-Tauchen keinen Ausschlussgrund für ihre Leistungen, auch wenn sie ihre Leistungen sonst gerne wegen jedem Möglichen und Unmöglichen ausschließen. Generell gilt, dass man es sich sehr genau überlegen sollte, wenn man alleine in die Tiefen hinabsteigt. Das Buddy-System ist ein überaus sinnvolles Instrumentarium, das nicht nur Sicherheit für den Taucher bringt, sondern auch den Spaßfaktor erhöht.

Wieso riecht es im Schwimmbad manchmal so stark nach Chlor?

Tut es doch gar nicht. Der teilweise unangenehme Geruch rührt eigentlich von einem Chlorgemisch her, das falsch eingesetzt wurde. Chlor selbst ist ein sehr stechend riechendes Gas und würde noch weitaus unangenehmere Gerüche zur Folge haben. Da das Wasser in einem Schwimmbad aber sehr starken Verunreinigungen unterworfen ist, wie etwa Bakterien und Pilzen, die nicht mehr gefiltert werden können, müssen diese verbrannt werden. Bei diesem Vorgang, dem so genannten „Aufoxidieren“, wird der Sauerstoffgehalt im Wasser gehoben. Der natürliche Sauerstoff der Luft reicht nicht mehr aus, um die organischen, feinsten Teilchen abzubauen.
Durch Beigabe von Ozon, Wasserstoff-Superoxyd, Chloroxyd oder Chlorverbindungen, die im Wasser durch Bildung der so genannten unterchlorigen Säure HOCl ein sehr wirksames, oxidierendes Sauerstoffatom im Wasser freisetzen, werden alle Keime, Bakterien, feinste Pflanzen-, Tier- und Hautteilchen sofort wirkungsvoll verbrannt. Dies funktioniert jedoch nur bei einem pH-Wert zwischen 7,2–7,4. Ist der pH-Wert zu hoch können die zugesetzten Chlorprodukte keine HOCl mehr bilden. Das Wasser stinkt dann zwar nach Chlor, aber die Keime sind nach wie vor vorhanden.

Woher kommt der Brauch des Versenkens von Christbäumen?

Jeder Taucher hat schon einmal davon gehört oder sogar selbst dabei mitgemacht, einen Christbaum um die Weihnachtszeit herum in den Tiefen eines Sees zu versenken. Doch dieses Tun rührt nicht etwa daher, dass sich Taucher auch unter Wasser neues Equipment schenken möchten, vielmehr handelt es sich dabei um einen alten Brauch, bei dem Taucher ihrer verstorbenen Kameraden gedenken.

So kommen auch heute noch viele Feuerwehrtaucher bzw. Wasserretter dieser Tradition nach und gedenken den ertrunkenen Opfern. Im Sporttauchbereich wurde dieser schöne Brauch übernommen. Leider erinnern sich nur wenige an die Ursprünge, ganz ähnlich wie beim Weihnachtsfest.

Was bedeutet D.I.R.?

D.I.R. steht für „Doing It Right" oder „Mach es richtig". D.I.R. ist eine amerikanische Tauchideologie, die mittlerweile auch in Europa viele Anhänger gefunden hat (www.dir-ger.de). Sie gibt konkrete Anweisungen für den taucherischen Weg, wie man ausgerüstet sein muss, um nicht „stroke" (schräg) zu sein. So wird die exakte Anordnung des Tauchgeräts am Körper ebenso festgelegt wie auch die korrekte Gerätekonfiguration und Verhaltensweisen für verschiedene Tauchsportaktivitäten, wie etwa das Höhlentauchen.

D.I.R. geht aber noch weiter und stellt seinen Anhängern neben einer ausgiebigen Konfigurationsanleitung auch ein abgerundetes Taucherweltbild zur Verfügung. Wenn man den Merksätzen dieses Weltbildes konsequent folgt, dann darf es zu keiner kritischen Situation oder keinem Tauchunfall mehr unter Wasser kommen. Einer der Merksätze ist: „Eine gute Ausrüstungskonfiguration sollte von geradezu idiotensicherer Einfachheit sein!"

Das D.I.R.-Konzept kann man auf George Irvine, Projekt-Direktor des Woodville Kart Plain Project (WKPP), zurückführen.
In zahlreichen Höhlentauch-Expeditionen wurde das von Bill Hogarth Main entwickelte Hogarthian-System durch ihn verfeinert. Die Grundmerkmale dieses Systems sind dabei die korrekte Ausrüstungskonfiguration, das perfekte Zusammenspiel der einzelnen Komponenten, die Reduktion der Konfiguration auf die Basisfunktionen (hier gilt die Devise: „Weniger ist oft mehr") und damit eine verbesserte Stromlinienförmigkeit des Tauchers, eine Vermeidung von möglichen Schwachstellen, eine möglichst hohe Standardisierung der Ausrüstung und Tauchverhaltensweisen sowie die Einbindung der Tauchpartner als wichtiges Element zum Gelingen des Systems. Betrachtet man heutzutage einige so genannte „Tekkies", die man beim Tauchen trifft, scheinen sie diese Grundmerkmale noch nie gelesen zu haben.

Gibt es Unterwasser-Eishockey?

Für alle Eishockey-Fans unter uns, ja. Im März 2005 und im Februar 2006 war der Kärntner Weißensee in Österreich, der höchst gelegene Badesee Europas, der Austragungsort von Apnoe-Unterwasser-Eishockey-Länderspielen, 2005 Österreich gegen Deutschland und 2006 Österreich gegen die Slowakei. Der für seine ausgefallenen Apnoe-Events bekannte Freitaucher Christian Redl und sein Kollege Jaromir Foukal aus Österreich stellten die Eishockey-Welt auf den Kopf bzw. verlegten diese „unter Eis". Die Spielfläche betrug 8 × 6 m, die Tore wurden an der unteren Seite des Eises befestigt, der Styropor-Puck schwamm unter der Eisdecke. Die Spieler tauchten abwechselnd ohne Atemgerät im rund 2 °C kalten Wasser für eine Spieldauer von 3 × 10 Minuten unter. Nach unseren Informationen verliefen beide Spiele sehr gesittet und es kam zu keinen Ausschreitungen unter Wasser.

Woher kommt der Begriff Faden für Tiefenangaben?

Wie vieles in der Seefahrt, sind auch hier die Wikinger namensgebend gewesen. Sie benutzten zur Erkundung des Meeresbodens ein so genanntes Schwerelot. Es war auch das erste Instrument zur Erforschung der Meerestiefen. Mit ihm wurden diese vermessen und zugleich Sedimentproben an Bord ihrer Schiffe geholt.

Das Schwerelot bestand aus einem langen Faden, an dem ein Bleigewicht mit hohlem Boden befestigt war. Wurde es an Bord geholt, konnten Proben entnommen und die Länge des Fadens mittels der Armspannweite eines Seemannes gemessen werden. Diese betrug durchschnittlich 1,83 m, die heutige, vor allem in Großbritannien noch gebräuchliche Tiefeneinheit (1 Faden = 1 fathom = 1,83 m).

Kann man unter Wasser Fahrradfahren?

Mit seinem Drahtesel neue Strecken erkunden, in Gegenden vordringen, die zuvor noch wenige Menschen gesehen haben, ist ja an und für sich ein beliebter Volkssport. Warum also sollte es unter Wasser anders sein? Tatsächlich gibt es sowohl im Gerätetauchsport als auch im Apnoe-Sport einige Taucher, die ein Fahrrad im feuchten Element benützen.

Der Deutsche Wolfgang Kulow legte 2003 mit einem eigens dafür adaptierten Fahrrad von Sierksdorf zum Timmendorfer Strand mit einer Gerätetauchausrüstung 10 km unter Wasser zurück. Der Franzose Ludovic Diligeart bewältigte 2003 auf einem speziell für unter Wasser entwickelten Hometrainer eine Strecke von 702 m mit nur einem Atemzug. Sein Vorgänger in dieser Disziplin war der bekannte deutsche Freitaucher Benjamin Franz.

Gibt es Flüssigatmung tatsächlich?

Das Konzept der Flüssigatmung wurde in den 1960er Jahren in den USA erfunden. Amerikanische Wissenschaftler gingen von der Annahme aus, dass der Gasaustausch auch über Flüssigkeiten möglich sein müsste, die – angereichert mit Sauerstoff – in die Lunge gefüllt werden. Das erste Mal glückte dies mit einer Labormaus, die zum

Erstaunen der Fachwelt in einem mit Flüssigkeit gefüllten Gefäß nicht etwa ertrank, sondern ohne Anzeichen von Atemnot minutenlang unter der Wasseroberfläche schwamm. Mittlerweile werden weltweit Patienten mit schweren Lungenverletzungen, bei denen herkömmliche Beatmungsmethoden scheiterten, mit Flüssigatmung behandelt. Der erste erwachsene Patient in Europa war Muhrad Bukitch im Berliner Charité-Krankenhaus, dessen Leben im Jahr 2000 mit Flüssigatmung gerettet wurde. Zum Einsatz kam dabei das Mittel „Liquivent“ aus San Diego.
Die zur Flüssigatmung verwendeten Substanzen sind Perfluorkarbone, das sind Kohlenwasserstoffverbindungen, die sich auf Grund ihrer geringen Oberflächenspannung sehr gut in der Lunge verbreiten und etwa doppelt so schwer wie Wasser sind. Darüber hinaus nehmen sie die Atemgase Sauerstoff und Kohlendioxid relativ gut auf, sinken allein durch ihr Gewicht ohne großen Druck in die Lunge, verteilen sich dort sehr schnell in den geschädigten Lungenbläschen und aktivieren sie zu neuem Leben. Bei Patienten, deren Lungen zu kollabieren drohen, kann so ein Zusammenkleben der Lungenflügel verhindert werden.
Im Tauchsportbereich gibt es seit Jahrzehnten Versuche der diversen Militärs, da bei Flüssigatmung größere Tauchtiefen erreicht werden können. Als problematisch erweisen sich hier aber die allgemeine Verträglichkeit der Flüssigkeit, die Aufnahmekapazität der Flüssigkeit für Sauerstoff und Kohlendioxid, das Gefühl des Ertrinkens, die paradoxen Brustkorbbewegungen sowie der erhöhte Strömungswiderstand, was wiederum eine Zunahme der Atemleistung bewirkt.

Was ist ein Gasblender?

Ein Gasblender ist eine Person, die Gase mischt (aus dem Englischen „blending“). Im Tauchsport bezeichnet man damit die für das korrekte Abmischen von Nitrox oder Trimix ausgebildeten Fachkräfte. Obwohl die modernen Füllanlagen bereits technisch die entsprechenden Luftgemische erzeugen, ist dennoch eine entsprechende Ausbildung zum Bedienen dieser komplexen Kompressoren vorgeschrieben.
Im Zuge des Kurses erlernt man auch das manuelle Mischen von Atemgasen nach einem vorgegebenen Verhältnis. Kurse zum Gasblender werden u. a. von den Verbänden IANTD (International Association of Nitrox and Technical Divers), DSAT (Diving Science and Technology), ATEC (Association of Technical Diving Instructors) und anderen Organisationen angeboten.

Was ist der Gilliam-Finger?

Diese Art von Handzeichen wurde nach Bret Gilliam, Mitbegründer des TDI-Verbandes (Technical Diving International), benannt, der im Zuge seiner Tieftauchgänge eine Idee hatte.

Bei regulären Handzeichen antwortet der Partner mit demselben Handzeichen, gibt das allgemeine OK-Zeichen oder deutet an, dass irgendetwas nicht in Ordnung ist. Nun kann es allerdings sein, dass dies bei beginnendem Tiefenrausch nicht mehr bewusst durchgeführt wird, sondern intuitiv.

Um trotzdem abzuklären, wie es dem Tauchpartner geht, kam Gilliam auf eine neue Form der Handzeichen. Der fragende Taucher hält eine bestimmte Anzahl Finger hoch. Die Antwort darauf erfolgt nun durch das Hochhalten derselben Anzahl an Fingern plus einem Finger zusätzlich. Man prüft also, ob zumindest noch kleine Rechenaufgaben durchgeführt werden können und weiß so, ob der Mittaucher noch klar bei Sinnen ist.

Gibt es einen Gott des Tauchens?

Die viel gerühmten „alten" Griechen verehrten vor rund 4500 Jahren den Gott Glaukos Pontius, Vater der Deiphobe, als Gott des Tauchens und des Fischens. Ursprünglich als Fischer in der böotischen Stadt Anthedon ansässig, sah er, dass gefangene Fische durch Berührung oder den Genuss eines wundersamen Krautes wieder auflebten. Er versuchte sodann selbst von diesem Wunderkraut und stürzte sich ins Meer, wo er fortan lebte. Bei den Römern wurde aus Glaukos später der lateinische Glaukus.

Der weitaus bekanntere Meeresgott Poseidon, bei den Römern Neptun genannt, bekam nach der Legende hingegen das ganze Meer im Zuge der Aufteilung der Welt bei der Titanomachie, dem Kampf der Titanen in der griechischen Mythologie, bei dem das alte Göttergeschlecht der Titanen gegen die olympischen Götter unter Führung des Zeus kämpften, zugeteilt. Ihm unterstehen alle Meeresgötter, einschließlich unserem guten Glaukos.

Kann man unter Wasser heiraten?

Weltweit bieten unzählige Tourismusgebiete Unterwasser-Hochzeiten an. Dabei wird von der Vorbereitung der Zeremonie bis zum anschließenden Buffet alles von lokalen Veranstaltern organisiert. Sehr beliebt für diese etwas andere Art der Heirat sind die Länder Thailand, Indonesien, die Fidji-Inseln und die Malediven. Aber auch in unseren Breitengraden treten immer mehr Menschen unter Wasser in den Stand der Ehe. Manche Standesbeamte lassen sich gerne für diese Art der Trauung gewinnen. Die größte Unterwasser-Hochzeit bis heute fand übrigens laut Guinness Buch der Rekorde am 13. September 2003 in Rainbow Beach, St Croix, auf den Virgin Islands/USA statt. Die Hochzeitsgesellschaft umfasste 105 Taucher, inklusive der Braut, Toni Wilson, und deren Bräutigam, John Santino.

Kann man unter Wasser im Internet surfen?

Ja, das kann man – und wie. Das bekannte Wassersportmagazin nullzeit.at hat im Juni 2004 zu einem Weltrekord der besonderen Art in den Innsbrucker Alpenzoo eingeladen. Mit dem Apnoe-Taucher Christian Redl wollte man beweisen, dass es möglich ist, einen Apnoe-Unterwasser-Internet-Surfweltrekord aufzustellen. Für diesen Rekord wurde eine eigene Plexiglas-Konstruktion geschaffen, die es ermöglichte, einen Laptop unter Wasser mit dem Internet zu verbinden. Christian Redl besurfte in 3 Minuten und 1 Sekunde 50 Webseiten mit nur einem Atemzug. Vielleicht lässt sich aus dieser Idee ein Produkt kreieren und in Zukunft werden die Unterwasser-Badewannen von Unterwasser-Internet-Surfstationen abgelöst. Das wäre doch was ...

Wie taucht ein Kampftaucher des Militärs?

Kampfschwimmer, die vielfach fälschlicherweise als Kampftaucher bezeichnet werden, müssen eine lange, unbarmherzige Ausbildung hinter sich bringen. In den meisten Fällen werden diese Soldaten in einer Spezialeinheit ihrer jeweiligen Armee durch hartes physisches und psychisches Training auf die Belastungen bei den bevorstehenden Einsätzen vorbereitet. So müssen etwa deutsche Kampfschwimmer zum Ende ihrer Ausbildung eine Strecke von 30 km mit ihrer gesamten Ausrüstung schwimmend zurücklegen.

Zu den Aufgaben eines Kampfschwimmers gehören die Aufklärung und teilweise auch Vernichtung von Zielen in gegnerischem Gebiet, wie etwa Häfen, Brücken oder Schleusen, wobei sie teilweise lange Strecken unter Wasser zurücklegen müssen. Oft werden diese Spezialeinheiten von U-Booten ausgesetzt oder mit dem Fallschirm abgeworfen. Die Antiterror-Bekämpfung und Mithilfe bei Geiselbefreiungen ist oftmals ein weiterer Aufgabenschwerpunkt.

Nun stellt sich aber die Frage, mit welcher Ausrüstung tauchen diese Kampfschwimmer? Die meisten Taucher der Armee verwenden handelsübliche Geräte. So benützen z. B. die Kampfschwimmer des österreichischen Bundesheeres und der deutschen Bundeswehr als Atemgerät ein geschlossenes Sauerstoff-Kreislaufgerät, das Dräger LAR-V. Ein geschlossenes Sauerstoff-Kreislaufgerät hat den Vorteil, dass man

damit geräuschlos tauchen kann und keine Blasen erzeugt werden. Neben dem niedrigen Gewicht (11 kg inklusive 1,5 l Flasche und Atemkalk) lässt es Tauchgänge von bis zu 3 Stunden zu.

Verbietet der Koran das Tauchen?

Der Koran als die heilige Schrift des Islam regelt vieles im Alltagsleben eines gläubigen Muslimen. Wir haben uns gefragt, ob denn auch das Tauchen bereits in der um 650 n. Chr. entstandenen Schriftensammlung geregelt ist. Dazu haben wir uns die 114 Suren angesehen, und kamen zu einem überraschenden Ergebnis.
In einer Textstelle des Koran, Nr. 15, Sura 14, Vers 32, in der Übersetzung von Ahmadeyya heißt es: „Allah ist es, der die Himmel und die Erde erschuf und Wasser niederregnen ließ von den Wolken und damit Früchte hervorbrachte zu eurem Unterhalt, und Er hat euch die Schiffe dienstbar gemacht, dass sie das Meer durchsegeln nach Seinem Gebot, und Er hat euch die Flüsse dienstbar gemacht." Man könnte es also so deuten, dass die Menschen sogar eigens zum Tauchen geschaffen wurden oder mit anderen Worten: Das Tauchen ist nicht verboten, sondern im Gegenteil sogar auslegungsweise erlaubt.

Wie kam das Logbuch zu seinem Namen?

Der Name stammt aus der Zeit, als man Logbücher für die Seefahrt nutzte, um daraus zurückgelegte Seestrecken abzulesen. Das dafür verwendete Instrument war das so genannte Log, das ursprünglich aus einem Holzklotz bestand. Dieser wurde an einer Leine befestigt und längsseits eines fahrenden Schiffs ins Wasser geworfen. Das Holz blieb nahezu an derselben Stelle im Wasser liegen, die daran befestigte Leine spulte sich ab. Nach einer bestimmten Zeit wurde die Länge der mit Knoten markierten Logleine bestimmt und daraus die Geschwindigkeit (= Knoten) abgelesen. Im Logbuch wurden diese Daten eingetragen und mit den damit zusammenhängenden Informationen, wie etwa Abfahrtshafen, Fahrtzeit, Ankunftshafen, kombiniert. Dadurch konnte man eine relativ genaue Angabe über die zurückgelegte Wegstrecke eruieren. Heutzutage finden Logbücher als Aufzeichnungsmedium für verschiedenste Vorkommnisse und Daten in vielen Gebieten, so auch beim Tauchen, Anwendung.

Wieso braucht ein erfahrener Taucher so viel weniger Luft als ein Anfänger?

Wie heißt es so schön: „Es ist noch kein Meister vom Himmel gefallen!“. Wer kennt nicht die Probleme, die jeder Anfänger zu Beginn seiner Taucherkarriere mit seinem Luftverbrauch und mit seiner Tarierung hat. Die meisten schielen neidvoll auf den weitaus geringeren Luftverbrauch des Tauchlehrers und trachten diesen auch einmal zu erreichen. Dies ist auch relativ leicht möglich.

Vor allem bei den ersten Atemzügen unter Wasser begehen viele den Fehler, tiefe und vor allem rasche Atemzüge zu machen. Daraus resultiert ein ständiges Füllen und Entleeren der Lunge, was wiederum zu einer schlechten Tarierung führt. Durch die Ausdehnung des Brustkorbs beim Atmen erhöht sich der Auftrieb des menschlichen Körpers – der Tauchanfänger steigt auf. Um dies zu kompensieren, lässt er Luft aus seinem Tarierjacket. Beim nachfolgenden Ausatmen sinkt er schnell zu Boden, er füllt also sein Jacket wieder mit Luft. Das Spiel beginnt von vorn.

Bereits hier geht einiges an Luft verloren. Zusätzlich wird durch diese fehlerhafte Tarierung der Taucher in Stress versetzt, die Atemfrequenz erhöht sich noch mehr – wieder geht eine Menge Luft verloren. Die effizienteste Art unter Wasser zu atmen, ist dieselbe wie über Wasser: Man macht einen langsamen, tiefen Atemzug, macht eine kurze Pause (nicht mit Luftanhalten verwechseln!), atmet langsam wieder aus und macht wiederum eine kurze Atempause. Wer auf seine Atmung an der Oberfläche achtet, wird merken, dass dies die übliche Atemtechnik ist. Unter Wasser angewendet verbessert sich die Tarierung und der Luftverbrauch sinkt enorm.

Gibt es eine Unterwasser-Polizei?

Ja und nein. Eine Polizei-Einheit, die speziell für Unterwasser-Einsätze gegen ordnungswidriges Verhalten von Tauchern einsetzbar ist, gibt es (noch) nicht, auch wenn uns dies ein gelungener Aprilscherz im Internet glauben machen möchte.

Natürlich gibt es in den meisten Ländern Polizeitaucher, die für spezielle Einsätze unter Wasser ausgebildet sind. So gehört das Suchen und Bergen von Beweisgegenständen, aber auch von Leichen zum alltäglichen Geschäft eines Polizeitauchers. Neben diesen Aufgaben erstreckt sich sein Einsatzgebiet über Hilfe bei Unfällen oder Katastrophen, Retten von Menschen aus Lebensgefahr, Suche nach unbekannten Spreng- und Brandvorrichtungen, Mitwirken bei Umweltschutzmaßnahmen bis zum Überprüfen von Wasserfahrzeugen und vieles mehr. Derzeit braucht sich aber noch niemand Sorgen machen, dass er sein Tauchbrevet an den Ordnungshüter verliert, wenn er mal zu schnell aufsteigt oder in die Tiefe sinkt.

Gibt es eine Unterwasser-Pressekonferenz?

Das „Guinness Buch der Rekorde“ verzeichnet die weltweit größte Unterwasser-Pressekonferenz am 17. Juni 2006 – und zwar anlässlich der Präsentation des Buches, das Sie soeben in Händen halten. Zu diesem Zweck tauchten 21 Journalisten aus dem Zeitungs- und Fernsehbereich im oberösterreichischen Traunsee zusammen auf eine Tiefe von 5 m ab.

Die am Weltrekord beteiligten Journalisten waren mit Unterwasser-Schreibtafeln ausgerüstet, die beiden Autoren Leo Ochsenbauer und Klaus-M. Schremser informierten mittels Flipchart und einem wasserfesten Unterwasser-Computer über ihr Buch „Nullzeit, Sex und Tiefenrausch – 333 Antworten auf Taucherfragen“.

Bis zu diesem Tag wurde der Weltrekord zweimal aufgestellt, und zwar mit 15 Journalisten am 7. Oktober 2005 anlässlich der Wassersportmesse DEMA im Riviera Hotel und Casino in Las Vegas sowie mit 12 Journalisten am 20. Juni 1997 in El Hierro auf den Kanarischen Inseln.

Gibt es einen Schutzpatron oder Heiligen für Taucher?

Als Schutzpatron wird in der katholischen Kirche ein Heiliger bezeichnet, der ein bestimmtes Objekt oder einen bestimmten Bereich beschützt. Leider gibt es keinen wirklichen Schutzpatron für Taucher. Am ehesten wäre der Schutzpatron der Seeleute und Fischer geeignet, da beide Berufsgruppen in der Vergangenheit und Gegenwart auch sehr stark mit dem Tauchen verbunden sind.
Der Heilige Erasmus, Desiderius Erasmus von Rotterdam, geboren am 27. Oktober 1466 in Rotterdam (Holland) und gestorben am 12. Juli 1536 in Basel (Schweiz), ist der Schutzpatron der Seeleute. Ihm zur Seite und ebenfalls für Seeleute, aber auch für Fischer, zuständig ist der Heilige Petrus, auch bekannt als Simon Petrus, einer der zwölf Apostel. Ein weiterer Apostel, der Bruder von Simon Petrus, Andreas, wird ebenfalls als Schutzpatron der Fischer geführt.
Wer möchte, kann sich jedoch auch an den griechischen Gott Glaukos halten, der heutzutage noch in Griechenland als Schutzpatron der Taucher und Fischer verehrt wird.

Wie schweißt man unter Wasser?

Hauptsächlich werden für Unterwasser-Schweißarbeiten Habitate, das sind „trockene" Unterwasser-Räume, errichtet, die leer gepumpt werden – der Schweißvorgang findet also auch im Trockenen statt. Zunehmend setzt sich aber in Tiefen bis zu 50 m das Schweißen in nasser Umgebung als kostengünstige Alternative durch. Umständliche Einrichtungsarbeiten entfallen durch diese Technik. Anwendung findet sie hauptsächlich bei Reparatur- und Instandsetzungsarbeiten an Hafen-, Staudamm- und Kraftwerksanlagen, weniger bei umfangreichen Ersterstellungsarbeiten.
Zum Einsatz kommen zumeist Stabelektroden, mit denen lichtbogengeschweißt wird. Der Taucher ist dabei durch spezielle Taucherhelme und extradicke Anzüge gesichert. Die eingesetzten Unterwasser-Stabelektroden werden mit einem Schweißstrom von rund 170 Ampere und einer Gleichstromspannung zwischen 26 und 30 Volt eingebracht. Die Schweißraupen werden zusätzlich noch mit 220 bar Hochdruckreiniger und einer Flex bearbeitet, um auch noch so kleine Wasserstoffrisse in der Oberfläche zu entfernen.

Wofür stehen die Buchstaben SOS?

Alfred Lewis Vail, ein enger Mitarbeiter des Erfinders der ersten brauchbaren elektromagnetischen Schreibtelegrafen, Samuel Morse, entwickelte 1838 den bekannten Morsecode, bei dem die einzelnen Buchstaben des Alphabets aus je einer unterschiedlichen Abfolge von Zeichen mit drei verschiedenen Längen und unterschiedlich langen Pausen besteht. Das bekannte Seenot-Signal SOS wurde erst weitaus später, am 3. Oktober 1909, auf der ersten internationalen Konferenz für drahtlose Telegrafie in Berlin festgelegt.
Die meisten nehmen an, die Buchstaben SOS stünden als Abkürzung für „Save our souls" oder „Save our ship", also „Rettet unsere Seelen" oder „Rettet unser Schiff". In Wirklichkeit wurde dieses Signal aber deswegen ausgewählt, weil es unter allen anderen Kombinationen von Zeichenfolgen deutlich heraus sticht. Es sind in Wirklichkeit also nicht die drei Buchstaben SOS, die gesendet werden, sondern ein einziges, festgelegtes Morsezeichen (3 × kurz, 3 × lang, 3 × kurz) ohne besonderen Sinn – außer, dass es eindeutig und leicht erkennbar ist.

Wieso heißen Steuerbord und Backbord so?

Steht man auf einem Schiff in Fahrtrichtung, befindet sich auf der rechten Seite Steuerbord und auf der linken Seite Backbord. Diese Bezeichnungen stammen ursprünglich aus der Wikingerzeit.
Wie bei allen kriegerischen Völkern waren die Waffen auf der linken Seite eines Mannes befestigt – man wollte diese frei zugänglich haben. Also stand der Steuermann eines Wikingerschiffes auf der rechten Seite des Schiffes und bediente das Ruder mit dem Ruderriemen. Dieser war am obersten Brett der Bordwand montiert. Da der Begriff Bord aus dem niederländischen Wort „boord" (Brett) entstammt, ergibt sich in Verbindung der beiden Begriffe das „Steuerbord". In seinem Rücken befand sich die andere Seite des Schiffes, das „Backbord". Der Begriff leitet sich aus dem niederdeutschen Wort „Back" für Rücken ab.

Muss ich für das Tauchen einen Tauchschein haben?

So verblüffend es vielleicht für manche klingt: Nein. Dies wird von der jeweiligen Landesgesetzgebung geregelt, wobei nur wenige Länder tatsächlich eine Tauchausbildung für das Tauchen vorschreiben. In Österreich und Deutschland etwa gibt es keine diesbezüglichen Gesetze, jedermann kann seinem Hobby frei nachgehen.
Allerdings werden sich die meisten Tauchbasen weigern, Flaschen füllen zu lassen oder Ausrüstung zu verleihen, wenn man keinen Tauchschein besitzt. Zudem gilt es beim Tauchen sehr viele Dinge zu berücksichtigen und sehr vieles zu wissen – von all den Fertigkeiten und der Übung, die man in einem Tauchkurs vermittelt bekommt, gar nicht zu sprechen.

Gibt es Unterwasser-Yoga?

Die Skurrilitäten unter Wasser nehmen kein Ende und so kann man in Ägypten (Dahab) auch Yoga-Tauchen besuchen. Dabei handelt es sich, laut Betreiber, um einen gänzlich anderen Ansatz, tauchen zu lernen.
Die entspannende Wirkung von Yoga sowie die Konzentration der mentalen und physischen Kräfte sollen in diesem Kurs gestärkt werden. Unterwasser-Yoga kann laut dem Anbieter Anfängern die Angst vor dem Wasser nehmen und Fortgeschrittene sollen damit sogar ihren Luftverbrauch senken können.
Auf jeden Fall kann man sich den Kopfstand unter Wasser einfacher vorstellen als an Land.

Zur Tauchausbildung

Gibt es eine spezielle Tauchausbildung für behinderte Personen?

Ja, einige Tauchsportorganisationen bieten spezielle Tauchausbildungen für Menschen mit körperlichen oder geistigen Behinderungen an. Die größte von ihnen ist die 1981 in den USA gegründete und mittlerweile auch weltweit präsente Handicapped Scuba Association (HSA). Deren Programme wurden in Zusammenarbeit mit den Tauchsportorganisationen PADI und NAUI entwickelt. Weitere Organisationen, die spezielle Tauchausbildungen für Behinderte anbieten, sind u. a. die International Association for Handicapped Divers (IAHD) und die Handicapped Diving Association (HDA).
Da das Gefühl der Schwerelosigkeit behinderten Personen ein neues Lebensgefühl vermitteln kann, wird Tauchen sehr oft auch zu therapeutischen Zwecken eingesetzt. Tauchgänge beugen Versteifungen vor, Muskelspasmen lassen nach und die Sitzbalance und die Ausdauer werden gesteigert. Der Wasserdruck fördert gleichzeitig den Blutrückstrom aus den Venen und die Resorption von Gewebewasser ins Blut, was wiederum einen verbesserten Kreislauf und eine erleichterte Atmung bewirkt.

Was ist BS-AC?

Der BS-AC (British Sub-Aqua Club) wurde 1953 von Oscar Gugen und Peter Small in London gegründet. Peter Small verstarb einige Jahre später bei einem Tieftauchversuch auf 300 m. Ziel des mit 45 000 Mitgliedern weltweit größten Tauchclubs ist die Förderung des Unterwassersports sowie die Erforschung und wissenschaftliche Aufbereitung der Unterwasserwelt. Der BS-AC fungiert heute als nicht gewinnorientierte Gesellschaft, das bedeutet die Netto-Einnahmen fließen ständig in Förderungsprojekte zurück. Weltweit gibt es zusätzlich BS-AC-Niederlassungen, die gemäß den Vorgaben des Dachclubs Tauchausbildungen bzw. Tauchveranstaltungen abhalten. Dabei sind im Gründungsland Großbritannien die meisten Clubs anzutreffen. Ziel ist es, den Tauchsport, ähnlich einem Tauchverein, zu fördern. Jedoch gibt es auch Niederlassungen in universitären und militärischen Einrichtungen, bei denen die Öffentlichkeit größtenteils ausgeschlossen ist. Präsident des BS-AC ist übrigens der britische Thronfolger, Prinz Charles. Seine Gattin Camilla ist unserem Wissen nach nicht im Tauchsport aktiv.

Was ist CMAS?

Der weltweit agierende Tauchverband CMAS gehört zu den großen am Markt. Am 9. Januar 1959 wurde die CMAS (Conféderation Mondiale des Activités Subaquatiques) in Monaco von Delegierten der Bundesrepublik Deutschland, Belgiens, Brasiliens, Frankreichs, Griechenlands, Großbritanniens, Hollands, Italiens, Maltas, Monacos, Portugals, der Schweiz, der USA und Jugoslawiens nach einer vorherigen Tagung in Brüssel als weltweiter Bund der Unterwasser-Aktivitäten gegründet. Der Weltverband CMAS, mit Geschäftsstelle in Rom, gibt internationale Ziele, Standards, Lizenzmaterial und Unterlagen vor, die weltweit anerkannt werden müssen. Diese Standards dürfen in Quantität und Qualität nicht unterschritten werden. Nationale CMAS-Vereinigungen haben meist keine direkte Verbindung zum Weltverband und stützen sich nur auf deren Standards, Vorschriften und Lizenzmaterial. Mit Stand 2000 zertifiziert CMAS jährlich rund 200 000 Taucher und hat weltweit 3 Millionen Mitglieder.

Kann man Luftanhalten trainieren?

Seine Luftanhaltezeit kann man verbessern – entweder durch Training oder durch Ausdauersport. Untersuchungen in Deutschland unter dem Projekt „Leistungssteigerung von Apnoe-Tauchern“ haben neue Erkenntnisse gebracht. Gerade im Hochleistungsbereich des Freitauchens ist heute bekannt, dass man aus medizinischer Sicht anders als bisher trainieren muss. Apnoe-Training ist wie Yoga für die Lunge.

Eine Warnung vorweg: Luftanhalte-Training sollte weder im Freiwasser noch im Schwimmbad und auch nicht in der Badewanne ohne Aufsicht durchgeführt werden. Bewusstlosigkeit und darauf folgendes Ertrinken können die Folge sein!

10 Tipps für das Training von Christian Redl, Apnea Academy Instructor:

- Suche einen Ort für die Übungen, wo du dich entspannen kannst.
- Nimm eine entspannte Position ein.
- Atme in den Bauch, dann in die Brust und danach in den oberen Bereich.
- Atme langsam wieder aus.
- Atme doppelt so lange aus, wie du einatmest.
- Wiederhole die Übung mehrere Male.
- Entspanne dich wieder und atme ruhig weiter.
- Entspanne jeden Muskel des Körpers.
- Befreie dich und deinen Geist – denk an positive Erlebnisse.
- Dann atme wieder tief ein, halte bis zum ersten Atemreiz die Luft an und nimm die Zeit.
- Jetzt wiederhole alle Schritte und überschreite langsam die Grenze des Atemreizes.

Was ist NAUI?

Die NAUI (National Association of Underwater Instructors) wurde im August 1960 von Al Tillman, Neal Hess, Garry Howland und John Jones anlässlich einer Konferenz der Underwater Society of America in den USA gegründet. Sie entstand aus der früheren National Diving Patrol. Im Zuge der Festlegung des Aufsichtsrates der neuen Gesellschaft wurde auch der Tauchpionier Jacques-Yves Cousteau einer der ersten Aufsichtsräte des Verbandes.

Im Jahr 1970 wurde der erste Instruktor-Kurs in Japan gehalten, nur 2 Jahre später wurde eine Niederlassung in Kanada gegründet. Der Hauptsitz des nicht auf Gewinn ausgerichteten Verbandes ist in Tampa, Florida. Die letzten offiziellen Zahlen von NAUI aus dem Jahr 1989 geben 12 000 nach NAUI-Richtlinien ausgebildete Tauchlehrer weltweit an, geschätzte 20 000 Tauchlehrer werden es heutzutage sein.

Was ist PADI?

Die genaue Bezeichnung dieses im Privatbesitz befindlichen, 1966 gegründeten Unternehmens lautet PADI Worldwide (Professional Association of Diving Instructors oder Professionelle Vereinigung von Tauchlehrern). Der Hauptsitz der Gesellschaft ist in Kalifornien, USA. Die Geschäfte werden von einem Generaldirektor (CEO) sowie von Geschäftsführern und Direktoren, die das Worldwide Executive Committee bilden, geleitet. Der Gruppe sind sieben Zweigniederlassungen (Service Offices) angeschlossen, einige als hundertprozentige Töchter, andere als Lizenznehmer. Die meisten Tauchausbildungen weltweit werden heutzutage nach dem PADI-System absolviert.
Neben PADI America als Mutterfirma gehören die einzelnen Niederlassungen PADI Asia Pacific, PADI Canada, PADI Europe, PADI Japan, PADI Norway, PADI Nordic und PADI International Limited (UK) zur Gruppe. Die Mutterfirma entscheidet über die langfristige Planung und das globale Marketing, die einzelnen PADI Niederlassungen führen das Tagesgeschäft und bereiten das weltweit einheitliche Kursmaterial in den jeweiligen Landessprachen auf. Jeder PADI-Tauchlehrer ist Mitglied bei PADI und beeinflusst dadurch Firmenentscheidungen indirekt mit, indem er an beratenden Ausschüssen, Mitglieder-Foren und internen Umfragen teilnimmt.
Mit Stand 2000 zertifiziert PADI weltweit rund 950 000 Taucher pro Jahr. Im Vergleich dazu: Im ersten Jahr des Bestehens von PADI wurden 3226 Taucher ausgebildet. Heutzutage bilden 100 000 professionelle Mitglieder und 4300 Tauchbasen in 175 Ländern nach PADI-Richtlinien aus.

Kann man im Schwimmbad einen kompletten Tauchkurs abhalten?

Nein, für einen Tauchkurs müssen immer Trainingseinheiten in einer echten Freiwasserumgebung durchgeführt werden. Eine solche wird von den meisten Tauchsportorganisationen definiert als jede Art von Gewässer, das deutlich größer als ein Schwimmbad ist und ähnliche Bedingungen aufweist, die der angehende (oder bereits seiende) Taucher unter normalen Bedingungen vorfindet. Zusätzlich können noch Tiefenangaben dazukommen, PADI etwa schreibt eine Minimaltiefe von 5 m vor, die Maximaltiefe richtet sich nach der Art und den Anforderungen des Kurses.

Es gibt zwar einige Indoor-Tauchzentren, die teilweise Tiefen von bis zu 10 m aufweisen, jedoch kann kein einziges von ihnen die vorgeschriebene Größe (deutlich größer als ein Schwimmbad) und vor allem die später für den Taucher relevante Tauchumgebung vorweisen. Für den mit 33 m tiefsten Tauchturm Europas, den Nemo in Brüssel, gibt es zwar seit dem Jahr 2006 eine Ausnahmegenehmigung für PADI-Ausbildungen, wonach der komplette Kurs im Tauchzentrum absolviert werden kann. Für die Bewilligung, anschließend auch unbeschränkte Freiwassertauchgänge durchzuführen, muss jedoch immer noch zumindest ein Freiwassertauchgang mit einem Tauchlehrer durchgeführt werden.

Sollte also ein Tauchkurs eine Freiwasserausbildung beinhalten (es gibt ja auch Kurse, wie etwa Equipment-Spezialist, für die keine Tauchgänge erforderlich sind), muss diese tatsächlich in einer solchen erfolgen – wie der Name ja schon sagt.

Was ist SSI?

Der Tauchsportverband SSI (Scuba Schools International) wurde 1970 von Bob Clark in den USA gegründet. Clark war zuvor Instructor Trainer bei YMCA (Young men's Christian Association), bevor er 1966 zur NASDS (National Association of Scuba Diving Schools) wechselte. 1983 eröffnete SSI eine Niederlassung in Südostasien, die erste außerhalb der USA. In den folgenden Jahren setzte man verstärkt auf die weltweite Expansion.

Die internationale Bereitstellung eines einheitlichen Kursmaterials mit der passenden multimedialen Lernunterstützung gewährleistet ein weltweit gleich bleibendes Kursniveau. 1990 wurde zum ersten Mal auf das Selbststudium gesetzt, das auch beim Konkurrenten PADI heutzutage üblich ist.

Im Jahr 1999 verschmolzen die beiden Konkurrenten SSI und NASDS zur jetzigen SSI, was dem zuvor bei der NASDS tätigen Bob Clark gefallen haben dürfte. Heute zählt der Verband zu den großen drei der Tauchsportszene, deren Brevets – mit wenigen Ausnahmen – weltweit Gültigkeit haben. Rund 2000 Tauchschulen in rund 80 Ländern weltweit bieten Ausbildung nach SSI an.

Wie viel kostet die Ausbildung bis zum Tauchlehrer?

Wer sich dazu entschlossen hat, als Nicht-Taucher Tauchlehrer zu werden, dem steht neben einer jahrelangen Ausbildung und der notwendigen Praxis auch eine nicht unbeträchtliche Ausgabe ins Haus. Geht man von den im europäischen Raum üblichen Preisen für die jeweiligen Ausbildungen aus, ergibt sich eine Gesamtsumme von mindestens 5600 EUR. Mit eventuellen Zusatzausbildungen sind nach oben natürlich keine Grenzen gesetzt. Diese Summe setzt sich zusammen aus den durchschnittlichen Kurspreisen kommerzieller Tauchschulen, der Zusammenrechnung aller notwendigen Kurse bis zum Tauchlehrer (Spezialkurse o. ä. wurden nicht berücksichtigt), der Versicherungsgebühr und den Schulungsunterlagen sowie der für einen Tauchlehrer benötigten Ausrüstung. In manchen Ländern kann man einen Teil dieser Ausgaben übrigens auch als Berufsausbildung von der Steuer absetzen sowie Teile der Kurse als Universitätslehrgänge werten lassen.

Sind Tauchlehrer für Frauen so interessant wie Skilehrer?

Streng wissenschaftliche Experimente haben ergeben, dass Tauchlehrer eine nahezu doppelt so hohe Anziehungskraft auf Frauen haben wie Skilehrer. Die Wissenschaftler sind sich allerdings nicht einig, ob es an den langen Tauchmessern liegt oder an der meist wärmeren Umgebungstemperatur. Der erotisch wirkende Neoprenanzug, der Ähnlichkeit mit Latexanzügen hat, könnte darauf auch Einfluss haben. Einziges Manko: Tauchlehrer führen während des Tauchgangs nicht so rhythmische Bewegungen aus, wie dies von einem echten Wedelprofi getan wird. Dennoch sollte man sich, sofern Interesse an einer der beiden Ausbildungen besteht, klar für die des Tauchlehrers entscheiden.

Wie gründet man einen **Tauchverband?**

Man nehme einen Verein oder ein Unternehmen, biete Tauchausbildung an und man ist ein Tauchverband. So oder so ähnlich funktioniert es. In der Praxis kommen natürlich einige Erschwernisse hinzu: Wo wird die von mir gegründete Tauchausbildung anerkannt, wer bildet nach meinen Vorstellungen und Standards aus, wie viele Tauchlehrer in welchen Ländern bieten meine Ausbildung an?
Hilfreich kann hier eine Mitgliedschaft beim weltweit tätigen RSTC, dem Recreational Scuba Training Council, sein, dem u. a. auch PADI, SSI und Barakuda angehören. Auch eine Zertifizierung durch die EUF, die European Underwater Federation, in Verbindung mit dem ON, dem Österreichischen Normungsinstitut, kann nützlich sein. PADI ist beispielsweise bereits danach zertifiziert. Durch die Vereinheitlichung der Tauchsportausbildung nach dieser Norm können so auch Brevets anderer Verbände anerkannt bzw. das eigene Brevet bei anderen Verbänden akzeptiert werden.

Wann wurde der erste **Tauchverband** gegründet?

Wenn man von den ersten Tauchclubs ausgeht, die vorwiegend zum Speerfischen gegründet wurden und hauptsächlich aus Apnoeisten bestanden und die ab und zu auch neue Tauchgeräte ausprobierten, so gilt der 1933 in Kalifornien gegründete Tauchclub „The Bottom Scratchers“ als der erste weltweite Tauchverband.
Der erste tatsächliche Tauchverband für Gerätetaucher wurde 1936 durch einen Pionier des Tauchsports, den französischen Marinekapitän und Erfinder Yves Le Prieur, ins Leben gerufen, der „Club of Divers and Underwater Life“. Die erste professionelle Tauchausbildung

Europas wurde von Barakuda in Deutschland (gegründet 1949 durch Hans-Joachim Bergann und Dr. Kurt Ristau) und dem BS-AC (British Sub-Aqua Club, gegründet 1953 in London durch Oscar Gugen und Peter Small) angeboten. Der VDST (Verband Deutscher Sporttaucher) folgte 1954. Ende der 1950er Jahre nahmen die Unfallzahlen im Tauchsport so rapide zu, dass eine Reihe von professionellen Ausbildungsorganisationen auf den Markt traten: 1959 bot die YMCA in den USA den ersten Gerätetauchkurs an, im selben Jahr wurden auch die Underwater Society of America und die CMAS in Monaco gegründet. In den 1960er Jahren folgen NAUI, PADI, der TSVÖ (Tauchsportverband Österreich) und viele mehr.
Seit diesen Zeiten gibt es auch die diversen Reibereien zwischen Tauchern verschiedener Verbände – als ob wir nicht alle einfach zum Tauchen und Genießen unter Wasser gehen würden ...

Kann ein Taucher eines Tauchverbandes bei einem anderen Tauchverband einen weiterführenden Kurs machen?

Die meisten Tauchverbände, vor allem die weltweit tätigen, bieten so genannte Äquivalenz-Listen an, auf denen die einzelnen Kurse der Konkurrenten den eigenen gegenübergestellt sind, um so die Voraussetzungen für weiterführende Kurse aufzuzeigen. Zum Teil müssen noch Zusatzerfordernisse, wie etwa Erste-Hilfe-Kurse, eine gewisse Anzahl an Tauchgängen oder Ähnliches erfüllt werden – aber im Großen und Ganzen klappt die gegenseitige Anrechnung ganz gut.
Zusätzlich gibt es seit Anfang 2004 auch eine Zertifizierung für Tauchsportausbildungen durch das Österreichische Normungsinstitut (ON) in Zusammenarbeit mit der European Underwater Federation (EUF), die wiederum eine Vereinheitlichung von Kursen ermöglicht. Gemäß dieser Normung werden die Kurse der zertifizierten Tauchverbände als Supervised Diver, Autonomous Diver, Dive Leader, Scuba Instructors – Level 1 und Scuba Instructors – Level 2 bezeichnet. Wer also z. B. eine Open Water Diver Ausbildung bei PADI absolviert hat (Supervised Diver) kann eine weiterführende Ausbildung bei Barakuda machen, da diese ebenfalls dieser Norm unterliegen. Schöne, neue Normenwelt.

Gibt es eine Universität für Tauchsport?

Leider gibt es bis dato keine Universität, die sich ausschließlich dem Tauchsport widmet. Sehr wohl bieten aber die meisten größeren Universitäten der westlichen Hemisphäre sportliche Aktivitäten im Rahmen des Hochschulsports an, zu denen in den meisten Fällen auch das Tauchen zählt. Alle großen Universitäten weltweit, wie etwa Harvard und Yale, besitzen solche Sportgruppen.

Manche Universitäten weisen auch eigene Fakultäten für den Tauchsport auf. So bietet etwa die Florida State University in den USA seit 1975 das Akademische Tauchprogramm an, das zusammen mit dem universitätseigenen Marine Labor Gerätetauchausbildung sowie spezielle Unterwasser-Forschungen betreibt. Auch die Universität Salzburg weist eine biologische Unterwasser-Forschungsgruppe auf, die allerdings keine offizielle akademische Ausbildung anbietet.

Material und Technik

Woher kommt der Ausdruck ABC-Ausrüstung?

Im Prinzip ist die Bezeichnung ABC-Ausrüstung ein Wortspiel. Einerseits benötigt man, ähnlich einem Erstklässler, ein Minimum an Ausrüstung, um mit dem Tauchsport zu beginnen. Diese ersten drei Ausrüstungsgegenstände – Tauchermaske, Schnorchel und Flossen – werden daher als die ABC-Ausrüstung bezeichnet. Es gibt jedoch noch einen weiteren Grund, warum diese Teile so genannt werden – und zwar wegen deren Form. So fällt auf, dass eine Flosse einem A ähnelt, die Tauchermaske kann für ein B durchgehen und der Schnorchel ist eindeutig ein C. Et voilà: Unsere ABC-Ausrüstung ist fertig.

Wer hat den Atemregler erfunden?

Die Anfänge des modernen Atemreglers reichen weiter zurück als man glaubt. Die Franzosen Benoit Rouquayrol und Augustus Denayrouse entwickeln bereits 1864 einen mit 40 bar komprimierter Luft gefüllten Metallbehälter, der am Rücken befestigt einen Helmtaucher mit Luft versorgte. Das deutsche Unternehmen Dräger entwickelte 1911 einen Sauerstoff-Rebreather, Japaner patentierten einige Jahre später (1918) in Großbritannien ein System namens „Ohgushi's Peerless Respirator", ein Set von Zylindern, die mit fast 200 bar komprimierter Luft gefüllt sind und am Rücken eines Helmtauchers getragen werden. Hans Hass und Yves le Prieur arbeiteten um 1930 herum unabhängig voneinander an autonomen Sporttauchgeräten, die aber niemals zum Patent angemeldet wurden, obwohl le Prieur 1935 damit bereits Anfänger unterrichtete.

Die heute üblichen Atemregler wurden später entwickelt: Im Jahr 1942 meldete George Commeinhes in Frankreich das Patent für einen bedarfsgesteuerten Atemregler an. Gleichzeitig arbeiteten die beiden Franzosen Jacques-Yves Cousteau und Emile Gagnan ebenfalls an einem Atemregler, den sie 1943 unter dem Namen Aqualunge CG45 zum Patent anmeldeten und vermarkteten. Bis 1950 wurden zehn Stück der Aqualunge in die USA exportiert. Der dortige Händler erklärte Cousteau: „Der Markt ist gesättigt!" Wie wir heute wissen, hat sich der gute Mann ein klein wenig verschätzt.

Gibt es vereisungssichere Atemregler?

Prinzipiell gibt es keinen Atemregler, der unter allen Bedingungen ein Vereisen verhindert. Vor allem bei feuchter Luft in der Tauchflasche oder durch eine erhöhte Atemarbeit unter sehr kalten Umgebungsbedingungen, kann es zu einem Einfrieren der 1. oder 2. Stufe eines Atemreglers kommen. Trotzdem gibt es eine Europäische Norm, die EN 250, nach der Atemregler geprüft werden und – bei Bestehen der Tests – als kaltwassertaugliche Automaten angeboten werden dürfen. Bei einer solchen Prüfung wird der Atemregler in einer Druckkammer bei 4 °C Wassertemperatur auf einen Umgebungsdruck von 6 bar, also eine angenommene Tiefe von 50 m, gebracht. Danach werden 5 Minuten lang 25 Atemzüge mit je 2,5 l Atemzugsvolumen pro Minute simuliert. Der Atemregler hat die Norm erfüllt, wenn dieses Atemminutenvolumen von 62,5 l nicht zu einer Vereisung führt, bei der die Luft länger als 10 Sekunden ungehindert abströmt oder bei der Eis den Mechanismus völlig blockiert bzw. die erforderliche Atemarbeit nicht größer als 3 Joule pro Liter ist.

Kann man Titan-Atemregler zum Tauchen verwenden?

Titan weist mit –1,77 V ein sehr niedriges elektrochemisches Potenzial auf, das deutlich unter dem von Aluminium und Eisen liegt. Im Meerwasser kommt es daher in Verbindung mit edleren Metallen (wie etwa Messing und Eisen) zu einer elektrochemischen Kontaktkorrosion. Elektronen des unedleren Metalls (Titan) fließen zum edleren Metall. Ein Regleranschluss oder ein Blindstopfen aus Messing o. ä. können so binnen kürzester Zeit zu einem irreparablen Schaden an der 1. Reglerstufe aus Titan führen. Des Weiteren verbrennt Titan unter dem Einfluss von reinem Sauerstoff bei 25 °C und einem Druck von 25 bar zu Titanoxid. Dann ist eine Sauerstoffkompatibilität, etwa zum Nitrox-Tauchen, nicht mehr gegeben. Aus diesen Gründen sind die unter dem Namen „Titan“ angebotenen Regler in der Regel auch nicht aus Titan hergestellt, sondern aus Legierungen mit einem sehr geringen Anteil Titan und einem hohen Anteil Aluminium oder Vanadium. Die erhoffte Gewichtsreduktion geht dadurch in den meisten Fällen wieder verloren. Aber es klingt halt sehr cool, mit einem Titanregler zu tauchen.

Wofür steht die Bezeichnung ADV-Jacket?

So nennt man die modernen Tarierwesten, die man passgenau einstellen kann. Im Englischen bezeichnet man diese als „Adjustable Diving Vests", also einstellbare Taucherwesten. In den Anfängen des Tauchsports bewegte man sich noch ohne Tarierhilfen unter Wasser fort. Die ersten Tarierhilfen Anfang der 1970er Jahre trug man ähnlich einer Rettungsweste um den Hals, der Schwimmkörper war vorne angebracht. ADV-Jackets hingegen weisen eine Luftblase am Rücken sowie an der Seite auf, lassen sich individuell mittels diverser Laschen einstellen und haben zusätzlich noch Befestigungsmöglichkeiten für notwendige Tauchutensilien. Die meisten Taucher im Sporttauchbereich sind mit diesen Tarierhilfen ausgerüstet, und die Hersteller lassen sich auch immer neue Verbesserungen einfallen.

Wofür steht die Abkürzung BCD?

Diese Buchstaben wird man öfters auf Urlaubstauchbasen hören, stehen sie doch für den englischen Ausdruck „Buoyancy Control Device", also schlicht für Tarierhilfe. Dies sind die Tarierwesten, ohne die sich die meisten Taucher heutzutage keinen Tauchgang mehr vorstellen können. Der gerade im amerikanischen Sprachraum ausgesprochen

beliebten Abkürzung aller möglichen Begriffe ist auch diese Buchstabenkombination zu verdanken. Der im deutschen Sprachraum gebräuchlichere Begriff ADV für die modernen Tarierwesten hat sich hingegen nie so wirklich durchgesetzt.

Warum taucht man mit Gewichten aus Blei und nicht mit solchen aus anderen Metallen?

Bleigewichte sind das Um und Auf beim Tauchen. Der hohe Auftrieb des Tauchers im Wasser, verstärkt durch Neoprenanzug und zusätzliches Equipment, will ausgeglichen werden – durch Gewichte. Blei hat sich als die beste Alternative herausgestellt, um bei möglichst geringem Volumen ein möglichst hohes Gewicht mit sich zu führen. Dies ist durch die hohe Dichte des Bleis von 11 340 kg/m^3 möglich. Dichte ist die Einheit für Masse pro Volumen – je höher die Dichte, desto mehr Masse bei gleichem Volumen.

Gold hat mit 19 300 kg/m^3 eine noch größere Dichte, wäre also für den Tauchsport geeigneter, womit wir aber schon beim zweiten Vorteil von Blei sind: Es ist sehr günstig. Des weiteren lässt sich Blei auf einfache Art und Weise in verschiedene Formen gießen und ist korrosionsbeständig, d.h. es rostet nicht. Es oxidiert nur, was sich in einer weißlichen Färbung des Metalls ausdrückt. Großer Nachteil von Blei ist, dass es hochgiftig ist. Aus diesem Grund sollte man es auch vermeiden, offenes Granulatblei zu verwenden, da dieses zu viele Schadstoffe an die Umgebung abgibt.

Wieso brennt eine Unterwasser-Fackel?

Eigentlich dürfte unter Wasser nichts brennen, da für einen Brennvorgang Sauerstoff notwendig ist, der aber in der Unterwasserwelt nur in geringen Mengen vorhanden ist. Und doch gibt es spezielle Fackeln, die auch in diesem Umfeld brennen. Manche führen den Sauerstoff mit, den sie für den Verbrennvorgang benötigen, andere entziehen diesen dem Wasser.

Das bekannteste Beispiel für die letzte Gruppe sind Magnesiumfackeln. Sie erreichen beim Brennvorgang Temperaturen von bis zu 2500 °C und entziehen dabei dem Wasser den benötigten Sauerstoff. Diese

Fackeln weisen eine ungefähre Brenndauer von 1–10 Minuten auf. Nachteilig ist das bei der Verbrennung entstehende Magnesiumoxid, das nicht nur die Sicht verschlechtert, sondern auch den pH-Wert des Wassers stark in Richtung alkalisch verschiebt. Zudem kann man diese Fackeln nicht mit Wasser löschen, am besten geeignet ist Sand.
Aber auch in den meisten Haushalten vorhandene Utensilien eignen sich für einen Unterwasser-Einsatz: So kann man etwa ein Bündel Wunderkerzen, die eigentlich für weihnachtliche Stimmung unter dem Christbaum gedacht sind, auch unter Wasser zünden. Dies liegt am Gehalt von 55 % Bariumnitrat, ein sehr sauerstoffreiches Salz, das den Brennvorgang unter Wasser unterstützt. Man benötigt allerdings tatsächlich ein ganzes Bündel Wunderkerzen, da sonst durch die hohe Wärmeleitfähigkeit von Wasser die für die Verbrennung notwendige Mindesttemperatur der Wunderkerze unterschritten wird. Darum sollte man die Wunderkerzen mit Klebeband zusammenkleben. Wie Sie Ihrem Kind jedoch erklären, dass Weihnachten heuer ohne Wunderkerzen verläuft, überlassen wir Ihnen ...

Wie funktioniert ein Fishfinder?

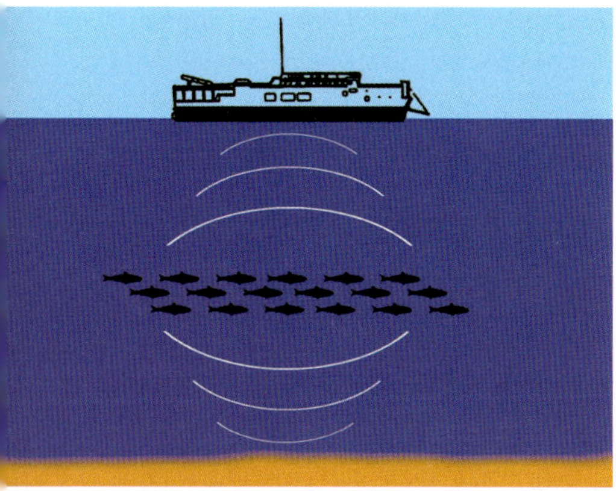

Ein „Fishfinder" ist eine Art Echolot, ein elektronisches Gerät mit aktivem Sonar, welches Impulse zum Boden schickt und die Tiefe misst. Die Ergebnisse werden auf einem grafischen Display dargestellt, sodass man sowohl den Seeboden als auch kleinere und größere Fische auf dem Display erkennen kann. Heutzutage sind „Fishfinder" bereits Multifunktionsgeräte, da sie sowohl die Funktionen eines Echolots aufweisen, mit GPS-Technologie kombiniert werden und teilweise sogar Radar- und elektronische Kompass-Funktionen ersetzen – alles optimiert für die Sportfischerei. Die „Fishfinder" sind sowohl für Salz- als auch für Süßwasser geeignet und auf den meisten Tauchbooten heutzutage nicht mehr wegzudenken.

Zerplatzt eine Flasche, die zum Meeresboden sinkt, irgendwann?

Richtigerweise müsste man das „Zerplatzen“ mit einer Explosion gleichsetzen und das passiert nicht. Stellen wir uns vor, wir stehen mit unserem Expeditionsschiff über der letzten Ruhestätte der Titanic und schmeißen unsere Tauchflasche über die Reling. Die Flasche würde sinken und sinken, bis irgendwann der Druck von außen so stark wird, dass diese implodiert. Die Implosion ist das Gegenstück zur Explosion und bezeichnet das schlagartige, plötzliche Eindrücken eines Hohlraumes oder Gefäßes durch einen inneren Unterdruck oder einen äußeren Überdruck. Solche Implosionen sind normalerweise mit einem lauten Knall verbunden, den wir aber in einigen tausend Metern Tiefe nicht mehr hören würden. Wenn die Flasche die Titanic erreicht, wäre sie in 3800 m Tiefe. Dort herrscht ein Außendruck von 381 bar.

Wer hat die Flossen erfunden?

Bereits vor Jahrhunderten beschäftigten sich weltweit Erfinder, unter anderem Leonardo da Vinci und Benjamin Franklin, mit der Entwicklung von Schwimmhilfen, um das Vorwärtskommen im Element Wasser zu verbessern. Bis Anfang des 20. Jahrhunderts gelang es allerdings niemandem, die von Fischen bestens bekannte Form nachzubauen. Der Franzose Louis de Corlieu entwickelte schließlich 1933 die ersten Flossen. Sie wurden am 6. April desselben Jahres in Frankreich, später auch in den USA, zum Patent angemeldet. Die französische Marine zeigte jedoch kein Interesse an den „Schwimm- und Rettungsantriebsgeräten“. Im Jahr 1939 entdeckte der amerikanische Geschäftsmann Owen P. Churchill den Geschäftswert dieser „swimfins“ und kaufte die Rechte daran Corlieu ab. Im Folgejahr unterzeichnete Churchill einen Vertrag mit der US Navy, die eine größere Lieferung für ihr Underwater Demolition Team, aus dem später die Navy Seals entstehen sollten, bestellte. Die Flossen sind heute noch nahezu unverändert zu erwerben.

Wer gilt als Begründer der Unterwasser-Fotografie?

Die ersten Anfänge der Unterwasser-Fotografie kann man bis in das Jahr 1856 zurückverfolgen. Damals führte der Engländer William Thompson nachweislich die erste Unterwasser-Aufnahme der Welt durch. Als Vater der eigentlichen Unterwasser-Fotografie gilt der Franzose Louis Boutan, dem 1893 zusammen mit dem Mechaniker Joseph David Unterwasser-Aufnahmen gelangen, die der Bezeichnung auch wirklich gerecht wurden. Allerdings hatten die beiden Pioniere damals noch mit einer Belichtungszeit von ca. 30 Minuten zu kämpfen.

Die Entwicklung der Unterwasser-Fotografie schritt seitdem langsam, aber zielstrebig voran. So gilt der Franzose Etienne Peau als der Vater des Unterwasser-Foto-Journalismus. Seine meeresbiologischen Berichte illustrierte er mit eigenen Unterwasser-Aufnahmen. Ungewöhnliche Sequenzen gelangen dem englischen Chirurgen Francis Ward in den Jahren 1908–1913. Er fotografierte im Süßwasser Hechte, Fischotter, Frösche und tauchende Wasservögel in Farbe. Mehr der Actionszene verbunden war der Amerikaner John Ernest Williamson. Er versenkte tote Pferde, um Haie anzulocken und drehte 1915 den ersten Unterwasser-Film der Geschichte, in dem er selbst einen Hai mit dem Messer tötete. Das Publikum war begeistert.

Mit der Erfindung des ersten, brauchbaren Tauchgerätes durch den Franzosen Yves le Prieur konnten die Pioniere in späterer Folge längere Zeit unter Wasser bleiben und die Qualität der Aufnahmen steigern.

Der Österreicher Hans Hass gilt vielerorts als Begründer der modernen Unterwasser-Fotografie, da er maßgeblich an der Entwicklung der ersten, in Massenproduktion hergestellten Unterwasser-Kameras und Gehäuse beteiligt war. Sein 1939 veröffentlichtes erstes Buch über Unterwasser-Fotografie brachte den Durchbruch für die neue Art des Erlebens der Unterwasserwelt und interessierte immer mehr Menschen für die bis dahin unbekannten neuen Welten.

Funktioniert GPS auch unter Wasser?

Innerhalb von Gebäuden, in Parkhäusern, unterirdisch in Tunnels, Höhlen etc. und auch unter Wasser ist generell kein Empfang für GPS-Geräte möglich. GPS-Geräte in Autos berechnen in Tunnels die Strecke und Position aufgrund der durchschnittlichen Geschwindigkeit, da es keinen Empfang zum Satelliten gibt. Zwar existieren einige alternative Verfahren, wie z. B. das AGPS (Asynchrone Global Positioning System), das auch eine Ortung in Gebäuden ermöglicht, aber diese Systeme sind nicht weit verbreitet. Es gibt allerdings Versuchsreihen, um GPS auch unter Wasser möglich zu machen. So könnte man am Tauchplatz, etwa dem Boot, Transponder anbringen, die mit Ultraschall statt Funk funktionieren. Jeder Transponder würde seine Position zusammen mit dem Sendezeitpunkt als Ultraschall-Signal aussenden. Ihre eigenen Positionen würden sie mit GPS ermitteln. Mit zwei Signalen müsste der Taucher theoretisch genügend Information bekommen, um seine Position im Raum zu bestimmen. Da Taucher einen Tiefenmesser haben und das System mit Schall (und nicht mit Funk) arbeiten würde, könnten theoretisch einige Transponder und eine synchronisierte Quarz-Zeitbasis im Empfänger genügen, um unter Wasser die genaue Position zu bestimmen. Aber dies ist bis jetzt nur graue Theorie.

Wie führt man beim Helmtauchen einen Druckausgleich durch?

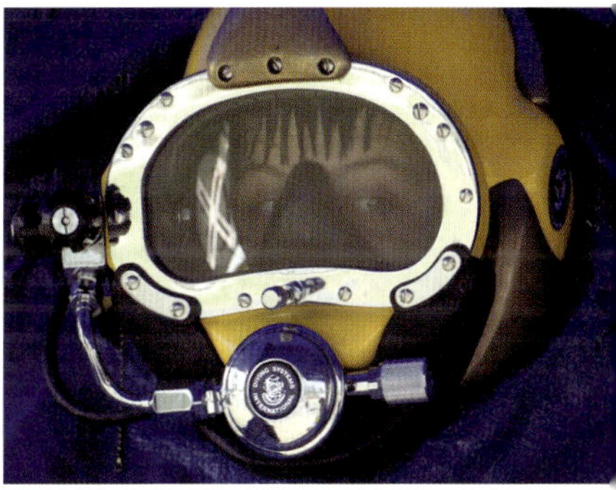

Beim Helmtauchen ist der gesamte Kopf einschließlich der Nase des Tauchers eingeschlossen, daher kann der klassische Druckausgleich durch Nasezuhalten und durch die Nase ausatmen nicht erfolgen. Helmtaucher haben aber mehrere Möglichkeiten für den Druckausgleich, etwa den Unterkiefer zu bewegen oder zu schlucken. In der Praxis finden jedoch eher die folgenden Techniken Anwendung.

Unter dem Helm wird eine Nasenklammer verwendet. Diese verschließt die Nase und es kann nur mehr durch den Mund eingeatmet werden. Durch Ausatmen durch die Nase wird ein Druckausgleich durchgeführt. Unter Berufstauchern weitaus verbreiteter ist jedoch eine angenehmere Möglichkeit: Dabei wird der Kopf leicht in den Nacken gelegt, die Zunge drückt auf den Gaumen hinter der vorderen oberen Zahnreihe – etwas Übung und schon klappt es auch mit dem Druckausgleich.

Wieso machen Höhlentaucher Knoten in ihre Orientierungsleinen?

Höhlentauchen ist eine sehr anspruchsvolle Variante des Sporttauchens und sollte dementsprechend nur von Personen ausgeübt werden, die sowohl die Erfahrung als auch die entsprechende Ausrüstung mitbringen. Um nicht nur in die Höhle hineinzufinden, sondern auch wieder aus der Höhle unversehrt herauszukommen, werden Leinen verlegt, damit man den Weg zum Ausgang leicht finden kann.
Zum Messen von Distanzen in der Höhle und von Entfernungen zu bestimmten Eckpunkten in der Höhle werden in definierten Abständen in der Leine Knoten angebracht, z. B. alle 3 m. Neben den normalen Knoten gibt es auch anderes Equipment, wie z. B. Richtungspfeile, die leicht in die Leine eingesteckt werden können und die Richtung zum nächsten Ausgang aus der Höhle anzeigen.

Gibt es unter Wasser auch IMAX-Kameras?

Auch die Unterwasserwelt ist mittlerweile nicht mehr den faszinierenden 3-D-Kameras für die IMAX-Filmtechnik verschlossen. Nachdem die Technik bereits schon in den Weltraum gebracht wurde, kann man seit einiger Zeit auch die Meeresbewohner in vollem 3-D-Imax-Format genießen. Im Gegensatz zum herkömmlichen 35-mm-Film finden dabei 70-mm-Filmrollen Anwendung, was neben dem 3-D-Effekt auch eine gesteigerte Brillanz gewährleistet.
Jedes Bild ist 10-mal größer als auf einem 35-mm-Film und es werden 102 m Film pro Drehminute benötigt. Eine Filmrolle für einen IMAX-Film von 45 Minuten Länge wiegt 80 kg und ist 4,6 km lang. Die 3-D-Kamera wiegt das handliche Gewicht von 120 kg. Für den Aufstieg auf den Mount Everest wurde allerdings eine Spezialversion mit 11 kg entwickelt.
Anfang 2005 startete der erste Unterwasser-3-D-Film in den IMAX-Kinos: „Unterwasserwelt 3 D". Aus der Perspektive eines Tauchers werden das Great Barrier Reef und die Bahamas in 3 D entdeckt. „Unterwasserwelt 3 D" ist der erste IMAX-Unterwasser-Film, der komplett mit digitaler Technik aufgenommen wurde. Seitdem wurde die faszinierende Unterwasserwelt auch in anderen Produktionen, wie etwa „Haie 3 D", auch Nicht-Tauchern näher gebracht.

Was ist ein J-Valve?

1951 wurde von einem europäischen Hersteller ein neuartiges Flaschenventil hergestellt, das man auf eine Reserveposition stellen konnte. Diese „Reserve“ konnte von Tauchern genutzt werden, wenn die Haupt-Luftversorgung aufgebraucht war. Im ersten U.S.-Tauchkatalog wurde 1953 dieses Reserveventil unter dem Buchstaben „J“ eingereiht und wurde so in der ganzen Branche als „J-Valve“ (auf deutsch „J-Ventil“) bekannt. Sein Kollege, das „Non-Reserve“-Ventil, wurde als „K-Valve“ bekannt. Das „J-Valve“ beinhaltet eine Feder, die die Luftversorgung des Tauchers abdreht, wenn die Flasche einen bestimmten Luftdruck erreicht. In Folge muss man einen Schalter umlegen, um auf die Reserve-Luftversorgung zugreifen zu können. Heutzutage sind diese Ventile eher eine Rarität und es ist üblich, seinen Luftverbrauch und den Luftvorrat permanent im Auge zu behalten. Einem ruhigen, sicheren und ausgeglichenen Tauchgang steht dann nichts mehr im Weg.

Wer erfand die Unterwasser-Kamera?

Mit UW-Kameras meinen wir alltagstaugliche Geräte und nicht die ersten Kästen, die Anfang des 19. Jahrhunderts eingesetzt wurden. Hans Hass beschäftigte sich lange Zeit mit den optischen und physikalischen Gegebenheiten beim Fotografieren unter Wasser. Im Jahre 1949 entwickelte er zusammen mit der deutschen Firma Franke & Heidecke das berühmte Rolleimarin, ein Unterwasser-Gehäuse für die zweiäugige Rolleiflex 6×6, welches in den darauffolgenden Jahren zum wichtigsten Gerät der Unterwasser-Fotografie wurde. Auch der bekannte Franzose Jacques-Yves Cousteau schrieb Unterwasser-Fotogeschichte, als er die erste wasserdichte Kleinbildkamera der Welt, die Calypso-Phot, entwarf. Aus dieser entwickelte sich später die Nikonos-Sucherkamera. In den Anfängen der Unterwasser-Fotografie musste man auf viel Sonne und helle Tage hoffen, später versuchte man sich mit Magnesiumblitzen. Der Franzose Dimitri Rebikoff baute den ersten Elektronenblitz, der allerdings unglaubliche 75 kg wog. Bekannter wurde erst seine vierte Konstruktion, die Rebikoff-Torpille, ein stabähnlicher Großblitz mit enormer Leistung. Damit gelangen ihm sogar sensationelle Fotos in Unterwasser-Höhlen. Die allererste Unterwasser-Kamera baute im Jahre 1892 Louis Boutan, ein Zoologe, an der französischen Sorbonne. Er konnte damit 3 Stunden unter Wasser bleiben. Zudem veröffentlichte er ein Handbuch über Unterwasser-Fotografie.

Um wie viel leichter als eine Stahlflasche ist eine Karbonflasche?

Die Bezeichnung Karbonflasche ist eigentlich falsch, findet aber im Taucherjargon ebenso wie die Bezeichnung Compositeflasche immer mehr Einzug. In Wirklichkeit besteht diese Flasche zumeist aus einem Stahl- oder Aluminiumkern, der mit einer Mischung aus Kohlefaser, Kevlar und Glasfaser ummantelt ist. Der sehr dünne Kern dient dabei dem Halten der Luft, die Ummantelung der Festigkeit.
Eine Compositeflasche ist gegenüber einer gleich großen „normalen" Flasche um bis zu 70 % leichter – eine deutliche Gewichtsersparnis also. Als Beispiel nehmen wir eine 7 l Tauchflasche: In der Compositeausführung wiegt sie 4,2 kg, in der Stahlausführung 7,5 kg und in der Aluminiumausführung bereits stattliche 8,96 kg. Die deutliche Gewichtsreduktion muss jedoch mit dem weitaus höheren Anschaffungspreis ziemlich heftig belohnt werden.

Funktioniert ein Unterwasser-Kompass überall gleich gut?

Ein Kompass weist bekanntermaßen zum magnetischen Nordpol, der durch die magnetische Erdachsverschiebung neben dem geographischen Nordpol liegt. Diese Abweichung nennt man Deklination. Je weiter man sich daher dem geographischen Nordpol nähert, desto stärker wirkt sich diese Abweichung aus. In Kanada etwa beträgt diese Missweisung bereits rund 20°.
Zudem bewegt sich das Magnetfeld der Erde. Seit 1590 hat es sich so bereits um 2000 km verlagert, weswegen die Kompasse regelmäßig nachgeeicht werden müssen. In Mitteleuropa beträgt die jährliche Missweisung derzeit bereits 5 Bogenminuten minus.
Abweichungen entstehen auch durch äußere Einwirkungen, etwa beim Tauchen in einem Metallwrack oder nahe einer Unterwasser-Stromleitung. Diese Abweichung nennt man Deviation und rührt im Wesentlichen daher, dass die Kompassnadel durch andere Magnetfelder irritiert wird.

Wenn man auf der südlichen Hemisphäre taucht, weist dann der Kompass nach Süden?

Nein, natürlich weist die Kompassnadel immer in die ungefähre Richtung Norden. Ungefähr? Ja, da es zu Abweichungen kommt. Die Deklination, also Ortsmissweisung des Kompasses wird als der Winkel zwischen der Richtung auf den geografischen und der Richtung auf den magnetischen Nordpol definiert, betrachtet von einem beliebigen Punkt der Erdoberfläche aus. Auf der Verbindungslinie zwischen dem magnetischen und dem geografischen Nordpol beträgt die Missweisung 180°, hier weist der Kompass tatsächlich nach Süden.
Forscher des Geo-Forschungszentrums Potsdam fanden zudem heraus, dass der magnetische Nord- und Südpol wandern. Etwa alle 500 000 Jahre wechseln die beiden Pole die Plätze, die letzte Umpolung des Erdmagnetfelds fand vor 780 000 Jahren statt. Forscher gehen nun davon aus, dass spätestens in 2000 Jahren eine erneute Umpolung von Nord nach Süd stattfinden wird.

Wie funktioniert ein elektronischer Kompass?

Eine Weiterentwicklung des mechanischen Kompasses ist der so genannte Fluxgate, ein elektronischer Kompass, der mittels zwei oder drei Spulen und einer Edelstahlkugel die Ausrichtung zu den Erdmagnetfeldlinien ermittelt. So werden genau wie beim klassischen Kompass die Himmelsrichtungen bestimmt. Im Gegensatz zum mechanischen Kompass wird das Ergebnis digital und wesentlich schneller dargestellt. So treten weniger Messfehler aus.

Gibt es Kommunikationsgeräte für unter Wasser?

Heutzutage sind viele in Vollgesichtsmasken integrierte Unterwasser-Sprecheinheiten im Einsatz. Das Interspiro MK II wird von fast allen Feuerwehrtauchern der Welt getaucht. Es kann z. B. mit der drahtlosen UW-Ultraschall-Sprecheinheit „Buddy Phone“ ausgerüstet werden. Es ist von der Bauart her dem Dräger Baltik sehr ähnlich, besitzt allerdings eine CE-Zulassung. Die Maske ist eine so genannte Überdruck-Maske, in der immer ein leichter Überdruck herrscht, damit auch in kontaminiertem Wasser getaucht werden kann. Das obere Ende der Vollgesichtsmasken besiedelt die Kirby Morgan EXO 26, die vorzugsweise von Berufstauchern eingesetzt wird. Der Vorteil von kabellosen UW-Sprecheinheiten ist, dass man kein schweres Kabel hat, das absinken und sich verhaken kann. Allerdings muss man das Sprechen mit den Unterwasser-Kommunikationsgeräten ein wenig üben. Die Kommunikation kann leicht abreißen, wenn Hindernisse zwischen den Tauchern liegen. Vielleicht sollte man doch einfach die Stille in der Tiefe genießen – wer will schon seine Partner unter Wasser ständig plappern hören?

Vergrößert eine normale Lupe auch unter Wasser?

Natürlich kann man eine normale Lupe auch unter Wasser einsetzen, jedoch hat diese kaum eine vergrößernde Wirkung. Dies resultiert daher, dass die Brechzahl je nach verwendetem Glas nur bei rund 1,5 liegt. Die Brechzahl gibt das Verhältnis der Ausbreitungsgeschwindigkeit des Lichtes im Vakuum zur Ausbreitungsgeschwindigkeit des Lichtes in Glas an. Das Medium Wasser weist aber selbst bereits eine Brechzahl von rund 1,3 auf, wodurch sich die tatsächliche Brechzahl der Lupe auf rund 1,15 reduziert. Um auch unter Wasser den von der Oberfläche bekannten Vergrößerungseffekt zu haben, müsste die Linse der Lupe eine stärkere Wölbung aufweisen bzw. stärker brechendes Material eingesetzt werden. Eine Linse, die an der Oberfläche z. B. eine 2,3-fache Vergrößerung hervorruft, schafft im Süßwasser nur mehr die rund 1,5-fache Vergrößerung. Einige Hersteller bieten spezielle Unterwasser-Lupen an, bei denen zwischen zwei Gläsern Luft eingeschlossen ist, die sich automatisch dem Umgebungsdruck anpasst. So kann man sich auch in Zukunft unbeschwert auf die Suche nach dem Pygmäen-Seepferdchen begeben ...

Gibt es Unterwasser-Musikplayer?

Wer seine Musik auch ins kühle Nass mitnehmen möchte, dem bleibt dies mittlerweile nicht mehr verwehrt. Viele Hersteller, darunter auch bekannte Marken, bieten bereits Unterwasser-Musikplayer an. So kann man z. B. den iPod mit einem wasserdichten Gehäuse und passenden Kopfhörern kaufen. Alle Scrollrad-Elemente können bedient werden. Allerdings ist dieses Gehäuse nur bis in 3 m Wassertiefe dicht. Wer vor hat, auch in 60 m Tiefe nicht auf den Musikgenuss zu verzichten, der sollte sich den H_2O Aqua Audio MP3 Player genauer ansehen. Der Player bietet 4 Stunden Musik mit einem Unterwasser-Gehäuse, integriertem Zusatzverstärker und Spezial-Ohrenmuscheln für optimalen Hörgenuss. Ist doch nett, wenn man die Geschichte eines Wracks bei dessen Besuch erzählt bekommt oder mit Musik berieselt wird, wenn der Dekompressions-Stopp einmal länger dauert – oder?

Wer hat den Nasstauchanzug erfunden?

Dies ist aus heutiger Sicht nicht mehr hundertprozentig nachvollziehbar. Den ersten Tauchanzug überhaupt hat 1405 der Nürnberger Kriegsbaumeister Konrad Kyeser in seinem Werk Bellifortis entworfen. Beim modernen Nasstauchanzug verweisen die meisten Quellen auf Jack O'Neill. Er hat nach eigenen Angaben am Boden eines Flugzeugs das für ihn damals noch unbekannte Material Neopren entdeckt und daraus 1952 eine Surfweste für seine Wassersportaktivitäten entworfen. In den Flugzeugen wurde dieser geschäumte Gummi zur Trittschalldämmung eingesetzt. In späterer Folge schneiderte er auch Nassanzüge und gründete dafür sein eigenes Unternehmen, den heute noch sehr bekannten Anzugerzeuger O'Neill. Zwei Brüder aus Kalifornien, Bob and Bill Meistrell, nehmen jedoch ebenfalls für sich in Anspruch, um 1953 herum mit Neopren experimentiert und aus diesem Material später Anzüge hergestellt zu haben. Für die Vermarktung dieser Nassanzüge gründeten sie ihr Unternehmen Body Glove, ebenfalls heute eine Größe auf dem Neopren-Sektor. Wem von den dreien wir nunmehr den wärmenden Anzug, der aus Taucherkreisen nicht mehr wegzudenken ist, verdanken, wird wohl für immer unklar bleiben. Hauptsache, er ist warm.

Aus was besteht Neopren?

Neopren ist ein hochwertiges, sehr beständiges Elastomer aus Polychloropren. Bei der Produktion von Neopren wird einer Gummimasse ein chemisches Mittel aus einer schwefelhaltigen Verbindung beigefügt, das sie aufschäumen lässt. Dadurch kommt es auch zu dem typischen Neopren-Geruch. Die winzigen Gaseinschlüsse sorgen für eine verbesserte Wärmeisolation, wie stark dieser ist, hängt auch von der Größe und Anzahl dieser Bläschen ab.

Die meisten Hersteller kaschieren ihr Neopren und bringen außen und teilweise innen ein Jersey-Stretchgewebe aus Nylon auf, um das Material zu schützen. Unkaschiertes Material ist weitaus anfälliger für Verletzungen, weist dafür aber eine deutlich geringere Trocknungszeit auf.

Wieso heißt die alternative Luftversorgung auch Oktopus?

Der Oktopus, auch alternative 2. Stufe genannt, dient als Ersatzautomat für die primäre 2. Stufe. Darüber, wie der Begriff „Oktopus“ entstanden ist, gibt es mehrere Geschichten. Diese klingt für uns am realistischsten: Beim Aufkommen des „modernen“ Oktopus, kurz nach der Einführung des Inflatorschlauchs für luftgefüllte Jackets, sollte der Atemregler durch den zusätzlichen Schlauch immer mehr an die vielarmigen Vorbilder aus der Tierwelt erinnern. Damals blickten die älteren Tauchhaudegen belustigt auf die neumodisch gekleideten und mit dem neuesten Schnickschnack behangenen Taucher und veräppelten diese mit den Worten, „die gleichen immer mehr einem Oktopus“. Der Begriff blieb dann an dem neuesten Geräteteil hängen, den man für diese Verballhornung verantwortlich machte: dem Oktopus.

Was ist ein ROV?

Die Abkürzung ROV steht für „remotely operated vehicles“, also ferngesteuerte Fahrzeuge. Als solche bezeichnet man kabelgesteuerte Unterwasser-Fahrzeuge, die speziell in der Forschung und in der Wirtschaft zum Einsatz kommen. Durch den Verzicht auf eine Mannschaft kann ein ROV weitaus günstiger zum Einsatz gebracht werden als bemannte U-Boote. Zudem erhöht sich die Tauchtiefe und Tauchzeit bei geringerem Materialeinsatz.

Heutzutage finden ROV's vorwiegend in der Ölbohrindustrie für Wartungs- und Inspektionsarbeiten, aber auch bei Wrackbergungen ihr Einsatzgebiet. Das Gegenstück eines ROV ist ein AUV („autonomous underwater vehicle"), das selbst versorgt und nicht mehr mit dem Mutterschiff verbunden ist. Nachteil eines AUVs ist, dass auf Grund der Selbstversorgung weniger Energie zur Verfügung steht und daher zumeist nur sehr beschränkte Tauchzeiten möglich sind.

Was ist ein oberflächenversorgtes Schnorcheln?

Oberflächenversorgtes Schnorcheln, auf Englisch auch „surface supplied snorkeling" genannt, ist eine Mischung aus Schnorcheln und Gerätetauchen. Manche Tauchsportorganisationen, wie etwa PADI, bieten Einsteigern die Gelegenheit, durch einen Atemregler aus einer Tauchflasche zu atmen. Diese bleibt an der Oberfläche, z. B. am aufgeblasenen Jacket, montiert. Die „Tauchtiefe" ergibt sich aus der Länge des Reglerschlauchs, darf aber 1 m nicht übersteigen.
Speziell für Bootsfahrer, die Unterwasser-Arbeiten an ihrem Schiff verrichten müssen, aber auch für alle, die einen längeren und tieferen Blick unter Wasser riskieren wollen, ohne gleich einen Tauchkurs zu absolvieren, werden von diversen Herstellern so genannte Freediver- oder Snorkeldiver-Geräte angeboten. Sie bestehen aus einem kleinen Kompressor, der auf einer schwimmenden Boje befestigt ist. Von diesem führt ein durchschnittlich bis zu 10 m langer Schlauch, an dem sich ein vereinfachter Atemregler befindet, ins kühle Nass. Durch die teilweise sehr hohen Preise für diese Geräte, für die man bereits eine vollständige Tauchausrüstung bekommt, ist die Nachfrage aber nicht wirklich hoch.

Gibt es Unterwasser-Schusswaffen?

Bereits in den späten 1960er Jahren wurden für die sowjetischen Streitkräfte Unterwasser-Waffen und -Munition entwickelt. Die Unterwasser-Patronen verfügen über lange, dünne, im Wasser stabilisierende Geschosse. So wurde z. B. die vierläufige Kipplaufpistole, die SPP-1, verwendet, deren Flaschenhals-Patronen zum besseren Aufziehen mit einem Rand versehen waren und mittels Clip geladen wurden, der alle Patronen zusammenhielt. Zündhütchen und Hülsenmünder waren gegen das Eindringen von Wasser versiegelt und die Stahlgeschosse durch eine spezielle Lackbeschichtung geschützt.

Bald wurden für die Spezialeinheiten der sowjetischen Kriegsmarine Weiterentwicklungen initiiert. Mitte der 1970er Jahre wurde ein Unterwasser-Sturmgewehr zum Einsatz gebracht. Diese Waffe hatte einen glatten Lauf und verschoss Munition, die der früheren SSP-Pistolenmunition sehr ähnlich war. Beide Unterwasser-Waffen werden von der russischen Marine eingesetzt und für den Export angeboten.
Andere Waffenschmieden ließen nicht lange auf sich warten und versuchten ebenfalls im „feuchten" Geschäft Fuß zu fassen. So kann etwa die vom österreichischen Waffenerzeuger hergestellte Glock 17 mit leichten Modifikationen ebenfalls für den Unterwasser-Einsatz verwendet werden. Dafür werden im Schlagbolzenbereich maritime Federteller eingesetzt, als Munition dienen wasserfeste Vollmantelgeschosse. Serienmäßig ist dies jedoch nicht vorgesehen.

Kann man auch mit einer Schwimmbrille tauchen?

Schwimmbrillen sind, wie der Name schon sagt, zum Schwimmen entworfen worden. Sie umschließen ausschließlich die Augen des Schwimmers und lassen die Nase frei. Genau aus diesem Grund können sie normalerweise nicht zum Tauchen eingesetzt werden, denn so ist kein Druckausgleich in der Brille durchzuführen. Der Druckausgleich erfolgt über die Eustachische Röhre aus der Lunge über den Rachenraum zur Nase und über diese wiederum in den Maskenraum. Da die Nase aber nicht in den Maskenraum reicht, kann auch kein Druckausgleich durchgeführt werden, was wiederum Druckverletzungen bewirken kann. Kreative Erfinder haben sich mit diesem Thema auseinandergesetzt und bereits Schwimmbrillen entworfen, die über ein Röhrchen mit der Nase verbunden sind, sodass wieder ein Druckausgleich möglich ist. Wozu sie sich allerdings diese Mühe angetan haben, wo es doch bereits Tauchermasken mit extrem kleinen Innenräumen gibt, bleibt uns ein Rätsel.

Was sind eigentlich Unterwasser-Scooter?

Unterwasser-Scooter sind Fahrzeuge, die meist durch einen am vorderen oder hinteren Teil des Scooters angebrachten Propeller angetrieben werden. Große Berühmtheit erlangten diese Geräte durch die James-Bond-Filme. Viele Höhlentaucher nutzen heutzutage diesen fahrbaren Untersatz, um in Höhlen schneller in das Innere vorzudringen. Der Handel bietet verschiedenste Modelle an, die zwischen 149,– EUR und 7000,– EUR und mehr kosten.

Unterwasser-Scooter erreichen unter Wasser Geschwindigkeiten von durchschnittlich 4–6 km/h, ein Taucher schafft im Durchschnitt nur 1 km/h. Der im Jahr 2006 erstmalig vorgestellte Seabob Jet Scooter gilt als der derzeit schnellste Unterwasser-Scooter seiner Art. Geschwindigkeiten von bis zu 15 km/h unter Wasser und 20 km/h an der Oberfläche sollen damit bei einer maximalen Einsatztiefe von 40 m möglich sein. Da muss man schon ordentlich in sein Mundstück beißen, damit es nicht weggerissen wird …

Wofür steht die Abkürzung SMB?

Damit wird im englischen Sprachraum die bei Tauchern beliebte Oberflächenboje bezeichnet, die vor allem bei Strömungstauchgängen und in Gebieten mit stärkerem Schiffsverkehr eingesetzt wird. Die Abkürzung steht für „Surface Markup Boje", also für eine Oberflächenmarkierungsboje. Sie ist zumeist länglich, orange oder rot, auf alle Fälle

aber grellbunt, und weist an ihrem unteren Ende ein langes Seil auf, sodass der Taucher sie, während er noch unter Wasser ist, an der Oberfläche treiben lassen kann.
In manchen Gebieten sind SMB's zwingend vorgeschrieben, da sie wirksam Unfällen aus Unachtsamkeit vorbeugen helfen und außerdem noch den Bootsleuten das Auffinden ihrer tauchenden Schützlinge erleichtern. Darüber sollte man sich vor einem Tauchgang informieren. Einen Taucher an der Wasseroberfläche sieht man auf dem offenen Meer nur einige Meter weit, wohingegen eine hoch aufragende Boje einige hundert Meter weit sichtbar ist.

Gibt es Stifte, mit denen man auch unter Wasser schreiben kann?

Der erste Stift, der den speziellen Anforderungen des Schreibens unter Wasser gerecht wurde, kam aus den USA. Milton Reynolds entwickelte 1945 den ersten Kugelschreiber, der auf Grund seiner speziellen Tinte auf Gelatinebasis auch im Wasser schreiben konnte – 57 Jahre nach der Erfindung des Kugelschreibers. Der Stift kostete damals teure 12,50 US-Dollar. Trotzdem wurden am ersten Tag rund 8000 Stück abgesetzt. Da es jedoch immer wieder Reklamationen wegen der richtigen Konsistenz der Tinte gab – war sie zu dick, verklebten die Kugeln, war sie zu dünn, schrieben sie nicht unter Wasser –, begannen andere findige Tüftler an Weiterentwicklungen zu arbeiten.
Paul Fisher fand schließlich 1965 die Lösung, die er unter der Nummer 3.285.228 und dem Namen „Anti-Gravity Pen AG7" zum Patent anmeldete. Der „Fisher Space Pen" war geboren, sein Innenleben revolutionär: Als Tinte verwendete er eine thixotropische, semisolide Tinte. Die Hülle war mit Stickstoff gefüllt, sodass auch verringerte Schwerkraft keine Auswirkungen hatte. Die NASA war begeistert und orderte den Stift, der auch im Oktober 1968 bei der Apollo-7-Mission an Bord war. Die Entwicklung kostete kolportierte 1 Million US-Dollar. Der Stift ist heute noch erhältlich und kostet je nach Modell zwischen 17,– bis über 100,– US-Dollar.
Die russischen Astronauten begnügten sich übrigens während aller Weltraumflüge mit ordinären Bleistiften. Dies machen ihnen weltweit auch die meisten Taucher nach – Bleistifte schreiben nämlich, ebenso wie Wachsmalstifte und Lippenstifte, ebenfalls problemlos unter Wasser. Der Anschaffungspreis beträgt einige Cent.

Warum beschlagen Tauchermasken?

Jeder Taucher kennt das leidige Phänomen, dass die für die unbeschwerte Sicht unter Wasser notwendige Taucherbrille kurz nach dem Einstieg ins Wasser zum Beschlagen neigt. Dies trübt das schönste Tauchvergnügen. Bei fabrikneuen Masken rührt das Beschlagen von einer Silikonbeschichtung her, die bei der Produktion innen am Maskenglas angebracht wird. Deshalb muss jede neue Maske vor dem ersten Tauchgang gesäubert werden. Zum gründlichen Reinigen ist Zahnpasta geeignet, die das Silikon wirksam entfernt.
Trotz Reinigung beschlagen Tauchermasken dennoch. Durch die Körperwärme wird die Luft in der Maske erwärmt und es sammelt sich Feuchtigkeit. Wegen der großen Temperaturunterschiede bilden sich auf der Innenseite der Maske feine Wassertröpfchen, das Kondenswasser. Die Brille beschlägt – zum Leidwesen des Tauchers.

Wieso hilft Spucke gegen das Beschlagen der Tauchermaske?

Beschlägt die Tauchermaske, spucken die meisten Taucher in die Maske und verteilen den Speichel auf den Gläsern, kurz abgespült und schon bleibt die Sicht klar – eine, gegenüber den im Handel erhältlichen Antibeschlagsprays, sehr kostensparende Technik, die jeder Tauchschüler in seinem Einsteigerkurs erlernt. Aber warum ist das so? Speichel setzt sich aus viel Wasser, stärkespaltenden Enzymen, geringen Mengen an Immunglobin und ca. 1,5 g/l Glykoproteine zusammen. Diese Glykoproteine, die für ein besseres Gleiten des Speisebreis beim Schlucken zuständig sind, bilden am Glas der Taucherbrille eine dünne, gelartige Schicht. Durch diesen Speichelfilm haften die Wassertröpfchen nicht mehr am Glas und es herrscht klare Sicht in der Tauchermaske.

Wer erfand die Taucheruhr?

Der 1881 im bayrischen Kulmbach geborene Kaufmann, Erfinder und Uhrenliebhaber Hans Wilsdorf, dessen in London gegründetes Unternehmen heute Rolex heißt, erfand 1926 ein wasserdichtes Uhrengehäuse mit einer verschraubten Krone, die 1931 um die Automatik-Funktion erweitert wurde. Für seine Schöpfung wählte er einen Namen aus der Unterwasserwelt – die Auster. Um die Uhr auch international vermarkten zu können, wurde ihr Name in englischer Sprache eingeführt – die Oyster war geboren. Kurz nach dem Patenteintrag seiner Oyster überzeugte er auch die internationale Fachpresse von der Wasserdichtigkeit seiner Uhr. Im Herbst 1927 durchschwamm die Londoner Stenotypistin Mercedes Gleitze in rund 15 Stunden den Ärmelkanal, ohne dass die Uhr zu Schaden kam. Eine ausdrücklich für Taucher entwickelte Uhr war etwas später die Panerai Radiomir. Elgin und Hamilton entwickelten vor 1953 die ersten Uhren für einen expliziten Einsatz unter Wasser. Die erste Taucheruhr mit dem heute gebräuchlichen Zeitstellring entstand jedoch erst 1953 – durch Rolex, die sie Submariner nannten.

Wer hat die Tauchflasche erfunden?

Wie so oft im Leben, sind auch hier einige findige Köpfe am Werk gewesen und es lässt sich kein tatsächlicher Erfinder bestimmen. Begonnen hat alles in den Jahren vor 1880 mit schweren Stahlflaschen für den Kohlensäuretransport. In rund geschweißten Rohren wurden Böden eingebaut – die Flaschen waren fertig. So fertigte etwa die deutsche Firma Krupp geschmiedete Flaschen aus fast 1 cm starken Blechen und sorgte mit zusätzlichen Versteifungen noch für die nötige Festigkeit.

Im Jahr 1880 waren es vor allem zwei Herren aus Birmingham in England, die den Grundstein für unsere heutigen Tauchflaschen legten: Howard Lane und Richard Taunton. Sie erzeugten als Erste nahtlose Stahlflaschen durch Pressen und Ziehen und meldeten in besagtem Jahr das entsprechende Patent an. Die deutschen Brüder Reinhard und Max Mannesmann entwickelten in weiterer Folge ihr Schrägwalzver-

fahren, wodurch es ermöglicht wurde, nahtlose Rohre zu walzen und so das Gewicht der Flaschen zu senken.
Den letzten Schritt auf dem langen Weg zu heutigen Tauchgeräten setzten schließlich die deutschen Drägerwerke in Leipzig. Sie entwickelten Sauerstoffflaschen aus Aluminium, was eine deutliche Gewichtsreduktion gegenüber den Stahlflaschen bedeutete. Da sich später das Herstellungsverfahren von Stahlflaschen sehr verbesserte, sind diese heutzutage deutlich leichter als gleich große Aluminiumflaschen.

Wie viel Liter fasst die größte Tauchflasche?

Die größte Litermenge einer Tauchflasche, die derzeit regulär im Handel erhältlich ist, beträgt satte 20 l. Da muss man schon ordentlich schleppen. Natürlich gibt es Flaschen (Druckbehälter), die auch noch mehr Fassungsvermögen aufweisen, etwa 50 l Druckluftbehälter. Aber so eine 50-l-Flasche wäre doch denkbar ungünstig am Rücken, oder?
Bei Tauchgängen, bei denen unter Wasser verschiedene Atemgemische zum Einsatz kommen oder die besondere Sicherheitsvorgaben haben (etwa bei Höhlentauchexpeditionen), sind Taucher teilweise sogar mit drei bis vier Flaschen gleichzeitig unterwegs. Hier kommen dann auch schnell mal 50 kg und mehr zusammen – zum Glück zählt das unter Wasser nicht viel. Vom beschwerlichen Einstieg ins Wasser wollen wir an dieser Stelle mal absehen.

Können Tauchflaschen explodieren?

Ja, natürlich. Das sind nicht nur Schauermärchen, Tauchflaschen können explodieren – aber eben nur „können". Wer seine Tauchflasche beim Transport umsichtig und richtig verstaut, z. B. im Auto mit einer entsprechenden Flaschenhalterung, und bei Tauchausflügen, besonders am Boot, ebenso auf die richtige Lage und Befestigung achtet, kann sich diese Erfahrung getrost ersparen.
Ebenso wichtig ist die regelmäßige Überprüfung der Flasche. Dabei können nämlich Schäden und angehende Oxidation festgestellt und somit Schlimmeres durch eine etwaige Materialermüdung verhindert werden.

Was ist eine hydrostatische Überprüfung der Tauchflasche?

Tauchflaschen bedürfen einer regelmäßig wiederkehrenden Untersuchung durch den TÜV oder eine staatliche oder private Überprüfungsbehörde. Je nach Land ist der Zeitraum zwischen den Überprüfungen sowie die der Überprüfung zu Grunde liegende gesetzliche Bestimmung unterschiedlich.
Die Überprüfung der Tauchflasche erfolgt im Zuge einer hydrostatischen Untersuchung, bei der geprüft wird, ob die Tauchflasche dem 1,43-fachen höchstzulässigen Fülldruck Stand hält. So wird etwa eine 200 bar Tauchflasche während der Überprüfung auf mindestens 286 bar getestet. Der so genannte Prüfdruck (also rund 300 bar) ist auch in der Flasche eingestanzt. Das Tauchgerät wird dabei nicht mit Luft gefüllt, sondern mit Wasser, daher der Begriff hydrostatisch (von hydro = Wasser). Über eine Strichskala werden Abweichungen der Flasche gemessen. Übersteigt die Abweichung eine vorgegebene Messzahl wird das Tauchgerät nicht mehr für den Tauchsport zugelassen.

Wie ist die Überprüfung der Tauchflasche gesetzlich geregelt?

Jedes Land hat natürlich seine eigenen Bestimmungen, die erheblich voneinander abweichen können. Wir gehen hier auf die Regelungen in Deutschland und Österreich ein. Grundsätzlich ist die Tauchflasche ein Druckgasbehälter und wird auch als solcher behandelt.
In Deutschland gibt die TRG 102, Anlage 1 (Technische Regeln – Druckgase) eine 2-jährige Prüffrist für Druckgasbehälter vor, die mit der Prägung „Druckluft TG“ und auch „Sauerstoff TG“ nach TRG 101, Anlage 1 versehen sind. Die Tauchflasche unterliegt als Druckbehälter dem Gerätesicherheitsgesetz sowie der Druckgeräterichtlinie 97/23/EG, wobei sich hier keine konkreten Angaben über die Prüfintervalle finden. Nach der Betriebssicherheitsverordnung (BetrSichV), §15 (7) Ziffer 2 ist eine Prüffrist für die Gewichtskontrolle und innere Prüfung von 2,5 Jahren und für die Festigkeitsprüfung von 5 Jahren vorgegeben – mit der Einschränkung, dass diese Verordnung nicht für die im privaten Bereich genutzten Tauchflaschen Gültigkeit hat.

Bis zur Überarbeitung der technischen Regeln durch einen Ausschuss nach § 11 des Gerätesicherheitsgesetzes gelten die technischen Regeln jedoch weiter (§ 27(6) BetrSichV), d.h. weiterhin gelten für Tauchflaschen in Deutschland auch die 2 Jahre Prüffrist nach TRG!
In Österreich sind die Überprüfungen der Tauchflasche im „Dampfdruckkesselgesetz von 1992", der „Druckgeräteüberwachungsverordnung (DGÜW-V)" und der „Versandbehälterverordnung 2002" geregelt. Darin werden die Drucküberprüfungen auch für Druckbehälter mit Pressluft geregelt. Grundsätzlich muss jede Stahldruckflasche in Österreich alle 10 Jahre einer Überprüfung durch eine genehmigte Prüfstelle (z.B. TÜV) unterzogen werden. Im Detail legt die Versandbehälterverordnung noch weitere Prüffristen für Tauchgeräte fest, als da wären eine Drucküberprüfung nach 4 Jahren, eine erstmalige Innenbesichtigung nach weiteren 4 Jahren sowie eine erneute nach weiteren 3 Jahren. Danach beginnt alles wieder von vorn mit der Druckprüfung.

Warum gibt es große und kleine Tauchermesser?

Diese Frage lässt sich, schmunzelnd, nur aus der langen Historie des männlichen Dominanzverhaltens erklären. Etliche Langzeitstudien an dem Exemplar „homo sapiens masculinus" haben gezeigt, dass sich nur behaupten kann, wer auch entsprechend gewappnet ist. Ein großes Tauchermesser weist in der Kultur der Flaschentaucher auf einen höheren Rang hin, d.h. derjenige mit dem kleineren Tauchermesser muss stets in einer demütigen Haltung dem Übergeordneten Tribut zollen und gegebenenfalls ihm auch Platz machen (wenn z.B. zwei Taucher aufeinander zu schwimmen).
Weiterhin wurde in den Studien herausgefunden, dass jene Taucher mit einem langen bis überlangen Tauchermesser sich grundsätzlich besser fortpflanzen, da sie die Weibchen damit nicht nur beeindrucken können, sondern auch bei möglichen Haiangriffen eine höhere Überlebenschance als Taucher mit kleinen Tauchermessern aufweisen. Die Branche hat darauf bereits reagiert und bringt demnächst Tauchmesser der Marke „Samurai" heraus.

Wie errechnet ein Tauchcomputer ein
Tauchprofil?

Jeder Tauchcomputer hat ein zugrunde liegendes Rechenmodell, auf dessen Basis das Tauchprofil, Dekompressions-Stopps, Sättigungsgrade usw. errechnet werden. Dabei verwenden unterschiedliche Hersteller unterschiedliche Rechenmodelle. Zusätzlich gibt es auch noch unterschiedliche Modelle für Pressluft, Nitrox oder „Technical Diving". Leider fügen die Hersteller oft eigene, meist undokumentierte Modifikationen und Parameter zu etablierten Dekompressions-Modellen hinzu, die meist nicht veröffentlicht werden. Die Rechenmodelle werden zwar aufgrund von medizinischen Erkenntnissen immer sicherer, aber dennoch sollte man ein gesundes Misstrauen im Umgang mit Tauchcomputern mitbringen. Viele verwendete Rechenmodelle sind zudem nicht unumstritten. Eines der bekanntesten Modelle zur Berechnung der Sättigungsvorgänge im Körper ist das ZH-L 16, entwickelt vom Schweizer Mediziner Prof. Bühlmann, das modellhaft 16 Gewebekompartimente in die Berechnung mit einbezieht. Das neue Modell ZH-L8ADT berücksichtigt zusätzlich den Einfluss von Temperatur, Atemfrequenz sowie die Bildung von Mikroblasen, bezieht aber nur noch acht Gewebekompartimente mit ein. Prinzipiell leistet dieses Modell gute Dienste, aber es gibt auch Grenzen – man sollte den Tauchcomputer nicht als einzige Wahrheit sehen und jeden Tauchgang zur Sicherheit zusätzlich noch mit einer Tauchtabelle berechnen.

Wie funktioniert ein
Tiefenmesser?

Ein Tiefenmesser ist im Prinzip ein Manometer, also ein Druckmessgerät. Man unterscheidet drei verschiedene Arten von Tiefenmessern, die mit unterschiedlichen Messverfahren arbeiten. Ein kreisförmig gebogenes, einseitig offenes Glasröhrchen bildet den Boyle-Mariotte'schen Tiefenmesser. Er kommt gänzlich ohne bewegliche Teile aus. Das in das Röhrchen eindringende Wasser komprimiert je nach Tauchtiefe die darin befindliche Luft, die Luftblase im Röhrchen zeigt an einer Skala die aktuelle Tiefe an. Nachteil dieses Messgeräts ist, dass es in größeren Tiefen ungenau wird. Der Rohrfedertiefenmesser besteht, wie der Name schon sagt, aus einer gebogenen Röhre aus federndem Metall, dem so genannten Bourdon-Rohr. Je nach Bauweise wirkt der Wasserdruck von innen oder von außen auf die Feder ein. Bei zunehmendem Druck streckt sich die Feder, bei abnehmendem geht sie wieder in Richtung der ursprünglichen Form zurück. Die Bewegung wird mit einem Zeiger dargestellt, ein zweiter, der Schleppzeiger, bleibt an der maximal erreichten Tauchtiefe stehen. Beim Membrantiefenmesser überträgt sich der Wasserdruck auf eine flexible Metalldose. Nimmt er zu, wird die Dose zusammengedrückt. Diese Bewegung wird ebenfalls auf einem Zeiger dargestellt. Bei Tauchcomputern kommen Drucksensoren zum Einsatz, die Messergebnisse werden digitalisiert an die Anzeige weitergegeben.

Was ist eine Titanbeschichtung im Tauchanzug?

Viele Anzughersteller im Tauchbereich werben damit, dass ihre Anzüge mit verschiedenen Edelmetallen versehen sind und deshalb eine bessere Wärmewirkung erzielen. Im Handel kann man den Neoprenanzug nass oder halbtrocken mit Titanbeschichtung kaufen. Allerdings fragt man sich dann immer, warum der Anzug nicht wie ein Kettenhemd aus mittelalterlichen Zeiten aussieht? Die Titanbeschichtung, manchmal auch eine Aluminiumbeschichtung, soll den Verlust von Wärme verhindern, indem sie die Strahlungswärme des Körpers reflektiert. Diese Beschichtung wird in Form von Aluminium- oder Titanpartikeln an verschiedenen Stellen aufgetragen und in die Kaschierung eingearbeitet oder von einer oder beiden Seiten aufgedampft. In der Werbung wird teilweise von einer bis zu 25-prozentig besseren Isolation gesprochen, was nur sehr skeptisch von den meisten Tauchern aufgenommen wird. Allerdings sollen diese Zahlen durch Labortests bewiesen worden sein.

Wieso wärmt ein Trockentauchanzug so gut?

Ein Trockentauchanzug besteht aus einer durchgängigen, wasserdichten Hülle, an der die Fußteile fixiert sind. Dichtmanschetten aus Neopren oder Latex an Handgelenken und am Hals sowie ein wasserdichter Reißverschluss verhindern einen Wassereintritt. Die Anzüge bestehen zumeist aus Neopren (komprimiert oder unkomprimiert),

Trilaminat (eine Mischung aus Cordura und Polyester) oder aus Gummi. Unter dem Anzug wird entweder Unterwäsche oder ein spezieller, wärmender Unterzieher getragen. Dies alles dient zu einem Teil der wärmenden Wirkung eines Trockentauchanzugs. Über ein Ventil wird Pressluft aus der Pressluftflasche in den Anzug gegeben, was einerseits das druckbedingte Anpressen am Körper verhindert, andererseits aber auch einen Wärmeeffekt hat.
Der Wärmeleiteffekt von Luft ist geringer als der von Wasser. Man verliert also weniger schnell die körpereigene Wärme an die Umgebung. Ein weiterer Vorteil ist, dass man beim Ausziehen trocken ist und nach wie vor Kleidung trägt, dementsprechend gibt der Körper auch an der Oberfläche nicht so viel Wärme an die Umgebung ab. Unter einem Nasstauchanzug trägt man zumeist nur Badebekleidung, wodurch die Körperwärme rascher entweichen kann.

Warum verwenden Trockentaucher Argon in ihrem Anzug?

Der zweite Hauptsatz der Thermodynamik besagt u.a., dass Wärme immer in Richtung der geringeren Temperatur abgegeben wird. Beim Tauchen bedeutet dies, dass der Körper Wärmeenergie an die kältere Wasserumgebung bzw. im Trockentauchanzug an die kühlere Luft im Anzug abgibt. Argon ist ein Bestandteil der Luft (0,9327 Prozent) und zugleich das am häufigsten vorkommende Edelgas in der Atmosphäre. Es wird durch fraktionierte Destillation der Luft (Luftverflüssigung) gewonnen. Es ist deshalb besonders bei Trockentauchern beliebt, weil es eine deutlich geringere Wärmeleitfähigkeit als Luft hat. Dadurch wird die Wärme des Körpers weniger rasch abgegeben und es bleibt im Trockentauchanzug wohlig warm wie bei Muttern.

Wer hat das U-Boot erfunden?

Das italienische Genie Leonardo da Vinci entwarf als Erster im Jahre 1515 ein Ein-Mann-Tauchboot. Wie vieles andere aus seiner Ideenschmiede fand es allerdings niemals den Weg vom Reißbrett ins Wasser. Ein knappes Jahrhundert später griff der niederländische Erfinder Cornelis Jacobszoon Drebbel die Idee auf und baute 1620 das erste manövrierbare Unterwasser-Fahrzeug, ein mit Leder überzogenes Holzruderboot. In den darauf folgenden Jahren arbeiteten immer mehr Erfinder weltweit an Unterwasser-Fahrzeugen. 1772 wurde schließlich in Deutschland der „Hecht" getestet, ein Holzfahrzeug, das sich 12 Minuten unter Wasser aufhielt. Das erste wirkliche U-Boot gelang 1776 dem Amerikaner David Bushnell: Seine „Turtle" („Schildkröte") war eine Konstruktion aus Eisen und Eichenholz und besaß als Antrieb zwei über Handkurbeln betriebene Schrauben. Als Weiterentwicklung setzte 1801 der Amerikaner Robert Fulton bei seiner „Nautilus" Ruder zur Seiten- und Tiefensteuerung sowie ein Druckluftsystem zur Atemluftversorgung der dreiköpfigen Besatzung ein. Der bayrische Artillerie-Unteroffizier Wilhelm Bauer entwarf im Jahre 1850 das erste in Deutschland gebaute U-Boot, den „Brandtaucher". Beim ersten Tauchversuch 1851 sank es allerdings und wurde 1887 geborgen. Es gilt als das älteste erhaltene U-Boot der Welt und ist im Militärhistorischen Museum der Bundeswehr (Dresden) zu besichtigen.

Wie tief können U-Boote tauchen?

Militärische U-Boote haben keine sehr große Tauchtiefe, da sie vorzugsweise auf Geschwindigkeit und zurückzulegende Strecke optimiert werden. Es gibt auch keine offiziellen Angaben über die tatsächlich erreichbaren Tauchtiefen. Die maximale Einsatztiefe wird mit 100–200 m angegeben, Schätzungen zu Folge dürften die maximal erzielten Tiefen bei etwa 500 m liegen.
Im zivilen Bereich sieht das anders aus. Tieftauchboote, wie die zivilen und universitären Forschungsboote genannt werden, können bis zu 11 000 m Tiefe, also bis zur tiefsten Stelle im Ozean, dem Marianen-Graben, vordringen. Sie unterscheiden sich auch in ihrem kugelförmigen Aussehen deutlich von den schlanken Militär-U-Booten und sind weniger wendig und bedeutend langsamer. Tiefe hat eben auch hier ihren Preis.

Wie tariert ein U-Boot?

Ein U-Boot verwendet einerseits das Archimedische Prinzip zur Tarierung. Dieses besagt, dass die Auftriebskraft eines Körpers gleich der Gewichtskraft des vom Körper verdrängten Mediums, in unserem Fall Wasser, ist. Mit anderen Worten: Ein U-Boot ist normalerweise so aus-

gelegt, dass es in Tauchfahrt weder sinkt noch auftreibt. Dass dies in der Praxis nie hundertprozentig funktionieren kann, ist ebenso klar, denn die Dichte in den einzelnen Gewässern ist sehr verschieden. Zudem wirken zusätzliche Kräfte, wie etwa Meereswirbel, auf die Tarierung ein. Bei der Tauchfahrt eines U-Boots wirkt ein zweites physikalisches Gesetz, das des dynamischen Auftriebs. Dieser entsteht, wenn ein Körper wie das U-Boot sich relativ zum Medium bewegt, sprich sich in Fahrt befindet. Die seitlich oder am Heck angebrachten Tiefenruder werden nach oben oder unten geneigt, dadurch wird eine Abwärts- oder Aufwärtsbewegung eingeleitet. Zusätzlich werden die Tank- und Regelzellen, die so genannten Ballasttanks, mit Wasser gefüllt, was ein Absinken bewirkt, oder wieder entleert, was das Aufsteigen einleitet.
Die in der zivilen Forschung eingesetzten Tieftauchboote können auf Grund der extrem hohen unterschiedlichen Umgebungsdrücke nicht mehr auf diese Art tarieren. Sie nehmen Ballast auf, um zu sinken. Sind sie am Boden angekommen, verrichten sie ihre Arbeiten oder schweben (bzw. richtigerweise „fliegen“) zu ihrer Arbeitsstätte. Wollen sie wieder aufsteigen, wird vor Beginn der Tauchfahrt bereits vorhandener Ballast, der sich an der Unterseite des Tauchbootes befindet, abgeworfen. Das Boot beginnt langsam aufzusteigen.

Tauchen U-Boot-Besatzungen bei Notaufstiegen wirklich aus großen Tiefen ohne Gerät auf?

Unglücksfälle, wie bei der Kursk, zeigen, wie wichtig es ist, dass U-Boote Rettungssysteme besitzen. Es gibt verschiedene Systeme:

- Rettungs-U-Boot: kleine, weitgehend autarke U-Boote, die auf dem havarierten U-Boot andocken und die Besatzung evakuieren;
- Rettungsboje: steigt vom Wrack auf, markiert die Unglücksstelle, ermöglicht über das Bojenseil die Verankerung von Hebefahrzeugen;
- Rettungskapsel: eine größere Rettungsboje, in der die Besatzung Platz findet; dient nach dem Aufstieg als Rettungsinsel;

- Tauchretter: Atemgerät und Schwimmweste ermöglichen nach Passieren einer Ausstiegsschleuse oder eines Ausstiegskragens (der das Fluten des U-Bootes notwendig macht) den Notaufstieg aus bis zu 100 m Wassertiefe (bei kleinen U-Booten oft der einzige Rettungsweg).
- Andere Rettungsmaßnahmen: Bei Wassereinbruch begrenzen wasserdichte Schotten den Wassereinbruch. Notausblasen (Emergency Blow) der Tauchzellen und ein dynamischer Notaufstieg zur Oberfläche sind eventuell noch möglich.

Um Katastrophen zu vermeiden, werden U-Boot-Mannschaften auf Notsituationen ausgiebig vorbereitet. Die technische Marineschule der deutschen Marine trainiert im so genannten Tieftauchtopf den Unterwasser-Ausstieg aus einem havarierten U-Boot. Diese Anlage ist eine der größten und modernsten ihrer Art in Europa und besteht hauptsächlich aus einem 35 m hohen Turm. Im Innern befindet sich ein Becken, in dem Ausstiege in Wassertiefen von bis zu 30 m simuliert werden. Lehrgangsteilnehmer müssen aus einer auf dem Grund des Beckens liegenden U-Boot-Sektion herausklettern und ohne Tauchgeräte an die Wasseroberfläche aufsteigen – und das mit einer Geschwindigkeit, die gegen jede Tauchregel verstößt. Statt der üblichen 10 m pro Minute schießen die Schüler in nur 17 Sekunden vom Boden des Topfes an die Oberfläche. Ein weiteres Hilfsmittel ist ein in England neu entwickelter Rettungsanzug. Dieser besteht aus einer Schwimmweste und einer Aufstiegshaube, die mit Luft aus einer Pressluftflasche gefüllt ist. Das A und O bei der Übung ist das richtige Atmen. Da mit dem Aufstieg der Wasserdruck fällt, dehnt sich die Luft in den Lungen aus. Die lebenswichtige Devise heißt: Wenig einatmen und viel ausatmen, denn sonst kann die Lunge reißen. Leider ist der Aufstieg noch nicht alles: Wenn an der Wasseroberfläche nicht sofort ein Rettungsboot wartet, kann die Kälte zu einem weiteren Gefahrenpotenzial werden, wenn man ohne schützenden Anzug ist.

Wie funktioniert ein U-Boot-Sonar?

Der Begriff Sonar steht für „sound navigation and ranging", auf Deutsch Schallnavigation und Distanzmessung. Mit einem Sonar werden demnach Objekte geortet und vermessen sowie Distanzen festgestellt. Man unterscheidet ein aktives Sonar von einem passiven Sonar. Aktive Sonargeräte, wie etwa ein Echolot, dienen zur Vermessung von Meeresböden und polaren Eisdecken, zur Ortung von Fischschwärmen oder Wracks sowie zur Tiefenbestimmung. Schallwellen werden ausgesandt, der Zeitweg und die Art der Reflexion des Signals dient als Messwert. Passive Sonargeräte sind eigentlich Unterwasser-Mikrofone (Hydrofone) und orten Unterwasser-Geräusche, etwa von U-Booten. Militärische U-Boote setzen vorwiegend passive Sonarsysteme ein, da sie keinen Schall aussenden, sondern nur empfangen. Sie bestehen aus dem so genannten FASS (Flank Array Sonar System), seitlich am Schiff abstehende Stangen, und aus dem TASS (Towed Array Sonar System), einem bis zu 500 m hinter dem Boot nachgezogenen Schleppsonar.

Welches ist die wasserdichteste Uhr der Welt?

Diese Bezeichnung darf die Oyster Sea Dweller Deep Sea Special der Firma Rolex für sich in Anspruch nehmen. Die heute noch im Handel erhältliche „normale“ Ausführung der Sea Dweller 4000 ist bis in Tiefen von 1220 m wasserdicht und verfügt über ein separates Helium-Ablassventil, das vor allem bei Tieftauchbooten eine große Bedeutung hat. Über dieses Ventil wird das Helium, das auch in ein perfekt abgedichtetes Gehäuse eindringt, beim Auftauchen abgegeben, damit die Uhr nicht explodiert. Eine speziell verstärkte Version dieser Uhr, die Deep Sea Special, war 1960 sogar an der tiefsten Stelle der Erde, dem Marianen-Graben. An der Außenseite des Bathyscaph Trieste von Jacques Piccard angebracht, erreichte sie eine Tiefe von 10 916 m.

Was ist ein V-Weight?

Ein V-Weight ist ein Bleigewicht, das in V-Form gegossen ist. Vorteil dieser Art von Bleigewicht ist, dass es zwischen ein Doppeltauchgerät, also zwischen zwei Tauchflaschen, montiert wird, was einen sicheren Halt garantiert. Zudem ist durch den hohen Schwerpunkt in der Mitte des Rückens eine bessere Tarierung möglich und der Druck auf die Hüften, den ein normaler Bleigurt ausübt, wird verringert. Auch der bei Aluminium-Flaschen übliche vergrößerte Auftrieb am Ende des Tauchgangs kann so vermieden werden. Diese Art von Blei ist vor allem im Tek-Bereich, also beim technischen Tauchen, verbreitet. Im Sporttauchbereich hat es sich bis dato noch nicht durchgesetzt, da hier zumeist nur mit einer Flasche getaucht wird.

Physik und Medizin

Altert man während eines Tauchgangs schneller als an der Oberfläche?

Kurz gesagt: Man altert sogar weniger schnell. Jeden Augenblick, den wir im Freien verbringen, strömt eine gewisse Menge kosmischer Strahlung in unseren Körper. Diese dringt in unsere Zellen ein und beeinflusst das Zellwachstum, den Zellzerfall und die Zellregeneration. Dem entgegen wirken zelleigene Reparaturmechanismen. Im Wasser hingegen werden die Alterungsfaktoren, wie etwa die Sonnen- und kosmische Einstrahlung, die Auswirkungen der Schwerkraft, Elektrosmog und verunreinigte Atemluft massiv gesenkt. Man darf jetzt aber nicht erwarten, um Jahre verjüngt aus dem Wasser zu steigen – der Alterungsprozess wird nur verlangsamt, nicht gestoppt.

Kommt wirklich Blut in die Lungen, wenn man tief Apnoe taucht?

Früher galt, dass die maximale Tauchtiefe im Freitauchen sich nur durch das Verhältnis von Lungentotalvolumen zu Residualvolumen (Anteil der Luft, der bei maximaler Ausatmung in der Lunge und in den Atemwegen verbleibt) bestimmt wird. Heute weiß man durch verschiedene medizinische Untersuchungen und heutige Rekorde, dass auch andere Faktoren die maximale Tauchtiefe beeinflussen. Ähnlich wie bei Walen und Delfinen kommt es auch bei den Profis unter den Freitauchern zu einem so genannten „Bloodshift“, einer Anreicherung von Gewebeflüssigkeit in der Lunge, die einen möglichen Unterdruck ausgleichen kann. In 30 m Tiefe ist die maximale Ausatmungskapazität erreicht, da das Lungenvolumen hier nur noch ein Viertel der normalen Größe beträgt. Beim „Bloodshift“ strömt bei trainierten Sportlern mit Blut angereicherte Gewebeflüssigkeit aus Armen und Beinen in die Mitte des Körpers, um lebenswichtige Organe mit Sauerstoff zu versorgen und um zu verhindern, dass die Lunge unter dem Druck in sich zusammenfällt.

Wer war Archimedes?

Der berühmte griechische Mathematiker, Physiker und Ingenieur Archimedes von Syrakus wurde um 287 v. Chr. in Syrakus geboren. Bis zu seinem Tode im Jahre 212 v. Chr. entsprangen seinem genialen Kopf eine Unmenge von Formeln und Ideen, die heute noch im Einsatz sind, u. a. die Archimedische Schraube oder die in der Mathematik wichtige Kreiszahl. Seine für den Tauchsport wichtigste Erkenntnis war die Entdeckung des spezifischen Gewichts eines Körpers, also dem Verhältnis seiner Gewichtskraft zu seinem Volumen. Das Archimedische Prinzip führte zu der Erkenntnis, dass die Auftriebskraft eines Körpers genau so groß ist wie die Gewichtskraft des vom Körper verdrängten Mediums. Der Überlieferung zu Folge soll Archimedes beim Baden in seiner Badewanne bemerkt haben, dass das Wasser beim Besteigen der Wanne überschwappte. Als ihm die weitläufigen Folgen seiner Entdeckung klar wurden, rannte er nackt auf die Straße und schrie den verwundert dreinblickenden Passanten „Heureka!“ (griechisch, „Ich habe es gefunden!“) zu. Ob diese bereits damals wussten, was ihnen der dickliche, ältere Herr mitteilen wollte, mag an dieser Stelle bezweifelt werden. Das Prinzip des Auftriebs und dessen Berechnung verdanken wir Taucher auf alle Fälle seinem genialen Einfall.

Welches Atemvolumen pro Minute hat ein durchschnittlicher Mensch?

Das Atemminutenvolumen (AMV) ist das Atemvolumen, welches in einer Minute geatmet wird und gibt Auskunft über die Leistung der Lunge. Man kann es berechnen, indem man das Atemzugvolumen mit der Atemfrequenz multipliziert. Ein normaler Mensch atmet pro Minute ca. 7–8 l Luft. Dabei wird bei jedem Atemzug ungefähr 0,5 l Luft ein- und ausgeatmet. Das maximale Atemvolumen kann einen wesentlich höheren Wert erreichen, nämlich 3–6 l pro Atemzug. Bei Leistungssportlern kann dies noch höher liegen. In diesem Fall verbrauchen die Sportler unter körperlicher Anstrengung bis zu 90 l pro Minute. Wie viele Bäume man wohl dazu braucht, um diesen Sauerstoff wieder aufzubauen? Das Atemzugvolumen wiederum steht für die Gasmenge, die pro Atemzug ein- und ausgeatmet wird. Die Atemfrequenz definiert die Anzahl der Atemzüge pro Minute, die bei Neugeborenen ca. 40–45, bei Kleinkindern 25–30 und bei Erwachsenen 16–20 beträgt.

Wie funktioniert das mit dem Auftrieb?

Nach dem Gesetz von Archimedes schwimmt ein Körper, wenn das Gewicht des Wassers, das er verdrängt, größer ist als sein eigenes. Wenn man einen Baumstamm in den Fluss wirft, dann taucht dieser nur so tief ins Wasser ein, bis das verdrängte Wasser dem Gewicht des Baumstamms entspricht.

Wenn die Dichte eines Körpers größer ist als die des ihn umgebenden Wassers, dann sinkt er (Bowlingkugel in Wasser – flutsch und weg ist sie), denn der Auftrieb durch das verdrängte Wasser reicht nicht aus, um den Körper an der Wasseroberfläche zu halten.

Wenn wir es noch wissenschaftlicher angehen wollen, dann kann man den Auftrieb folgendermaßen beschreiben: Taucht ein Körper bis zur Tiefe h in eine Flüssigkeit mit der Dichte r ein, wirkt auf seine Grundfläche g der Druck $p = g \times r \times h$. Ein komplett in eine Flüssigkeit eingetauchter Körper erfährt eine aufwärts gerichtete Kraft, einen Auftrieb $FA = g \times r \times V$, wobei $g \times r \times V$ dem Gewicht der verdrängten Flüssigkeit entspricht.

Der Körper erfährt durch den Auftrieb einen Gewichtsverlust, der dem Gewicht der verdrängten Flüssigkeit gleich ist. Nur wenn der Auftrieb gleich dem Gewicht des Körpers ist, dann schwebt der Körper in der Flüssigkeit, egal auf welcher Tiefe. Alles klar?

Ist der Auftrieb im Salzwasser größer als im Süßwasser?

Für den Auftrieb spielt die Dichte des Wassers eine Rolle. Salzwasser hat eine größere Dichte als Süßwasser und somit hat man im Salzwasser mehr Auftrieb. Deshalb benötigt man im Meer auch mehr Blei als in Süßwasser. Aber warum hat Salzwasser eine höhere Dichte? Der Grund dafür ist das gelöste Salz im Meerwasser (rund 35 kg pro km^3). Deshalb steigt eine mit Süßwasser gefüllte Flasche im Meer an die Oberfläche. Zudem hat die Temperatur Einfluss auf die Dichte des Salzwassers: Kaltes Salzwasser hat eine größere Dichte als warmes. Durch die Anomalie des Wassers nehmen die Wassermoleküle bei rund 4 °C das geringste Volumen ein und haben die größte Dichte. Wenn die Temperatur sinkt, nehmen die Wassermoleküle mehr Volumen ein, die Dichte verringert sich und damit auch der Auftrieb.

Wieso kann man unter Wasser leichter **auskühlen?**

Der Grund dafür ist der zweite Hauptsatz der Thermodynamik, der u. a. besagt, dass der Wärmetransport immer von einem heißen Körper zu einem kalten erfolgt. Das bedeutet in unserem Fall, dass der Körper Wärmeenergie an die kältere Wasserumgebung abgibt. Dabei gilt: Je höher die Temperatur eines Körpers ist, desto größer sind auch die Wärmeschwingungen seiner Moleküle. Die Wärmeenergie wird weitergegeben, indem ein schwingendes Molekül ein anderes anstößt. Dabei wird das Molekül abgebremst und kühlt ab. Mit anderen Worten: Man beginnt zu frieren.

Der Kältereiz führt dabei vorerst zu einem Zusammenziehen der peripheren Blutgefäße und in Folge zur Drosselung der Blutzufuhr, das Blut versorgt dann in erster Linie den Körperstamm. Bei einer Senkung der Körperkerntemperatur unter 37 °C spricht man von Unterkühlung oder Hypothermie, der Kreislauf zentralisiert und Körperteile wie etwa Finger, Zehen, Hände, Füße und Nase werden weniger durchblutet. Bereits nach wenigen Minuten ist die Reaktionsfähigkeit und die Fähigkeit wichtige Handlungen auszuführen, stark eingeschränkt.

Kann man auch durch Atmen **auskühlen?**

Die Luft, die ein Taucher während eines Tauchgangs atmet, ist bekanntermaßen komprimiert, daher auch der Name Pressluft. Kaum verlässt sie den Atemregler, expandiert sie. Durch diese Ausdehnung kühlt die Atemluft ab und entzieht dem Körper Wärme. Dieses Phänomen macht sich auch über Wasser bemerkbar, allerdings in geringerem Ausmaß als während eines Tauchgangs. Das US Navy-Taucherhandbuch spricht von einem Wärmeverlust an der Oberfläche von etwa 10 %.

Je weiter ein Taucher hinabtaucht, desto größer ist der Druck der eingeatmeten, expandierenden Atemluft – ergo, die Abkühlung durch das Atmen wird noch stärker. Abhilfe können hier Kreislauftauchgeräte schaffen, da der Anteil des expandierenden Sauerstoffs an der Atemluft weitaus geringer ist als bei einem Presslufttauchgerät. Im Verhältnis zu seiner Oberfläche ist übrigens der Kopf der größte Verschwender – hier verliert der Taucher die meiste Wärme.

Was ist ein Badetod?

Eine Person geht unbeschwert ins Wasser und versinkt plötzlich ohne erkennbaren Grund. Dahinter steckt zumeist der so genannte Badetod, der oft durch eine Reizung des Vagus-Nerves, der an der Speiseröhre sitzt, verursacht werden kann. Dabei kommt es zu einer Verlangsamung des Herzschlags und einem Absinken des Blutdrucks, was wiederum zu einem Kollaps und im schlimmsten Fall sogar zum abrupt einsetzenden Tod führen kann. Die Ursachen für einen Badetod sind vielfältig, u. a. können folgende Faktoren verantwortlich gemacht werden: Pressatmung, eine Reizung der Kehlkopfschleimhaut durch den Vagus-Nerv, Stimmritzenkrampf, Kreislaufschwäche, Kälteschock, Erschöpfungskollaps und ein Sonnenstich. Auch ein voller Magen kann für den Badetod verantwortlich gemacht werden, was wiederum die alte Binsenweisheit zur Anwendung bringt: „Gehe nie mit vollem Magen ins Wasser und meide die direkte Sonne!“

Was ist ein bar?

Ein bar ist eine physikalische Einheit, mit der Druck gemessen wird. 1 bar entspricht 10^5 N/m^2 oder 10^5 Pa, 1013,25 mbar entsprechen 1 atm und damit dem Normaldruck auf Meereshöhe. Im Tauchsport ist der Luftdruck auf Meereshöhe fälschlicherweise mit 1 bar angegeben. In Wirklichkeit wird der Luftdruck in Pascal angegeben und beträgt 101325 Pascal bzw. 1013,25 hPa, also 1 atm. Dies entspricht umgerechnet 1,01325 bar. Womit wir dem 1 bar schon ziemlich nahe sind.

Können Blähungen ein Barotrauma des Darms verursachen?

Verdauungsgase sind, wie der Name schon sagt, Gase – und zwar hauptsächlich Schwefelwasserstoff. Dementsprechend unterliegen auch sie dem Gesetz von Boyle-Mariotte, das besagt, dass eine Erhöhung des Drucks immer mit einer Verkleinerung des Volumens einhergehen muss. Taucht man nun auf und die Darmgase bilden sich übermäßig, kann es nach diesem Gesetz zu einer Druckverletzung (Barotrauma) der Darmwände kommen. In der Praxis sind bis dato allerdings noch keine Darmrisse im Zusammenhang mit Flatulenzen (= Blähungen) beim Tauchen überliefert worden, wahrscheinlich, weil man sie einfach entweichen lassen kann. Davor sollte man sich also auf keinen Fall scheuen. Da eine erhöhte Darmgasbildung sehr schmerzhaft sein kann, sollten blähende Speisen vor einem Tauchgang vermieden werden.

Wie entsteht das blaue Leuchten von Kernreaktoren unter Wasser?

Manche haben es wahrscheinlich bereits in Filmen gesehen: Das Wasser im Umfeld von Kernreaktoren weist einen seltsamen, bläulichen Schimmer auf. Dies entspringt nicht etwa der Fantasie findiger Drehbuchautoren, sondern ist ein tatsächlich vorhandenes Phänomen. Es entsteht durch den so genannten Cherenkov-Effekt. Das Leuchten entsteht dabei auf ähnliche Weise, wie der Überschallknall (der so genannte Mach'sche Kegel) bei einem Flugzeug. Kleinste Elementarteilchen durchdringen die Umhüllung des Kernreaktors und bewegen sich dabei mit Überlichtgeschwindigkeit – dies ist unter Wasser möglich, da sich hier das Licht durch den Effekt der Lichtbrechung deutlich verlangsamt. Dadurch bedingt baut sich eine Art Mach'scher Kegel aus elektromagnetischen Wellen, also Licht, mit den Elementarteilchen in der Spitze auf. Und schon haben wir unser blaues Leuchten.

Wer war Boyle-Mariotte?

Das berühmte Gesetz nach Boyle-Mariotte wird oftmals fälschlicherweise einem Herrn dieses Namens zugeordnet. In Wirklichkeit waren zwei in ihrer Zeit sehr geschätzte Wissenschaftler, nämlich der Ire Robert Boyle (1627–1691) und der Franzose Edme Mariotte (1620–1684), an der Entwicklung dieses Gesetzes beteiligt. Beide Physiker entwickelten unabhängig voneinander diese Theorie, wobei Boyle Mariotte jedoch etwas zuvor kam. Aus ihrer beiden Namen setzt sich heutzutage die Bezeichnung für das physikalische Gesetz zusammen. Die Physiker entdeckten, dass in einem abgeschlossenen Behälter das Volumen sich proportional zum Druck ändert – Volumen V also konstant zum Druck p ist ($p \times V = k$). Dies alles lernt man beim Einstieg in den Tauchsport: Nimmt man einen mit Luft gefüllten Ballon in die Tiefe, verringert sich dessen Volumen proportional zum Umgebungsdruck. Füllt man einen Ballon in der Tiefe mit Luft, nimmt das Volumen beim Aufstieg umgekehrt proportional zum Umgebungsdruck zu.

Kann man nach einer Brustvergrößerung tauchen gehen?

Prinzipiell ist das Tauchen mit neueren Brust-Implantaten möglich, allerdings sollte man immer vorher mit seinem Arzt Rücksprache halten. Nur während des Heilungsprozesses nach der Schönheitsoperation sollte man unbedingt vom Tauchen ablassen. Silikonimplantate verändern sich kaum unter Druckeinwirkung, da diese ja nicht mit Luft gefüllt sind. Bei älteren Implantaten, die über 5 Jahre alt sind, kann es allerdings zu Problemen führen. Bei längeren und tieferen Tauchgängen kann es zu Spannungsschmerzen im Bereich der Narbenbildung kommen. Nach Meinung von Experten und verschiedenen Tests in den USA kommt es bei sporttaucherüblichen Tauchgangsprofilen (max. 40 m und bis max. 60 Minuten) zu keiner gefährlichen Stickstoffblasenbildung. Immer wieder tauchen in der Regenbogenpresse Geschichten von in Flugzeugen geplatzten oder von verschobenen Implantaten auf. Das kann nach einhelliger Meinung der Fachleute eher ins Reich der „urban legends" eingereiht werden.

Wer war Bühlmann?

Der Mediziner Professor Dr. med. Albert A. Bühlmann (16. Mai 1923 in der Schweiz geboren) war Professor für Pathophysiologie und Tauchmedizin. Ende der 1950er Jahre forschte er mit Hannes Keller auf dem Gebiet des Tieftauchens. Unterstützung fand er dabei bei der US Navy, die seine Forschungsarbeit bei Tauchgängen in 150 und 300 m Tiefe ermöglichten. Als zwei Marinetaucher bei einem Tauchgang verunglückten, begann Prof. Bühlmann gezielt, Dekompressions-Modelle zu entwickeln und eigene Tauchtabellen auszuarbeiten. In den 1970er Jahren fanden seine Erkenntnisse auch im Sporttauchbereich Anwendung und wurden in den ersten Tauchcomputern eingesetzt. Prof. Bühlmann ist am 16. März 1994 gestorben. Sein ZH-L16 bildet aber noch heute die Grundlage für die bekannte Dekotabelle Deko 2000.

Woher kommt der Begriff Caissonkrankheit?

Caissonkrankheit ist eine historische Bezeichnung für die Dekompressionskrankheit. Während des Abtauchens werden permanent Gase in den Geweben gelöst. Beim Auftauchvorgang dehnen sich diese aus und wollen sich lösen. Nimmt nun der Druck zu schnell ab, ergibt sich eine Blasenbildung, die zur Dekompressionskrankheit führen kann. Der Begriff leitet sich von den ab 1890 bei Unterwasser-Arbeiten verwendeten Senkkästen ab, die längere Arbeitszeiten unter Wasser ermöglichten. Sie fanden vor allem in Frankreich bei der Errichtung von Brückenpfeilern Anwendung, daher auch der französische Name „caisson“ (= Kiste). Da im Laufe der Zeit, bedingt durch die langen Unterwasser-Arbeiten, immer mehr Arbeiter an einer seltsamen Krankheit litten, für die man damals noch keine Erklärung hatte, nannte man sie nach ihrer Herkunft – eben Caissonkrankheit.

Kann man beim Apnoe-Tauchen die Caissonkrankheit bekommen?

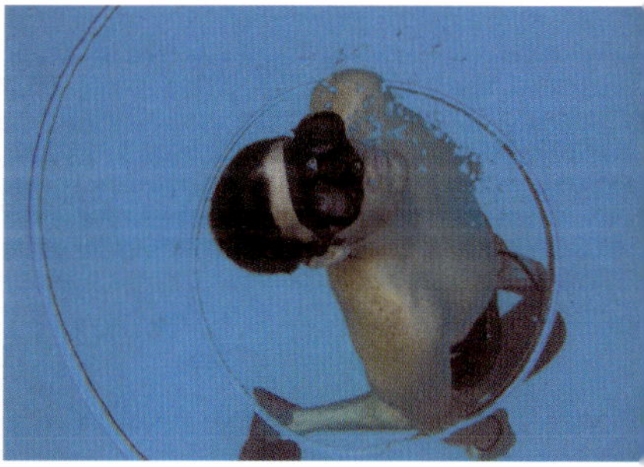

Wissenschaftler beobachteten bei polynesischen Perlentauchern, die über einen längeren Zeitraum eine Vielzahl von tiefen Freitauchgängen durchführten, Anzeichen einer Dekompressionskrankheit. Die Taucher waren mit Schwindelanfällen, Bewusstlosigkeit, Lähmungserscheinungen und teilweise sogar mit dem Tod konfrontiert. Diese Erscheinungen traten bei wiederholten Freitauchgängen über 6–8 Stunden und in Tiefen von 20–27 m auf. Da es auch im Apnoe-Sport gelegentlich zu ähnlichen Erscheinungen kommt, wird derzeit intensiv an der Möglichkeit einer Dekompressionskrankheit bei Freitauchern geforscht. Nach neuesten Erkenntnissen ist dabei die Wahrscheinlichkeit einer solchen Krankheit bei mehrmals hintereinander stattfindenden Freitauchgängen, bei denen die Oberflächenpausen zwischen den Tauchgängen kürzer als die Tauchgänge selbst sind, besonders hoch.

Wer war Charles?

Jacques Alexandre César Charles, so der wohlklingende vollständige Name des 1746 in Beaugency (Frankreich) geborenen Chemikers und Physikers, verstarb 1823 in Paris. Zu seinen Errungenschaften für den Tauchsport zählte, dass er das Gesetz von Robert Boyle und Edme Mariotte um den Einfluss der Umgebungstemperatur erweiterte – diese muss nämlich konstant sein, um das Gesetz von Boyle-Mariotte zur Anwendung zu bringen. Des Weiteren kann man auf Grund seines Gesetzes, dass sich der Druck eines abgeschlossenen Gases bei gleichem Volumen mit der Temperatur ändert, auch den Prüfdruck von Tauchflaschen berechnen. Da sich eine Tauchflasche beim Befüllen erwärmt, steigt der Druck in der Flasche. Ein bei 200 bar gefülltes Tauchgerät muss daher einen höheren Druck aushalten. Aus Sicherheitsgründen wird der Prüfdruck in der Praxis daher bedeutend höher angelegt und liegt beim rund 1,5-fachen des Fülldrucks. Im Jahre 1783 baute Charles übrigens auch den ersten Wasserstoff-Ballon der Welt, der später ihm zu Ehren Charlière genannt wurde – ein vielseitiger Wissenschafter.

Wer war Dalton?

John Dalton wurde im Jahre 1766 in Eaglesfield (England) geboren und verfasste bis zu seinem Tod 1844 in Manchester einige grundlegende physikalische Gesetze, u. a. auch zur Atomtheorie (so trägt die Gewichtseinheit Dalton für Atome seinen Namen). In Taucherkreisen bekannt ist er jedoch für das nach ihm benannte Gesetz der Partialdrücke von 1805. Es besagt, dass der Gesamtdruck eines Gasgemisches gleich der Summe der Teildrucke der einzelnen Gase ist. Beim Tauchen lässt sich auf Grund seines Gesetzes der jeweilige Partialdruck errechnen, was wiederum für die Verträglichkeit der am Atemprozess beteiligten Gase relevant ist. So weist z. B. Sauerstoff ab einem Partialdruck von 1,6 bar stark toxische Wirkungen auf.

Was sind Deepstops?

Jedem Taucher sind Sicherheitsstopps und Dekostopps zur sicheren Stickstoffentsättigung bekannt. Dabei wird meist in Tiefen von 3 m, 6 m oder 9 m ein Stopp eingelegt, je nachdem, was der Tauchcomputer anzeigt. Aus der „Technical Diving"-Szene kommt aber eine Gepflogen-

heit, die auch bei normalen Sporttauchern immer größeren Einzug findet, nämlich der Deepstop. Der Deepstop ist eine einzulegende Pause, die man auf halber Tiefe der gesamten Tauchtiefe (maximal jedoch in 15 m Tiefe) für 2–3 Minuten einhält. Dieser hilft, auf die unterschiedlichen Auf- und Entsättigungszeiten der verschiedenen Gewebestufen des Körpers zu reagieren. Dieser Deepstop soll nach letzten Untersuchungen einer besseren Entsättigung dienen und besonders beim Abbau von Mikrobläschen förderlich sein.

Ein Beispiel für einen Tauchgang wäre:

1. Stopp: auf halber Tiefe (jedoch max. 15 m) für 2–3 Minuten
2. Stopp: in 5 m Tiefe für 5 Minuten

Danach sollte man für die letzten 3 m Aufstieg 1 Minute benötigen. Zusätzlich sind die vom Tauchcomputer vorgegebenen Dekostopps einzuhalten. Für echte „Tekkies“ kann es natürlich auch mehrere Deepstops geben.

Was ist das Dekompressions-Modell von Bühlmann?

Bühlmann entwickelte 1983 das Dekompressions-Modell ZH-L16 (ZH steht für Zürich, die Stadt und Universität, in der er lebte und forschte), das heutzutage der Großteil aller Tauchcomputer einsetzt. Es handelt sich dabei um Dekompressions-Algorithmen nach Haldane und Workman, bei denen der menschliche Körper in 16 repräsentative Modellgewebe (so genannte Kompartimente) unterteilt wird. Die Dekompressions-Berechnungen werden für jedes Kompartiment separat durchgeführt, wobei vier Hauptgruppen gebildet werden: schnelles Gewebe (Zentralnervensystem und Rückenmark), Haut, Muskulatur und langsames Gewebe (Gelenke mit Bändern, Knorpel und Knochen). In seinem Modell geht er davon aus, dass sich Inertgase, wie z. B. Stickstoff, in unterschiedlichen Gewebearten unabhängig voneinander aufsättigen. Die Entsättigung funktioniert nach denselben Gesetzmäßigkeiten wie die Aufsättigung. Diese Vorgänge sind von verschiedenen Faktoren abhängig, wie z. B. dem Partialdruck, der Zeit, der Temperatur und dem Gewebe. In ZH-L16 kann man zu jeder Zeit des Tauchgangs einen theoretischen Sättigungswert für jedes Gewebe kalkulieren. Für den Aufstieg klärte er die Frage, wie hoch der tolerierbare Übersättigungsdruck ist, ohne dass Symptome der Dekompressionskrankheit auftreten. Bühlmann fand heraus, dass, je höher der Sättigungsgrad ist, desto geringer ist der tolerierbare Übersättigungsdruck und je kürzer die Halbwertszeit ist, desto größer wird die Toleranz des Gewebes gegen die Reduzierung des Umgebungsdrucks. Es stellte sich allerdings heraus, dass das Modell besonders bei extremen Tauchgängen an seine Grenzen stößt, da es z. B. die stillen Blasen (Mikroblasen) nicht berücksichtigt wie das von Richard Pyle und Erik C. Baller.

Wenn man nicht genug Luft hat, welchen Dekompressions-Stopp soll man auslassen?

Du bist auf 20 m und dein Luftvorrat wird knapp, dein Tauchcomputer will aber noch einige Dekompressions-Stopps von dir. Nun stellt sich die Frage, welchen der Dekompressions-Stopps lässt man aus? Die Antwort lautet meist, den tiefsten, weil man dazu verleitet ist, die zeitlich kürzesten Dekompressions-Stopps (laut Tauchtabelle) für unwichtiger zu halten. Das ist aber nach neueren Untersuchungen nicht richtig. Alle Dekompressions-Stufen sind wichtig, denn so wie die verschiedenen Gewebearten des Körpers sich anders beim Aufsättigen verhalten, tun sie dies auch beim Entsättigen. Deshalb gibt es die Staffelungen der Dekompressions-Stufen. Wird also eine tiefe, vermeintlich unwichtige Dekompressions-Stufe ausgelassen, kommt es in bestimmten Geweben zu einer kritischen Übersättigung und damit zu einem möglichen Dekompressionsunfall. Es sollte daher nicht bei der tiefsten, sondern allenfalls bei der flachsten Dekompressions-Stufe gespart werden.

Macht Tauchen tatsächlich doof?

Der vielerorts gehörte Ausspruch „Tauchen macht doof" muss doch einen wahren Hintergrund haben – oder? Nein, im Gegenteil können wir da nur sagen. Die Gerüchte, wonach während eines Tauchgangs Gehirnzellen absterben sollen, wollen ja nicht verstummen. Einzig: Es entbehrt jeder Grundlage. Befindet sich ein Taucher unter Wasser, ist er permanent mit Atemluft versorgt, die Atmung wird in normalem Maß aufrechterhalten. Dadurch wird auch das Gehirn regelmäßig und ausreichend mit Sauerstoff versorgt. Auch Freitaucher, die minutenlang die Luft anhalten können, haben kein erhöhtes Risiko, dass ihnen Gehirnzellen abhanden kommen. Ihre Lungen sind prall gefüllt, der lebenswichtige Sauerstoff wird weiterhin durch ihre Blutbahnen an alle wichtigen Teile ihres Körpers transportiert, die Versorgung des Gehirns ist gewährleistet. Sogar nach einem Samba oder Blackout eines Freitauchers müssten immer noch rund 5 Minuten ohne Atmung vergehen, bevor tatsächlich eine Schädigung des Gehirns eintritt. Wieso sind wir aber dann der Meinung, dass Taucher das Gegenteil von doof werden? Nun, Wissenschaftler haben belegt, dass ständiges Gehirntraining das Gedächtnis bis ins hohe Alter hinein aktiv hält. Die meisten aktiven Taucher beschäftigen sich so intensiv mit ihrem Hobby, wälzen die neuesten tauchmedizinischen Erkenntnisse, Tauchmagazine, Tauchbücher (dieses Buch!) – ihr Gehirn ist stärker gefordert, auch aufgrund der gesteigerten Aufmerksamkeit während und vor einem Tauchgang, als bei anderen Personen, die keinerlei Beschäftigung nachgehen. Dass es nicht doch den einen oder anderen doofen Taucher geben mag, können wir jedoch nicht grundlegend ausschließen.

Gibt es einen **Druckunterschied** zwischen Süß- und Salzwasser?

Tatsächlich ist der Umgebungsdruck im Salzwasser bei der gleichen Tiefe größer als der im Süßwasser. Salzwasser weist eine größere Dichte als Süßwasser auf und hat somit einen größeren Auftrieb. Dadurch wiegt die Menge Wasser, die ein Taucher im Meer verdrängt, mehr als im Süßwasser. Et voilà, der Umgebungsdruck ist größer.

Dieser Druckunterschied wirkt sich aber bis zu einer Seehöhe von 700 m wenig bis gar nicht aus. Daher gibt es auch keine Auswirkungen bei den Dekompressionstabellen. Erst darüber – bedingt durch den verringerten Luftdruck – sind eigene Bergseetabellen notwendig, bei denen neben dem Luftdruck auch der Süßwasserdruck miteinbezogen ist.

Wieso hat man nach einem Tauchgang **Durst?**

Während eines Tauchgangs dehydriert der menschliche Körper langsam aber stetig, er verliert körpereigene Flüssigkeit. Durch den beim Tauchen erhöhten Umgebungsdruck kommt es im Körper zu einer Verschiebung des Blutes aus den Beinen und Armen in den Rumpfbereich. Dies wiederum erhöht die Nierenfunktion und der Körper scheidet übermäßig Flüssigkeit aus. Zusätzlich müssen die Schleimhäute Mehrarbeit leisten, da sie die trockene Pressluft anfeuchten müssen.

Man unterscheidet zwei Arten von Dehydratation (Entzug von Wasser), die isotone und die hypotone. Bei einer isotonen Dehydratation erfolgt der Verlust von Wasser und Salz im gleichen Verhältnis, was vor allem bei unzureichender Wasser- und Natriumzufuhr der Fall ist. Die bei Tauchern weitaus häufiger vorkommende hypotone Dehydratation bewirkt einen erhöhten Wasserverlust, wobei die körpereigenen Salze vorhanden bleiben. Das Verhältnis stimmt also nicht mehr. Dies ist vor allem bei starkem Schwitzen, etwa beim Anziehen des Neoprenanzugs in der Sonne, der Fall.

Bereits bei nur 2 % Gewichtsverlust durch Dehydratation lässt neben allen anderen negativen Auswirkungen auch die Leistungsfähigkeit um rund 15 % nach – gerade bei sehr anspruchsvollen Tauchgängen kann dies ausgesprochen unangenehme Folgen haben.

Erste Anzeichen der Dehydratation sind Durst, Appetitlosigkeit, Muskelkrämpfe, Müdigkeit und dunkler Urin. Bei besonders schwerem Flüssigkeitsverlust können auch Störungen des Zentralnervensystems auftreten, sodass sogar das Durstgefühl ausbleibt.
Wird zu viel Flüssigkeit ausgeschieden, kann zudem der flüssige Anteil des Blutes, das Blutplasma, verringert werden, wodurch weniger Stickstoff verarbeitet werden kann. Das Risiko für eine Dekompressionskrankheit steigt exorbitant. Was lernen wir daraus? Immer ausreichend trinken – und damit ist nicht erst das Bier danach gemeint!

Woran liegt es, dass das Einatmen in Rückenlage so schwer fällt?

Im Prinzip ergibt sich dieses Phänomen aus dem Druckunterschied zwischen Lunge und Mund. Wenn die Lunge sich auf derselben Höhe wie die Mundhöhle befindet, dann kann man unter Wasser leicht atmen. Wenn man unter Wasser auf dem Rücken liegt, befindet sich der Atemregler ca. 20 cm über den Lungen. Der Druck steigt bekanntlich mit der Wassertiefe, also ist der Druck auf die Lungen höher als der Druck am Atemregler. Man muss nun die Druckdifferenz durch kräftiges Saugen ausgleichen, um Luft zu holen. Wenn man aufrecht im Wasser steht, ist alles noch schwerer.
Obwohl der Druckunterschied nur etwa 0,03 bar beträgt, merkt man diesen doch recht deutlich. Der Brustkorb kann nur einen geringen Unterdruck aufbauen. Den gleichen Effekt kann man erzeugen, indem man sich kopfüber im Wasser dreht, dann wird man quasi aufgeblasen. Mit dem Schnorchel lässt sich dies nicht nachvollziehen, da der Druck an der Mundhöhle wirkt und nicht am Ende des Schnorchels. Deshalb muss man dabei trotz des langen Schnorchels nicht ständig Luft saugen. Sonst würde es auch keinen Spaß machen, oder?

Wie lange kann man im Eiswasser ohne Tauchanzug überleben?

Diesen Satz haben wir aus einer medizinischen Beschreibung und wollen ihn unseren Lesern auch nicht vorenthalten: „Eiswasser-Ertrinken weist gegenüber anderen Ursachen einer akzidentellen Hypothermie pathophysiologische Besonderheiten auf, die in Einzelfällen ein folgenloses Überleben auch nach Submersionszeiten von über einer Stunde

ermöglicht haben." Was das genau heißt? Wenn man im Eiswasser absäuft, kann man nach über einer Stunde unter Wasser noch immer ohne Langzeitfolgen wiederbelebt werden.

Dr. Gordon Giesbrecht, einer der führenden Experten auf dem Gebiet der Hypothermie (= Unterkühlung, die eintritt, wenn die Körpertemperatur auf 35 °C und darunter fällt) hat an sich selbst bereits 37 Mal einen Unterkühlungsversuch vorgenommen, und versucht, deren Geheimnisse zu erforschen. Die meisten Menschen glauben, dass man in Eiswasser nach 5–10 Minuten stirbt. Die Wahrheit ist, dass man sogar 1–2 Stunden im Eiswasser überleben kann.

Wenn man in Eiswasser einbricht, dann treten folgende Phasen ein:

- Kälteschock: tritt innerhalb der ersten 3–4 Minuten ein, wenn der Kopf außerhalb des Wassers ist; Folgen sind Hyperventilation, nach Luft ringen, Hypertension (starke Anspannung der Muskulatur), erhöhte Herzaktivität; evtl. Eintreten des Todes innerhalb von Minuten;
- Kälteuntauglichkeit: innerhalb der nächsten 30 Minuten werden die externen Gewebe besonders in den Extremitäten (Hände, Finger) unterkühlt, schlechte Koordination und Kraftverlust setzen ein; daher können diese Personen meist Rettungsseile nicht mehr greifen und auch keine Notsignale mehr geben,
- langfristige Hypothermie: der Körper des Überlebenden der ersten beiden Phasen wird stetig ausgekühlt, die Kerntemperatur fällt weiter; nach 1–2 Stunden stirbt der Mensch an Unterkühlung.

Die Dauer dieser Phasen hängt natürlich von vielen Faktoren wie Bekleidung, Wassertemperatur etc. ab. So wurden verschiedene Modelle wie etwa das „survival time prediction model" entwickelt, um diese Dauer zu ermitteln. Allerdings kann man mit einem mit Luft gefüllten Neoprenanzug bis zu 6 Stunden im Eiswasser überleben.

Wie lange ist die Eustachische Röhre?

Die Eustachische Röhre (Tuba auditiva), auch „Ohrtrompete" genannt, ist der tubenartige Verbindungsgang zwischen Mittelohr und Nasen-Rachen-Raum. Ihren Namen verdankt sie dem italienischen Arzt und Anatom Bartolomeo Eustachio (1524–1574), der sie entdeckt hat. Der äußere Gehörgang ist durch das Trommelfell verschlossen, dahinter liegt das Mittelohr, an das die rund 3,75 cm lange Eustachische Röhre anschließt.

Sie hat gerade für uns Taucher eine wichtige Funktion, ist sie doch dafür verantwortlich, dass der Druckausgleich zwischen Ohren, Nase und äußerem Luftdruck funktioniert. Bei Änderungen in den Druckverhältnissen reagiert sie und öffnet sich durch Schlucken, Kauen oder Gähnen. Wenn sie durch eine Erkältung verstopft ist, dann kann es beim Tauchen oder Fliegen zu starken Ohrenschmerzen führen oder sogar zu Verletzungen des Trommelfells.

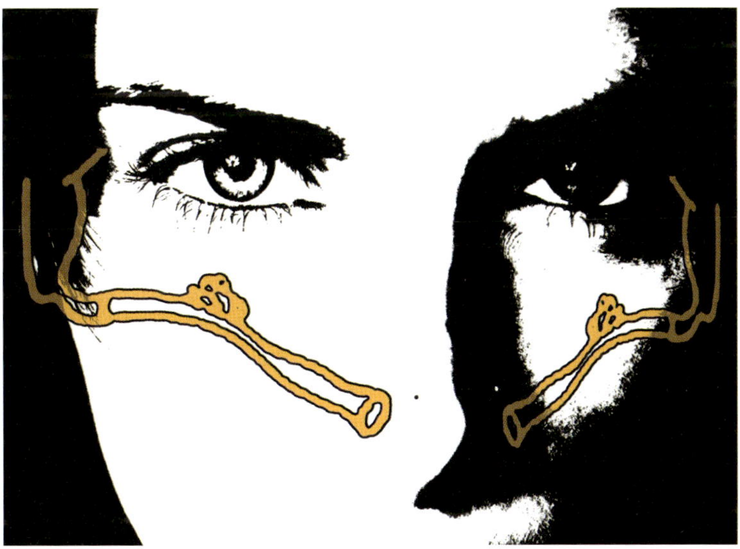

Hat Fett mehr Auftrieb?

Ein Körper, der in eine Flüssigkeit eingetaucht wird, hat einen Auftrieb, der dem Gewicht der von ihm verdrängten Flüssigkeit entspricht. D. h. ein Körper schwimmt, wenn seine Dichte geringer ist als die ihn umgebende Flüssigkeit und er taucht so tief ein, bis der Auftrieb durch die Wasserverdrängung seinem Gewicht entspricht. Wenn die Dichte gleich der umgebenden Flüssigkeit ist, dann treibt der Körper, egal auf welcher Tiefe. Wenn die Dichte höher ist, dann sinkt er.

Wenn wir uns den Menschen ansehen, dann treiben die meisten Schwimmer gerade mal an der Wasseroberfläche. Im Meer ist dies leichter möglich als im Süßwasser. Der menschliche Körper besteht zu 90 % aus Wasser und damit liegt die Dichte nahe 1. Allerdings ist die Dichte des menschlichen Körpers von seinem Aufbau abhängig.

Vergleichen wir zwei Taucher mit 80 kg Körpergewicht, wobei der eine durchtrainiert ist und der andere übergewichtig. Der Trainierte hat weniger Fett und mehr Muskelmasse, die wiederum eine höhere Dichte hat. Ein übergewichtiger Taucher hat aufgrund des höheren Fettanteils eine geringere Dichte und dementsprechend einen stärkeren Auftrieb.

Darf ich mit einem offenen Foramen Ovale tauchen?

Das Foramen Ovale, auch PFO genannt, ist eine beim Embryo im Mutterleib normalerweise vorhandene Öffnung im Herzvorhof, die das Herz in eine rechte und linke Seite trennt. Diese schließt sich üblicherweise nach der Geburt beim Neugeborenen wieder und verwächst. Doch bei etwa 20–30 % aller Menschen ist das nicht so. Sie haben ein offenes PFO. Solange der Druck in der linken Seite höher ist als in der rechten, bleibt das PFO geschlossen. In manchen Situationen, z. B. beim Luftanhalten, Nase zuhalten, etc., allerdings kann der Druck rechts ansteigen, dann öffnet sich das PFO. Das Riskante an diesem kleinen Herzfehler ist nicht die Öffnung an sich, sie verursacht zumeist keinerlei Beschwerden, sondern die Tatsache, dass die Betroffenen meistens davon nichts wissen und damit beim Tauchen unwissend einem Risiko ausgesetzt sind. In klassischen Tauchsituationen können nun durch ein offenes PFO Mikroblasen, die sich immer im venösen Gefäßsystem bilden, in das arterielle Gefäßsystem wandern und dort entsprechenden Schaden anrichten. Normalerweise, bei geschlossenem PFO, bleiben sie im venösen Gefäßsystem und werden dann in den Lungen abgebaut.
Die Organisation DAN (Divers Alert Network) führt zurzeit Studien an vielen freiwilligen Tauchern durch, in denen festgestellt wird, ob diese Personen davon betroffen sind und wie sich diese Erkrankung langfristig auf den Taucher auswirkt. Bis dato gibt es aber noch keine endgültigen Ergebnisse zu diesem Thema.

Sind Frauen gegenüber Männern beim Tauchen benachteiligt?

Wie so oft im Leben, gibt es auch im Tauchsport das Vorurteil, dass Frauen den Männern unter Wasser nicht das Wasser reichen können. Dies ist jedoch schlichtweg falsch. Zwar stimmt es, dass der weibliche Körper deutliche Unterschiede zum männlichen aufweist (Gott sei Dank!) und dies auch indirekte Auswirkungen auf das Tauchen hat. Jedoch sind die Unterschiede so minimal, dass es in der Praxis keine tatsächlichen negativen Erscheinungen nach sich zieht.
Frauen besitzen durchschnittlich kleinere Lungen als Männer, haben eine schlechtere Luftaufnahmekapazität, einen um 10 % höheren Kör-

perfettanteil sowie eine geringere physische Konstitution. Zum Ausgleich benötigen sie dadurch aber weniger Luft als Männer und ihr Körper kann auf Grund des höheren Fettanteils auch besser im kalten Wasser warm gehalten werden. Dass sie dennoch zumeist früher frieren, liegt an einem anderen Blutkreislauf als bei Männern.

Die Wissenschaft ist sich derzeit etwas uneinig, ob auf Grund des höheren Körperfettanteils eventuell ein höheres Risiko für Dekompressionserkrankungen besteht. Der Großteil der Mediziner geht davon aus, dass dies nicht der Fall ist. Auch die Menstruation ist für das Tauchen kein Problem. Weder wirkt sich der Überdruck auf diese aus, noch werden gar bösartige Unterwasser-Lebewesen vom „Blutgeruch" angelockt. Dies ist als Großstadtlegende zu werten.

In der DAN-Unfallstatistik wird bei „normalen" Tauchgängen eine gleich hohe Unfallhäufigkeit bei Männern und Frauen verzeichnet, im Extrembereich „siegen" jedoch die Männer. Sie tendieren demnach in Gruppen dazu, ein größeres Risiko einzugehen, was sich auch in den deutlich höheren Todesraten bei Tieftauchgängen, beim Höhlentauchen und beim Mischgastauchen auswirkt. Ähnlich wie im Straßenverkehr sind Frauen hier die vorsichtigeren Unterwasser-Verkehrsteilnehmer. Frauen kommen also nicht von der Venus und Männer nicht vom Mars – maximal aus der Nebenfahrbahn.

Wer war Gay-Lussac?

Joseph-Louis Gay-Lussac erblickte 1778 in St. Leonard das Licht der Welt, die er 1850 in Paris wieder verließ. Seine Schulzeit verbrachte er an der École Polytechnique in Paris, an der er in späterer Folge ab 1809 auch eine Professur in Chemie innehatte. Seine für das Tauchen wichtige Entdeckung besagt, dass bei gleich bleibendem Volumen der Druck p einer Gasmenge im gleichen Verhältnis wie die absolute Temperatur T (in Kelvin) zunimmt.

Dieses Phänomen kann man beobachten, wenn man an einem warmen Tag ins kühle Nass steigt. Die zuvor mit 200 bar gefüllte Pressluftflasche weist im kalten Wasser einen geringeren Druck auf. In einer Formel ausgedrückt lautet dieses Gesetz: $p/T=k$. In der Praxis kann man dadurch den exakten Luftvorrat vor einem Tauchgang berechnen und muss so keine unliebsamen Überraschungen erleben.

Wie viele Gewebearten hat ein menschlicher Körper?

Der menschliche Körper besteht aus verschiedenen Gewebearten, die aus vielen spezialisierten Zellen bestehen. Diese Zellen erledigen gemeinsam bestimmte Aufgaben im Körper. Beim Menschen werden insgesamt vier Gewebearten unterschieden:

- das Deckgewebe (Epithelgewebe),
- das Binde- und Stützgewebe (Bindegewebe, Fettgewebe, Knochen und Knorpel),
- das Muskelgewebe,
- und das Nervengewebe.

Zum Deckgewebe gehören die Haut, die Schleimhäute des Magen-Darm-Traktes, der Atemwege und der Harnwege sowie Drüsen. Sie bedecken die äußeren Körperoberflächen und das Innere von Organen und Hohlräumen.

Wer war Haldane?

Sir John Scott Haldane, wie sein vollständiger Name lautet, war ein Pionier auf dem Gebiet der Dekompressionsforschung und wurde am 3. Mai 1860 im schottischen Edinburgh geboren. Er entwickelte 1906 im Auftrag der Royal Navy die ersten Tabellen für eine Stickstoffentsättigung auf Grund empirischer und experimenteller Forschung. Für seine ersten Dekompressionsforschungen ließ er Ziegen in einer Druckkammer auf 60 m Wassertiefe „tauchen“. Dabei stellte er fest, dass magere Ziegen weniger anfällig für Dekompressionskrankheiten sind als fette. Haldane unterteilte daraufhin das menschliche Gewebe in Abhängigkeit ihres Gehalts an Wasser oder Fett sowie der Sättigungszeit in fünf Gruppen. Die Grundlagen von Haldanes Berechnungen werden heute noch bei der Erstellung von Dekompressionstabellen berücksichtigt.

Zu seinen weiteren wissenschaftlichen Forschungen zählen Erkenntnisse auf dem Gebiet der Atmung, unter anderem Methoden zur Untersuchung derselben. Sir Haldane verstarb am 15. März 1936 in Oxford.

Wieso wird der Harndrang durch einen Tauchgang gesteigert?

Das leidige Problem, während oder spätestens nach einem Tauchgang dringend auf die Toilette zu müssen, liegt nicht ausschließlich an den zuvor zu sich genommenen Getränken. Ursache dafür ist vielmehr der so genannte „Gauer-Henry-Reflex", der über Dehnungsrezeptoren in den Vorkammern des Herzens gesteuert wird.

Durch zunehmenden Umgebungsdruck und die Abkühlung des Körpers ziehen sich die Blutgefäße zusammen und das Blut konzentriert sich im Rumpfbereich des Körpers. Der erhöhte Druck signalisiert nunmehr dem Körper, dass sein Flüssigkeitsvolumen die „zulässige" Höchstmarke erreicht hat. Unsere Hirnanhangsdrüse drosselt daraufhin die Produktion von antidiuretischen Hormonen und folglich produziert die Niere mehr Harn.

Nach Auskunft der Österreichischen Gesellschaft für Weltraummedizin sollen neben dem Gauer-Henry-Reflex noch weitere Mechanismen den Drang zur Toilette fördern. Bis dato gibt es aber noch keine konkreten Ergebnisse dieser Untersuchungen. Das obligate Deko-Bier wird es ja wohl doch nicht sein?

Wer war Henry?

Der englische Chemiker William Henry (1775–1836) entdeckte die nach ihm benannte Gesetzmäßigkeit, das die Konzentration eines Gases in einer Flüssigkeit direkt proportional zum Partialdruck des entsprechenden Gases ist. Klingt kompliziert, ist es auch ein wenig. Der Einfachheit halber nehmen wir daher eine Mineralwasserflasche. Öffnen wir sie, ändert sich der Druck in der Flasche, die im Wasser gebundene Kohlensäure drängt in ihren Ursprungszustand zurück und es sprudelt. Dasselbe passiert nun aber auch im menschlichen Körper – womit wir beim Tauchen wären.

Ändert sich der Umgebungsdruck zu schnell (z. B. beim zu raschen Auftauchen) „sprudelt" der in den Geweben gelöste Stickstoff aus – die gefürchtete Dekompressionskrankheit ist die Folge. Da aber auch die Temperatur laut Henry konstant sein muss, kann dasselbe auch bei einer raschen Temperaturänderung passieren. Dies ist der Grund, warum Sonnenbäder und heiße Duschen nach kühleren Tauchgängen vermieden werden sollen.

Wie viele Herzschläge pro Minute hat ein geübter Freitaucher?

Die Herzschläge oder noch genauer der Puls eines normalen Menschen im Ruhezustand (Ruhepuls) liegen bei rund 50–80 Schlägen pro Minute. Der Ruhepuls eines Profi-Ausdauersportlers geht meist in Richtung von 32–40 Schläge pro Minute. Werte von unter 30 Schlägen sind selten. Beim Freitauchen wird durch bewusstes Atmen und Entspannen die Herzfrequenz gesenkt. Beim Abtauchen setzt dann der Tauchreflex ein, der für eine weitere Verlangsamung der Herzaktivität um rund 6–15 % verantwortlich ist und bereits beim Eintauchen des Gesichts in das Wasser einsetzt. Bei geübten Freitauchern, z. B. dem mehrfachen Freitauch-Weltmeister Umberto Pelizzari, wurde schon ein Puls von 12 Schlägen pro Minute gemessen.

Was ist ein hyperbarer Arzt?

So einfach können Antworten sein: Ein hyperbarer Arzt ist ein Arzt, der Zusatzausbildungen in der hyperbaren Medizin, der Überdruckmedizin, aufweisen kann. Eines der häufigsten Einsatzgebiete eines hyperbaren Arztes ist dabei die hyperbare Oxygenierung (HBO), also die Behandlung eines Patienten in einer Überdruckkammer mit reinem Sauerstoff bei Umgebungsdrucken von größer als 1 bar. Der Begründer dieser Therapieform war übrigens ein Herr Boerema, der ab 1954 mit dieser Technik experimentierte.
Eine Ausbildung zum hyperbaren Arzt kann u. a. in Kursen der deutschen Gesellschaft für Tauch- und Überdruckmedizin (GTUEM) und der Österreichischen Gesellschaft für Tauch- und Hyperbarmedizin (ÖGTH) absolviert werden. Beide bieten diverse Fortbildungskurse an, um so jedem Mediziner die Besonderheiten bei Taucherkrankheiten aufzuzeigen.
Zu den Aufgaben eines hyperbaren Arztes zählen, neben der Durchführung der Druckkammerfahrten, auch die Ausstellung eines taucherärztlichen Zeugnisses sowie Erste Hilfe und Notfallmaßnahmen nach Tauchunfällen.

Kann man in unter 0 °C kaltem Wasser tauchen?

Ja, und zwar durch die Auswirkung des physikalischen Effekts der Kältemischung. Dieser besagt, dass gelöste Stoffe, z. B. Salze, die Gefriertemperatur des Lösungsmittels, hier Wasser, durch endotherme Wärmeeffekte deutlich herabsetzen. Die vom Salz festgehaltenen Wassermoleküle werden gehindert, ein Eiskristallgitter aufzubauen. Das gelingt erst bei tieferen Temperaturen, da dann die frei werdende, größere Kristallisationsenergie des Wassers ausreicht, die Lösemittelmoleküle aus ihrer Bindung an Ionen und andere Stoffe zu befreien. Oder um es einfacher auszudrücken: Je mehr Salz im Wasser ist, desto niedriger ist der Gefrierpunkt – so versteht man es doch gleich leichter. Im Durchschnitt kann man sagen, dass Salzwasser ungefähr bei -11 °C friert. Beim Tauchen in arktischen Gefilden sollte man sich also sehr warm anziehen.

Kann man unter Wasser Kinder zeugen?

Tatsächlich macht es für die Zeugungsfähigkeit keinen Unterschied, ob man unter Wasser oder an Land miteinander schläft. Die Spermien verrichten ihre Arbeit normal weiter, die Eizellen der Frau empfangen sie beglückt und – so man nicht 9 Monate lang unter Wasser bleibt – einem zufriedenen und fröhlichen neuen Weltenbürger und angehenden Taucher sollte nichts im Wege stehen.

Wichtig ist in diesem Zusammenhang aber darauf hinzuweisen, dass man während der Schwangerschaft keine Tauchgänge mehr durchführen sollte, da sich der während eines Tauchgangs zusätzlich aufgenommene Stickstoff negativ auf das heranwachsende Kind auswirken kann. Langzeitstudien zu diesem Thema gibt es jedoch aufgrund fehlender

Probanden bis dato keine. Mediziner raten aber von Tauchgängen während der Schwangerschaft ab.

Darf man unter Koffeineinfluss tauchen?

Ja, man kann und Nein, man sollte nicht. Denn Koffein bringt einige Nebenwirkungen mit sich, die gerade für Taucher unangenehme Folgen haben können. Getränke wie Kaffee, Tee und Cola enthalten Koffein, der sehr anregend auf das Nervensystem wirkt. Deshalb schätzen viele Menschen Tee oder Kaffee als Muntermacher, sei es zum Frühstück oder auch unter Tags. Allerdings hat Koffein weitere Wirkungen auf den Körper: So kommt es zu einer Beschleunigung der Herztätigkeit (höherer Puls), die Bronchien erweitern sich ebenso wie die Blutgefäße und die Urinproduktion durch die Nieren wird stark angeregt. Der höhere Puls führt lediglich zu einem leicht erhöhten Luftverbrauch. Die Erweiterung der Bronchien wirkt sich durchaus positiv aus. Jedoch die Aufweitung der Gefäße führt zu einer früheren Auskühlung des Körpers und die erhöhte Urinproduktion durch die Nieren, die bereits durch das Tauchen selbst angeregt ist, hat einen hohen Flüssigkeitsverlust beim Tauchen zur Folge. Dies endet in einer wesentlich höheren Gefahr für einen Dekompressionsunfall. Das wichtigste Argument gegen Kaffee und Tee vor dem Tauchen ist für uns eindeutig die gesteigerte Urinproduktion – gerade als Trockentaucher wissen wir, welch schmerzliche Erfahrung das sein kann.

Wie weit kann ein Mensch seine Körpertemperatur absenken?

Der Mensch zählt zu den homoiothermen (gleichwarmen) Lebewesen, die ihre Körpertemperatur auf einen konstanten Sollwert hin regulieren. Die normale Körpertemperatur eines gesunden Menschen liegt zwischen 36 und 37 °C. Die obere Grenze des Überlebens liegt bei 43,8 °C, die untere bei 27 °C. Lebensgefährlich wird es ab 40 °C, wobei es Menschen gibt, die auch 42 °C ohne wesentliche Beschwerden überstehen. Nach unten hin hat man ab 35 °C Untertemperatur und ab 33 °C ist man unterkühlt. Also, zieht euch warm an beim Tauchen.

Was sind die genauen Bestandteile von Luft?

Wie die meisten von uns in ihrem Tauchkurs gelernt haben, soll Luft ja aus 79 % Stickstoff und 21 % Sauerstoff bestehen. Dies ist aber leider falsch. Wenn schon vereinfacht, dann müsste man sagen, Luft besteht ungefähr aus 78 % Stickstoff, 21 % Sauerstoff und 1 % weiteren Gasen, von denen ein Teil Edelgase sind. Im Detail – für alle Chemiker und Physiker unter unseren Lesern – lautet die Aufschlüsselung von Luft in ihre Bestandteile (in %):

Stickstoff	78,09
Sauerstoff	20,943
Argon	0,9327
Kohlendioxid	0,0318
Neon	0,0018
Helium	0,00052
Krypton	0,0001
Wasserstoff	0,00005
Xenon	0,000008
Stickoxide	0,000022

Sauerstoff ist das für die Verbrennung im Organismus notwendige Gas. Bei der Atmung werden von dem eingeatmeten Sauerstoff nur 4 % im Körper aufgenommen und gebunden, die restlichen 17 % werden beim Ausatmen wieder abgegeben. Der Stickstoff (N_2) dient vornehmlich als Füllgas und hat eine sauerstoffverdünnende Wirkung. Das Kohlendioxid (CO_2) bewirkt den chemischen Anreiz für die Atembewegung, den so genannten Atemreiz. Die Edelgase sind chemisch inaktiv und daher an der Atmung nicht beteiligt.

Wie unterscheidet man eine Lungenüberdrucksverletzung von einer Dekompressionskrankheit?

Eine Dekompressionskrankheit, also eine Stickstoffübersättigung der Gewebe, tritt normalerweise bei längeren Tauchgängen in Tiefen von über 10 m auf. Ursache dafür ist zumeist eine unterlassene oder eine falsch durchgeführte Dekompression vor dem Auftauchen. Dadurch kommt es zu einem Ausperlen von Stickstoffbläschen in den verschiedenen Geweben und in der Blutbahn, was wiederum eine langwierige Behandlung in einer Druckkammer nach sich zieht. Die Symptome treten dabei erst einige Zeit nach Verlassen des Wassers, manchmal bis zu 12 Stunden danach, auf und können sich über mehrere Stunden verschlimmern.

Eine Lungenüberdrucksverletzung tritt hingegen unabhängig von Tauchtiefe und Tauchzeit auf. Ein zu schneller Aufstieg, Luftanhalten oder mangelhaftes Ausatmen sind hier in den meisten Fällen die Ursache. Wird dabei der Lungenberstungsdruck von rund 80–100 mbar überschritten, kann es durch eine daraus resultierende Verletzung des Lungengewebes zu einem Einschwemmen großer Luftmengen in die Blutbahn kommen. Die Auswirkungen sind ähnlich wie bei der Dekompressionskrankheit. Die Symptome treten jedoch bereits kurz vor Erreichen der Wasseroberfläche bzw. kurz nach dem Verlassen des Wassers auf. Schlecht ist beides – man kann den Unterschied aber an dem Zeitpunkt erkennen, an dem die Symptome auftreten.

Was ist das durchschnittliche, was das größte Lungenvolumen?

Ein normaler, erwachsener Mensch hat ein durchschnittliches Lungenvolumen von 5 l. Ein untrainierter Mensch kommt auf ca. 4 l. Umso mehr Training umso größer kann das Lungenvolumen werden. Hochleistungs-Radfahrer Jan Ullrich kommt beispielsweise auf 6 l. Freitaucher können durch hartes Training auf unglaubliche 9 l kommen. Durch spezielle Atemtechniken können geübte Apnoe-Taucher aber auch noch 2–3 weitere Liter Luft einatmen, da sie durch Training und Übung ihr Zwerchfell elastisch gemacht haben. Deshalb sieht man diese Taucher meist Yoga-Übungen vor dem Tauchgang machen, die zugleich den Sauerstoffverbrauch des Körpers herabsetzen.

Was sind Mikrobläschen?

Wie der Name schon ausdrückt, handelt es sich dabei um winzig kleine Blasen in den Geweben. Die Tauchrettungsorganisation DAN (Divers Alert Network) hat nachgewiesen, dass schnelle bis mittlere Gewebe etwa 30 Minuten nach jedem Tauchgang Mikrobläschen bilden, die auch durch herkömmliche Dekompressions-Stopps nicht abgebaut werden können. Mikrobläschen an und für sich haben auf kurze Sicht keine negativen Folgeerscheinungen, können jedoch bei öfters durchgeführten Wiederholungstauchgängen zu Dekompressionssymptomen führen. Die Empfehlung lautet daher, die konventionellen 3-m-Stopps in möglichst tiefe Bereiche von 6 m zu verlagern, da hier auch die Mikrobläschen aufgelöst werden. Die Mikrobläschen werden dann vom Blut in die Lunge geschwemmt, dort ausgefiltert und lösen sich auf. Interessant an den Untersuchungen von DAN ist auch, dass es bei identischen Tauchprofilen einige Taucher gibt, die kaum Mikrobläschen bilden, wohingegen andere eine große Blasenanzahl aufweisen und daher ein erhöhtes Risiko für Mikrobläschen haben. Bis dato weiß man nicht, worauf dies zurückzuführen ist.

Was ist Nitrox?

Nitrox ist ein Akronym für Nitrogen und Oxygen, also Stickstoff und Sauerstoff. Da auch die normale Atemluft aus diesen Gasen besteht, kann man sie also auch als Nitrox bezeichnen. Im Tauchsport kennzeichnet die hinter der Bezeichnung stehende Zahl, also z. B. Nitrox 32, die prozentuale Menge an enthaltenem Sauerstoff. Aus dieser lässt sich auch die maximale Tauchtiefe errechnen oder an Hand von Tabellen nachschlagen. Die gebräuchlichsten Nitrox-Gemische sind Nitrox 32 und Nitrox 36. Ab einem Sauerstoffanteil von mehr als 40 %, also z. B. Nitrox 50, benötigt man darüber hinaus noch absolut sauerstoffreine Tauchgeräte. Das bedeutet, dass keine Ölverschmutzungen am Atemregler, am Jacket und an der Tauchflasche vorhanden sein dürfen, da es ansonsten zu einer Explosion kommen kann. Der Grund dafür ist die brandbeschleunigende Wirkung von Sauerstoff. Je höher der Sauerstoffanteil ist, desto eher kann eine Entzündung die Folge sein.

Wie tief kann man mit Nitrox tauchen?

Prinzipiell bis zu einem Sauerstoffpartialdruck von rund 1,6–1,7 bar, da ab diesem Druck der Sauerstoff eine akute toxische Wirkung am Zentralnervensystem aufzuweisen beginnt. Die Maximaltiefe für normale Pressluft liegt über einen längeren Zeitraum bei rund 70 m (Sauerstoffpartialdruck 1,68 bar). Dies ergibt sich aus dem Anteil von 21 % Sauerstoff an der Atemluft, also 0,21 bar Sauerstoffpartialdruck, auch als ppO_2 bezeichnet (partial pressure oxygen). 7,6 bar, wie sie in 66 m Tiefe herrschen, multipliziert mit 0,21 ppO_2 ergeben also 1,59 ppO_2, was wiederum die ungefähre Sauerstofftoxizitätsgrenze ist. Erhöht man den Sauerstoffanteil nun bei Nitrox, sinken die maximal zu erreichenden Tiefen drastisch. Bei Nitrox 32 (32 % Sauerstoffanteil) ist bei 40 m Schluss (5 bar × 0,32 ppO_2 = 1,6 bar ppO_2), bei Nitrox 36 ist bereits bei 34 m die Grenze erreicht. Der erzielte Effekt der theoretisch möglichen, längeren Grundzeiten während eines Tauchgangs wird also mit stark verringerten Tauchtiefen erreicht. In den meisten Fällen verfügen die durchschnittlichen Urlaubstaucher, die mit Nitrox tauchen, aber sowieso nicht über ausreichend Luftvorrat, um die maximal erreichbaren Nullzeiten zu erreichen.

Wieso sieht man ohne Maske unter Wasser alles verschwommen?

Dass ein Mensch ohne Tauchermaske die Unterwasserwelt nur verschwommen wahrnimmt, liegt am physikalischen Phänomen der Lichtbrechung von Wasser. Es besagt, dass der Lichtstrahl eine Ablenkung erfährt, wenn er von einem optischen Medium (z. B. Luft) in ein anderes optisches Medium (z. B. Wasser) eintritt. Dabei stehen der Einfallswinkel, der Brechungswinkel und die Brechungsindizes der beiden Medien in einem Verhältnis zueinander. Der Brechungsindex gibt dabei die optische Dichte des Mediums an, so hat etwa Luft den Brechungsindex (n) = 1, Wasser hingegen n = 1,33. Mit Hilfe des Brechungsgesetzes kann man die exakte Lichtbrechung errechnen: $n \times \sin e = n' \times \sin e'$. Ist doch ganz einfach – oder? Oder um es einfacher auszudrücken: Da Wasser das Licht stärker bricht als Luft weisen unsere Augen auf einmal eine Fehlsichtigkeit auf, die durch das künstliche Luftfeld in einer Tauchermaske wieder ausgeglichen werden kann.

Wie viel Dioptrien müsste man haben, um ohne Maske unter Wasser klar sehen zu können?

Die menschliche Augenlinse besitzt gerade mal einen Wert von rund 20 Dioptrien, der uns zusammen mit den rund 40 Dioptrien der Hornhaut das Scharfsehen erlaubt. Haie hingegen weisen in ihrem, ähnlich dem menschlichen aufgebauten Auge alleine in der Linse bereits bis zu 140 Dioptrien auf, was ihnen auch das Sehen ohne Maske unter Wasser erlaubt. Würde ja auch blöd ausschauen, wenn ein Hai eine Brille tragen müsste – der ganze Respekt wäre dahin.
Wollte ein Mensch ohne Tauchermaske tauchen, muss er den normalerweise durch den Luftraum zwischen Maskenglas und Auge ausgeglichenen Brechungseffekt auf andere Art und Weise bereinigen. Dazu dienen Kontaktlinsen, die im Apnoe-Sport bereits seit einiger Zeit Verwendung finden. Die Linsen sind größer als herkömmliche Kontaktlinsen und bedecken dadurch das gesamte Auge. Da nur der Bereich vor der Iris 200 Dioptrien aufweist, kann man durch die restliche Kontaktlinse an der Oberfläche klar sehen.

Was ist Pressluft?

Die korrekte Bezeichnung lautet eigentlich komprimierte Luft bzw. Druckluft, der Ausdruck Pressluft hat sich aber im Sporttauchbereich im Lauf der Jahre eingebürgert. Im Prinzip versteht man darunter Luft, die durch den Einsatz von Kompressoren auf einen erhöhten Druck gebracht wird. Im Sporttauchbereich sind üblicherweise Drucke von 200 bar bzw. 300 bar im Gebrauch. Um eine entsprechend saubere Atemluft zu gewährleisten, müssen Atemluftkompressoren über spezielle Filter verfügen und ölfrei verdichten.
Für Druckluftwerkzeuge reichen hingegen bereits 10 bar. Nichts desto trotz kann man aber auch die in Sporttauchgeräten verwendete, auf 200 bar komprimierte Luft für den Einsatz von Druckluftwerkzeugen verwenden. Voraussetzung dafür ist ein Druckminderer, etwa ein normaler Atemregler. Über den Mitteldruckablass werden etwa 10 bar abgegeben – die ideale Menge für die Verwendung von Druckluftschraubern, Druckluftbohrmaschinen und ähnlichem Werkzeug.

Wie tief kann man mit Pressluft tauchen?

Die sportliche Tieftauchgrenze ist auf 40 m festgesetzt. Medizinisch ist uns eine Grenze von maximal rund 70 m mit Pressluft vorgegeben. Dies nennt man MOD (Maximum Operation Depth), also die „maximale Einsatztiefe". Wie kommt es dazu? Sauerstoff wird ab einem Partialdruck von rund 1,6 bar giftig. Da Luft aus rund 21 % Sauerstoff besteht, wird je 10 m Tauchtiefe der Partialdruck um 0,2 bar größer, d. h. einschließlich der 0,2 bar an der Oberfläche erreichen wir diese Grenze in rund 70 m. Natürlich hängt dies auch von der Konstitution und Verträglichkeit des jeweiligen Menschen ab.
Wenn man die Tek-Diver betrachtet, dann werden dort ganz andere Tiefen erreicht. Am 5. Juli 2005 hat Pascal Bernabé in Korsika die unglaubliche Tiefe von 330 m erreicht. Diesen Rekord hat er nur 3 Wochen nach dem erfolgreichen Tieftauchversuch des Südamerikaners Numo Gomes mit 318 m aufgestellt. Pascal Bernabé brauchte nur 10 Minuten, um die Maximaltiefe zu erreichen, aber 8 Stunden 49 Minuten, um wieder an die Oberfläche zu kommen. Muss dem fad gewesen sein ...

Was sind Pyle-Stopps?

Das Dekompressions-Modell von Prof. Bühlmann reicht nicht für alle Tauchgänge aus, darum wurde es erweitert. Eine mögliche Idee war, die Dekompression wesentlich tiefer beginnen zu lassen als im Bühlmannmodell. Dadurch wird das Entstehen von Mikroblasen deutlich reduziert. Richard Pyle ist Ichthyologe (Fischkundler) und vollzog in seiner Laufbahn viele Dekompressions-Tauchgänge mit Pressluft in größeren Tiefen. Er integrierte in den 1980er Jahren so genannte Deepstopps in sein Tauchprofil, da er nach den Tauchgängen oftmals verschiedene Symptome einer angehenden Dekompressionskrankheit an sich entdecken konnte. Diese traten aber nur auf, wenn er sich an die vom Tauchcomputer vorgeschriebene Dekompression hielt. Wenn er aus größeren Tiefen lebende Fische mit nach oben nahm, musste er wesentlich langsamer auftauchen, damit deren Schwimmblase sich an die veränderten Druckverhältnisse gewöhnen konnte. Nach diesen Aufstiegen fühlte er sich immer wohler. Er führte dies auf eine schlechte Dekompression im bestehenden Modell zurück.
Sein adaptiertes Modell sieht Deepstopps, die eben auch Pyle-Stopps genannt werden, vor:

1. Tiefe des ersten Deepstopps = Mittelwert aus Maximaltiefe und der Tiefe des ersten Dekostopps (z. B. nach Tauchcomputer);
2. Tiefe weiterer Deepstopps = Mittelwert aus aktueller Tiefe (Deepstopp) und aktuellem Dekostopp;
3. Stoppdauer 1–3 Minuten;
4. Dies führt man so lange durch, bis man in 10 m Tiefe ist, dann dekomprimiert man nach Tabelle oder Tauchcomputer.

Verbrauchen Raucher mehr Luft beim Tauchen?

Rauchende Taucher verbrauchen mehr Luft unter Wasser und sind weniger leistungsfähig. Das Rauchen an sich ungesund ist, wissen hoffentlich alle. Raucher-Taucher sind aber von noch mehr Gefahren bedroht als der normale Nichtraucher-Taucher.

Durch das Rauchen wird die Schleimproduktion in den Atemwegen angeregt, um sich vor Giften und Reizstoffen im Tabakrauch zu schützen. Bei Langzeit-Rauchern verstopfen sich zusehends die kleinen Alveolen (Lungenbläschen) und Bronchialzweige der Lunge. Als Resultat tritt der berühmte Raucherhusten auf. Wesentlich schlimmer ist, dass die Luft zwar in die Lungenbläschen eindringen kann, aber beim Aufstieg nicht mehr so leicht über die geschwollenen Bronchiolen abgeatmet werden kann. Dadurch wird der Druck in der Lunge erhöht, bis die schwächsten Lungenbläschen platzen und es zu einem mehr oder weniger dramatischen Lungenüberdruckunfall kommen kann.

Zusätzlich reichern Raucher in ihrem Blut giftiges Kohlenmonoxid an, das sich an den Blutfarbstoff Hämoglobin bindet – und zwar fester und länger als Sauerstoff. Das führt dazu, dass diese Gase sehr viel länger durch den Körper transportiert werden, bis sie endlich abgeatmet werden. Währenddessen kann wesentlich weniger Sauerstoff vom Blut aufgenommen werden und die Organe, besonders das Gehirn, setzen ihre Leistungsfähigkeit und Belastbarkeit herab.

Zudem verengt Nikotin die Blutgefäße. Durchblutungsstörungen sind die Folge, die wiederum das Risiko eines Herzinfarkts, eines Schlaganfalls oder eines Raucherbeins erhöht. Damit kann auch der Stickstoff nur verzögert ins Blut abgegeben werden, womit ein Dekompressionsunfall und Mikrobläschen nicht weit sind. Wenn man auf das Rauchen nicht verzichten kann, dann sollte man nach einem Tauchgang wenigstens eine Pause einlegen.

Wie lange kann man reinen Sauerstoff atmen?

Sauerstoff ist ein gasförmiges, chemisches Element mit dem Symbol O, der Atomzahl 8, dem Atomgewicht 15,9994 und einem Anteil von 20,943 % in der Luft. Er wird von den meisten lebenden Zellen zum Überleben benötigt und ist aktiv an den internen Verbrennungsprozessen im Körper beteiligt. Mit anderen Worten: Er ist für uns lebenswichtig. Jedoch birgt auch dieser lebenserhaltende Stoff seine Tücken. Nimmt man zu wenig Sauerstoff auf, tritt Sauerstoffmangel (Hypoxie) ein. Nimmt man zu viel Sauerstoff zu sich, hat dies über einen längeren Zeitraum fatale Folgen für den Körper. Reiner Sauerstoff (100 %) wirkt ab etwa 0,6 bar toxisch. Es kann dabei zu einer Schädigung der Lungenausläufer (Alveolarepithel) kommen, die zu starkem Hustenreiz, Atemnot und Schmerzen in der Brust führen. Steigt der Sauerstoffpartialdruck auf bis zu 2 bar (von Mensch zu Mensch verschieden) wirkt er akut toxisch und es kommt zu einer Schädigung des Zentralnervensystems (ZNS), die sich in ihren ersten Auswirkungen in Kopfschmerzen, Augenflimmern, Schwindelgefühlen und ähnlichen unangenehmen Erscheinungen ausdrückt. Im schlimmsten Falle kann es zu einem schweren Krampfanfall kommen, der bis zu einem Aussetzen der Lungenmuskulatur führen kann. Nicht sehr erstrebenswert, wie man zugeben muss. Je höher der Umgebungsdruck ist, etwa beim Tauchen, umso schneller treten diese Nebenwirkungen auf Grund des erhöhten Sauerstoffpartialdrucks auf. Mediziner geben bei einem Sauerstoffpartialdruck von 1,6 bar eine Zeit von rund 45 Minuten bis zum Einsetzen der ZNS-Vergiftung an. Austesten sollte man dies aber auf keinen Fall. Nachdem der atmosphärische Druck auf Meeresniveau aber bekanntlich rund 1 bar beträgt, kann reiner Sauerstoff hier nur ca. 24 Stunden ohne Folgewirkungen eingeatmet werden. Begibt man sich ein wenig in die Berge, wo nur mehr 0,8 bar Umgebungsdruck herrschen, verlängert sich der Zeitraum auf rund 42 Stunden.

Wie lang kann ein Schnorchel sein?

Vielleicht mag ja der eine oder andere experimentierfreudige Leser mit dem Gedanken spielen, aus einem Gartenschlauch einen kostengünstigen Schnorchel zu basteln. Dieser Schlauch darf jedoch nicht länger als maximal 40 cm sein, da darüber hinausgehend ein enormes

Gesundheitsrisiko lauert. Wie man hier sieht, ist größer nicht immer auch besser. Nicht umsonst sind die überall erhältlichen Schnorchel der Tauchindustrie maximal 35 cm lang und weisen einen Innendurchmesser von 15–25 mm auf. Warum ist das aber so? In der Tauchausbildung lernt man, dass an der Wasseroberfläche ein Druck von 1 bar herrscht. Wäre unser Schnorchel also 50 cm lang, befinden wir uns in 0,5 m Wassertiefe. Der Druckunterschied beträgt also 0,5 N/cm^2 zur Wasseroberfläche. Als weiteren Faktor für unsere Antwort benötigen wir die durchschnittliche Oberfläche eines Brustkorbes, die bei rund 3000 cm^2 liegt. Um von der Oberfläche Luft zu bekommen, muss man gegen 1500 N Kraft ankämpfen (0,5 × 3000). Mit jedem Atemzug hebt man also eine Wassersäule von 1500 N Gewicht an, um den Brustkorb zur Einatmung zu vergrößern. Diese Kraft kontinuierlich auszuüben schafft jedoch unser Körper nicht, die Atemmuskulatur gibt auf.
Ein weiterer Grund, der gegen zu lange Schnorchel spricht, ist, dass es durch den Druckunterschied zu einem biologischen Effekt kommt. Der relative Unterdruck im Brustraum bewirkt eine Sogwirkung auf den kleinen Blutkreislauf, Blut strömt in die Alveolen der Lunge und überfüllen diese. Über die Verbindung der Lunge zum Herz kommt es in weiterer Folge zu einer Überdehnung der Herzmuskulatur. Um aber auch das nicht genug sein zu lassen: Durch den erhöhten Atemwiderstand und den vergrößerten Totraum (länger, breiter, größer) kommt es auch zu einer Pendelatmung, d. h. verbrauchte Ausatemluft wird wieder eingeatmet – bis der Körper zu wenig Sauerstoff aufnimmt und in den Sparmodus schaltet. Mit anderen Worten: Unterstützen Sie die Tauchsportindustrie und lassen Sie den Gartenschlauch im Gartenhäuschen.

Warum soll man mit Schnupfen nicht tauchen gehen?

Jeder Taucher weiß, einmal im Jahr sollte man beim Arzt Herz, Augen, Trommelfell und Lunge untersuchen lassen. Allerdings scheinen viele nicht zu wissen, dass man bei leichten Beschwerden, wie Schnupfen sowie Gehörgangs- oder Nebenhöhlenentzündungen, sich ebenfalls beim Tauchen einer Gefahr aussetzt, da diese Erkrankungen den Druckausgleich unter Wasser erschweren.
Bei Schnupfen bildet sich meistens Schleim in den Hohlräumen, z. B. der Eustachischen Röhre, der beim Abtauchen komprimiert wird und

noch tiefer in die Hohlräume vordringen kann. Folglich kann das Mittelohr nicht mehr über die Eustachische Röhre belüftet werden. Wenn man nun auftaucht, ändert sich der Umgebungsdruck und der Druck wird bzw. sollte wieder ausgeglichen werden. Nun wirkt der Schleim wie ein Verschlussdeckel und ein Druckausgleich kann nicht mehr ordentlich durchgeführt werden. Das ist nicht nur äußerst schmerzhaft, sondern es kann den Taucher auch beim Aufstieg behindern.
Ein Barotraumata bezeichnet Verletzungen, die auf Druckunterschiede zwischen Geweben oder Organen untereinander und/oder den Außenräumen entstehen. Wenn man mit einer Erkältung tauchen geht, kann es zu verschiedenen Barotraumen in Ohren, Nasen- oder Stirnhöhlen kommen. Zwar gibt es Medikamente, die eine abschwellende Wirkung haben, allerdings kann nie sichergestellt werden, dass sie auch unter Wasser noch wirken, geschweige denn beim Auftauchen nicht ihre Wirkung verlieren – eine Umkehrblockierung wäre die Folge.

Darf eine Frau während der Schwangerschaft tauchen?

Grundsätzlich sollte man das Tauchen in der Schwangerschaft besser lassen. In Anbetracht der Tatsache, dass man einen „kleinen Fahrgast" mit an Bord hat, kann es zu vielen Problemen im Falle eines Dekompressionsunfalls kommen. Es gibt keinerlei Erkenntnisse über die Behandlung von Schwangeren in Dekompressions-Kammern, ebenso kennt man die Symptome zur Erkennung der richtigen Therapie bei Ungeborenen nicht. Auch der beim Tauchgang herrschende Druck und Stress kann zu unvorhergesehenen Komplikationen führen und niemand will wahrscheinlich sein Kind auf einem Tauchboot oder einem Tauchplatz zur Welt bringen?

Was ist ein Schwimmbad-Blackout?

Ein Schwimmbad-Blackout kommt vor allem im Freitauchsport häufig vor. Es handelt sich dabei um eine plötzliche, ohne jede Vorwarnung eintretende Bewusstlosigkeit dicht unter der Wasseroberfläche. Der Grund dafür ist fast immer eine Hyperventilation vor dem Tauchgang.

Dabei handelt es sich um mehrmaliges tiefes und schnelles Überatmen vor einem Tauchgang, mit dem Ziel, dass vermehrt Kohlendioxid (CO_2) über die Lunge abgeatmet wird.
Daraus resultierend wird der CO_2-Partialdruck im Blut abgesenkt und der üblicherweise vorhandene Atemreiz hinausgezögert. Problematisch dabei ist nur, dass der Körper nun nicht mehr von selbst die Atmung wieder aufnimmt, sobald der Sauerstoffspiegel im Körper unter die kritische Grenze gefallen ist, da ja kein Atemreiz vorhanden ist. Als Notfallmaßnahme schaltet der Körper somit auf das Minimum an Energieverbrauch zurück – eine Ohnmacht ist die Folge.
Vergleichbar mit dem Schwimmbad-Blackout ist übrigens die Flachwasserbewusstlosigkeit. Diese resultiert auch aus Hyperventilation, tritt jedoch – entgegen ihrem verwirrenden Namen – vor allem beim Auftauchen nach Tieftauchversuchen auf.

Kann man unter Wasser Sex haben?

Natürlich – gesetzt den Fall, Sie können es auch noch über Wasser. Allerdings gilt es beim Unterwasser-Sex einige „technische" Details zu beachten.

1. Die Manneskraft: Sie sinkt im Wasser tatsächlich proportional zur Wassertemperatur – warme Gefilde sind also vorzuziehen.
2. Das Ausziehen: Die Übung „Ablegen des Geräts unter Wasser" müsste noch aus dem Grundkurs bekannt sein, sollte aber eventuell vor einem geplanten Liebesakt aufgefrischt werden. Man muss dem Tauchlehrer ja nicht verraten, wofür man es benötigt.

3. Der geeignete Untergrund: Als wenig geeignet erweist sich naturgemäß ein Riff, abgesehen vom Naturschutz ist es einfach zu scharfkantig. Sandböden sind hier vorzuziehen.
4. Biologische Hemmnisse: Für den Liebesakt scheidet die Frau eine natürliche Gleitflüssigkeit aus, die allerdings unter Wasser sehr schnell weggespült wird. Der Sandboden kann ein weiteres dazu tun, um tatsächlich „Sand ins Getriebe“ zu streuen. Feingefühl ist hier gefragt.

Und um diese Frage auch noch wissenschaftlich zu einem Abschluss zu bringen: Schwimmbäder sind denkbar ungeeignet für ein erfülltes Liebesspiel. Selbst die besten Chemikalien können nicht alle Bakterien ausfiltern. Durch die beim Liebesakt weit geöffnete Vagina der Frau und das Eindringen des Mannes in selbige werden diese Bakterien an die unangenehmsten Stellen gebracht und bilden muntere Kolonien neuer Lebewesen. Die Frau und deren empfindliche Schleimhäute würden es dem Mann nicht danken.

Kann man unter Wasser einen Sonnenbrand bekommen?

Kurz gesagt – ja, und das sogar ziemlich heftig! Bei einem Sonnenbrand handelt es sich um eine Verbrennung der Haut, die durch die UV-Anteile in der Sonnenstrahlung verursacht wird. Hauptverantwortlich dafür ist das UV-B, das mit einer Wellenlänge von 280–320 nm auf unsere Haut einstrahlt und dabei Hautalterung, Sonnenbrand und im schlimmsten Fall auch Hautkrebs bewirkt.
Jetzt könnte man meinen, die Reflexion des Lichts durch die Wasseroberfläche biete Schutz. Tatsächlich werden beim senkrechten Eindringen von Licht ins Wasser allerdings nur rund 2 % dieser schädlichen Strahlung reflektiert, zu wenig also, um vor einem Sonnenbrand zu bewahren. Erschwerend kommt hinzu, dass die umgebende Kühle des Wassers dem Körper ein falsches Gefühl der Sicherheit gibt – bis man bemerkt, dass man sich einen Sonnenbrand geholt hat, ist es schon zu spät. Je tiefer man taucht, desto schwächer wirkt sich die UV-B-Strahlung aus. Im durchschnittlichen Urlaubstauchbereich bis 18 m kann es jedoch durchaus zu schmerzhaften Erfahrungen kommen. Nach dem Motto: Es wird nicht alles braun, was rötlich glänzt.

Warum soll man vor dem Tauchen keinen Sport betreiben?

Bislang galt immer, dass man keinen Sport vor dem Tauchen betreiben sollte. Nach neueren Erkenntnissen sollte man aber gerade vor dem Tauchen Sport machen. Ausdauersport vor dem Tauchen kann das Risiko eines Dekompressions-Zwischenfalls senken, wie Wissenschaftler von der Universität in Trondheim durch ein Experiment mit Ratten feststellen konnten. Bei trainierten Ratten blieb bei einem simulierten 60-m-Tauchgang der Stickstoff im Blut gelöst im Gegensatz zu den untrainierten Ratten, bei denen sich gefährliche Blasen bildeten.
Allerdings ist zu beachten, dass durch den Sport der Flüssigkeitshaushalt des Tauchers nicht negativ wird, weil sich dann wiederum die Gefahr für einen Dekompressions-Zwischenfall (DCS, Decompression sickness) erhöht. Ebenso sollte man nach dem Sport nicht mit Muskelkater tauchen gehen, da durch die veränderte Sauerstoff- und Stickstoffverarbeitung auch hier ein erhöhtes DCS-Risiko besteht.
Wichtig ist, dass Sport nach dem Tauchen unterlassen werden sollte, da man einerseits seinen Flüssigkeitshaushalt wieder ausgleichen muss und andererseits der erhöhte, gelöste Stickstoffpegel im Blut abgebaut werden sollte. Durch die sportliche Betätigung kommt es zudem zu einer stärkeren Durchblutung der Muskulatur und zu einer höheren Freisetzung von Stickstoff aus dem Gewebe, dies kann wiederum zu einem Dekompressionsunfall führen.

Was ist Trimix?

Als Trimix bezeichnet man ein spezielles Atemgasgemisch aus Sauerstoff, Stickstoff und Helium, das vorwiegend beim technischen Tauchen in großen Tiefen zum Einsatz kommt. Dabei wird durch die Zugabe von Helium der anteilige Druck (Partialdruck) von Sauerstoff und Stickstoff an der Atemluft gesenkt. Dies bewirkt eine Verzögerung der Sauerstoff- und der Stickstoffnarkose. Mit den üblichen Trimix-Gemischen können Tauchtiefen von bis zu 180 m erreicht werden.
Jedoch auch Helium als Ersatzgas weist einen nicht zu unterschätzenden Nachteil auf: Neben dem sehr hohen Preis kann bei einem zu hohen Helium-Partialdruck das so genannte HPNS (High Pressure Nervous Syndrome) auftreten, das direkt auf das Zentralnervensystem wirkt und zur Unkontrollierbarkeit von Gliedmaßen führt – auch nicht

gerade lustig während eines Tauchgangs. Hierdurch ergibt sich auch die maximale Tauchtiefe eines Trimix-Gemisches.
Ein weiterer Nachteil ist, dass bei einer möglichst großen zu erzielenden Tauchtiefe der Sauerstoffanteil beträchtlich niedrig angesetzt werden muss. Nun kann aber in den oberen Tiefenbereichen nicht mehr mit dem enorm hohen Anteil an Helium getaucht werden. Man benötigt daher für den Abstieg über die ersten Meter normale Pressluft, ebenso für den Aufstieg auf den letzten Metern.

Kann man sich mit Überschallgeschwindigkeit unter Wasser fortbewegen?

An Land beträgt die Schallgeschwindigkeit etwa 330 m pro Sekunde. Im Wasser breitet sich der Schall rund 4,5-mal so schnell aus und liegt bei rund 1500 m pro Sekunde. Um unter Wasser diese enorme Geschwindigkeit erreichen zu können, bedarf es eines physikalischen Effekts, der so genannten „Superkavitation", die den Strömungswiderstand eines untergetauchten Körpers radikal vermindert.
Das Prinzip dahinter ist relativ simpel: Wenn Wasser einen Körper, z. B. einen Torpedo, umströmt, entsteht hinter dessen Vorderteil ein Unterdruck. Dieser kann dazu führen, dass das Wasser buchstäblich verdunstet, kleine Bläschen aus Wasserdampf werden dabei gebildet. Diese Bläschen implodieren wieder, eine kleine Druckwelle ist die Folge, die Strömung wird verwirbelt. Je höher die Geschwindigkeit des untergetauchten Körpers ist, desto mehr Gasbläschen entstehen durch die Kavitation.
Seit den frühen 1960er Jahren erforschen Wissenschaftler dieses Phänomen, Anfang der 1990er Jahre erzielten russische Forscher den ersten Durchbruch. Eine Rakete wurde von Bord eines U-Boots abgefeuert und beschleunigte innerhalb von 7 km auf eine Geschwindigkeit von 370 km/h (102 m pro Sekunde). Das amerikanische Militär wollte natürlich dahinter nicht zurückstehen und forschte intensiv weiter. Im Jahr 1997 wurde der bis dato gültige Weltrekord aufgestellt: Eine Spezialmunition erreichte dank Superkavitation über 5570 km/h (1547 m pro Sekunde) und war damit schneller als der Schall, wenn auch nur auf einigen Metern.

Wer war Workman?

Dr. Robert D. Workman beschrieb 1965 erstmals den linearen Zusammenhang zwischen dem maximal zulässigen Gewebedruck und der entsprechenden Tauchtiefe. Er verwendete dafür den Begriff M-value, also den Maximalwert eines Inertgasdrucks, den ein Gewebe ohne Blasenbildung ertragen kann. Daraus ergibt sich die tolerierte Tiefe, bis zu der ein Gewebe ohne Blasenbildung aufsteigen darf, wenn es mit Inertgas aufgeladen ist. Seine Forschungen auf diesem Gebiet waren Grundlage für die heute noch in Anwendung befindlichen US-Navy-Tabellen. Workman war zudem Captain im medizinischen Corps der US-Navy und führte eine Reihe von Versuchen und Forschungen auf dem Gebiet der physiologischen Belastungen bei U-Boot-Besatzungen durch.

Warum zittert man, wenn einem kalt ist?

Weil der Körper nicht anders kann. Zittern ist die einzige Möglichkeit, innerhalb von kurzer Zeit viel Wärme zu produzieren. Zittern muss aber nicht immer mit Kälte zu tun haben, es kann auch auf eine Krankheit hindeuten. Muskeln sind unsere wichtigste Wärmequelle und wenn unsere Muskeln sich bewegen, dann wird Wärme erzeugt (kennen wir ja vom Sport treiben, wenn uns der Schweiß herunterrinnt). Ist z. B. die Außentemperatur sehr niedrig oder wird der Körper durch kalten Wind stark abgekühlt, dann muss schnell mehr Wärme erzeugt werden. Das geschieht, wenn sich unsere Muskeln beim Zittern schnell kurz und wiederholt zusammenziehen.

Auf Tauchreise

Wo liegt Atlantis?

Wäre es nicht ein Traum, eine der sagenumwobensten Stätten der Historie betauchen zu können? Als etwa um 360 v. Chr. der griechische Philosoph Platon die Geschichte einer Hochkultur niederschrieb, die in nur einem Tag und einer Nacht in den Fluten des Meeres versank, war ein Mythos geboren. Er gab dieser Insel den Namen Atlantis und nannte als Quellen Priester des alten Ägyptens. In seinen Schriften bezeichnet er auch die Lage des einstigen Reichs – „hinter den Säulen des Herakles".

Heute sind sich viele Forscher sicher, dass sie Atlantis gefunden haben, und zwar in der Mongolei, in Troja, in den Anden Perus und Boliviens, in Mittelamerika, auf den Bahamas, auf Helgoland, in Mitteldeutschland, auf Gibraltar, in der Türkei, an den Polen der Erde, in Großbritannien, bei Zypern, in Südgriechenland, in der Straße von Gibraltar, im Meer vor Japan, in Polynesien, in Nordamerika, in Brasilien sowie an unzähligen anderen Orten.

Die anerkannteste Theorie zum Thema besagt, dass der Atlantis-Mythos eine Mischung verschiedener Geschichten aus der Zeit gegen Ende der letzten Eiszeit ist. Damals gab es weltweit mehrere große Überflutungen, die den Meeresspiegel teilweise um mehrere hundert Meter ansteigen ließ. Das Ergebnis waren hunderttausende Tote und unzählige versunkene Städte und Kulturteile. Diese Theorie ist zwar nicht so reißerisch wie die anderen, klingt aber am vernünftigsten. Der Traum vom Tauchen in Atlantis wird wohl einer bleiben ...

Was ist ein Atoll?

Atolle, die vorwiegend in der Südsee und auf den Malediven vorkommen, sind ringförmige Korallenriffe, die eine Lagune umschließen. Der Riff-Außenhang kann dabei teilweise bis auf mehrere 1000 m abfallen. Das Wort Atoll leitet sich ursprünglich vom Dhivehi-Begriff „atolhu" ab. Über die Entstehung von Atollen gibt es zwei verschiedene Theorien.

Die bekannteste, einigermaßen bewiesene Theorie stammt von Charles Darwin. Während seiner Weltumseglung auf der „Beagle" (1831–1836) verfasste er seine „Senkungstheorie", wonach ein Atoll sein Wachstum als Saumriff beginnt, das sich komplett um eine Insel legt. Sinkt nun eine Insel im Laufe der Jahrtausende langsam ab, bleibt das Saumriff durch ständiges Wachstum auf Meeresniveau. Durch das

Absinken wird der Raum zwischen Insel und Riff immer größer und das Atoll ist geboren. Bei einer Bohrung im Enewetak-Atoll wurde 1949 in einer Tiefe von 1385 m das vulkanische Basisgestein nachgewiesen, eine Bestätigung für Darwins Theorie.
Eine weitere, eher umstrittene Theorie stammt vom bekannten Wiener Tauchpionier Hans Hass. Nach ihr werden Atolle aus kegelförmigen Riffen gebildet, bei denen die Korallen im Zentrum wegen ungenügender Wasserversorgung absterben. Die am Rand befindlichen Korallen wachsen ungestört weiter und es entsteht die für ein Atoll typische, ringförmige Struktur.

Wo liegt der größte Unterwasser-Canyon?

Submarine Canyons sind vor allem im Bereich der Kontinentalhänge, manchmal auch der Schelfgebiete der Kontinente anzutreffen. Sie bilden teilweise Einschnitte von bis zu 1000 m, haben oftmals steile Wände und weisen einen geschlungenen Verlauf auf. Unterwasser-Canyons kommen auf allen Kontinenten, einschließlich der Antarktis, vor. Der größte aller submarinen Canyons ist der Monterey Canyon (USA). Er liegt direkt vor der Küste von Monterey Bay und ist in den Schelf eingeschnitten. Mit seiner Länge von 100 km ins offene Meer und seiner Tiefe von bis zu 4000 m ist er sogar größer als der Grand Canyon in den USA. Ein Forschungsinstitut in Moss Landing, nahe Monterey Bay, führte 2005 mit zwei Forschungsbooten und ferngesteuerten Tauchrobotern eine genaue Erkundung des Canyons durch.

Was ist der Unterschied zwischen Cave- und Cavern-Diving?

Eine erste Erklärung bietet die Übersetzung der beiden Wörter. Das englische Wort cave bedeutet Höhle, das Wort cavern hingegen Grotte, also die erste Höhlenkammer. Im Tauchsport unterscheidet sich eine Höhle von einer Grotte im Prinzip von der Tageslichteinflutung und der zurückgelegten Wegstrecke ab Höhleneingang. Als Cavern gilt der Bereich, in den noch Tageslicht fällt, der aber nicht weiter als 45 m vom Höhleneingang entfernt ist. Für darüber hinausgehende Tauchgänge ist eine Zusatzbrevetierung erforderlich, die von den diversen Tauchverbänden auch angeboten wird. Die Folgelehrgänge unterscheiden sich nach Art und Anzahl der Flaschen, die mitgeführt werden dürfen, ob Dekompressionstauchgänge erlaubt sind oder nicht und wie viele Verzweigungen betaucht werden dürfen. Als Full Cave Diver steht einem eine Höhle zur Gänze zum Betauchen frei.

Was ist das älteste Gebäude, in das man tauchen kann?

Eigentlich handelt es sich dabei um eine Vielzahl von Gebäuden und archäologischen Funden, die zusammen das archäologische Unterwassermuseum von Alexandria bilden. Bekannt geworden ist die Hafenge-

gend von Alexandria im November 1996, als der französische Taucher Jean-Yves Empereur einen sensationellen Fund machte, den 20 Fußballfelder großen Palast der Kleopatra. Nach Beendigung der wichtigsten Untersuchungen wurde eine Ausnahmegenehmigung erteilt, die es erlaubt, mit einer kleinen Anzahl an Tauchern dieses historische Juwel zu besuchen.
Das gesamte Unterwassermuseum besteht aus dem alten Alexandria mit den Überresten der bunt bemalten Pharaonen-Paläste, die bis 300 v. Chr. zurückreichen, dem Palast der Kleopatra und den Überresten ihres Sonnenbootes. Dicht daneben gibt es als Zugabe übrigens noch ein Flugzeugwrack aus dem 2. Weltkrieg zu betauchen.
Wem das noch nicht genug ist, kann im gleichen Gebiet noch die Überreste eines der sieben Weltwunder, die Grundmauern des Leuchtturms von Pharos, erkunden. Auf ihnen wurde später das Fort Qayet Bai errichtet. Des Weiteren gibt es noch die mit Tempeln und Statuen versehenen Städte Aminotheese und Heraliqueon. Es lässt sich also hier schon der eine oder andere entspannte Tauchgang durchführen.
Vor der Küste Japans entdeckte man übrigens auch Überreste einer prähistorischen Stadt, diese ist jedoch nur mehr in kleinsten Fragmenten vorhanden. In Griechenland gibt es ebenfalls einige Funde von versunkenen Städten, an diesen herrscht aber generell Tauchverbot.

Gibt es einen Flakturm, in dem Fische schwimmen?

In Wien wurde der ehemals kriegerischen Verwendung der städtischen Flaktürme aus dem 2. Weltkrieg eine neue hinzugefügt. Da man die überdimensional großen Betonklötze weder sprengen noch abtragen konnte, stehen heute in Wien mehrere dieser Riesen. Der Verein „Haus des Meeres“ ist Mieter des ehemaligen Flakturms im Wiener Esterhazy-Park und hat dort auf den ersten fünf Etagen eine Ausstellung eingerichtet. In diesem Bereich kann man in tropischem Süß- und Seewasser sowie heimischen Gewässern beheimatete Wasserlebewesen durch die Glasscheiben begutachten. Vom Hai über Meeresschildkröte, von der Seeschlange bis zum Rotfeuerfisch gibt es allerlei zu beobachten, was das Taucherherz erfreut. Im obersten Stock gibt es zusätzlich ein tropisches Areal, in dem man Überwasser-Lebewesen wie Vögel oder Affen aus nächster Nähe betrachten kann. Ein Besuch lohnt sich.

Wieso soll man nach dem Tauchen nicht fliegen?

Wie wir ja alle wissen, darf man nach dem Tauchen für eine gewisse Zeit nicht fliegen. Dies beruht auf mehreren Faktoren: Eine Flugzeugkabine weist einen geringeren Druck auf, es ist dort weniger Sauerstoff vorhanden und dem Körper wird beim Flug Wasser entzogen, er dehydriert. Auf Grund all dessen besteht die Gefahr einer nachträglichen Dekompressionserkrankung.

Der Druckausgleich in der Flugzeugkabine funktioniert über die Klimaanlage. Wird weniger Luft über die Klimaanlage abgeführt als zugeführt, dann steigt der Druck in der Kabine, wird mehr Luft abgeführt als zugeführt, dann sinkt der Druck. Damit zusammenhängend wird aber auch der Sauerstoffpartialdruck um rund 25 % gesenkt. Die Sauerstoffsättigung eines gesunden Menschen reduziert sich dadurch von 97 % auf 90 %. Das ist nicht gut für den Organismus nach dem Tauchen. Zum Schutz der Elektronik (Kurzschlussgefahr), der Isolierung (Gewichtszunahme durch Wasseraufnahme) und der Struktur (Korrosionsgefahr) eines Flugzeugs wird auch die Luft in der Kabine sehr trocken gehalten und die relative Luftfeuchtigkeit liegt zwischen 5 % und maximal 35 %. Dadurch bedingt kommt es zu einer Dehydratation des Körpers, was gerade nach Tauchgängen zu größeren Komplikationen führen kann.

Wie lange nach einem Flug soll man nicht tauchen?

Im Tauchgrundkurs lernt jedermann, dass man nach dem Tauchen eine gewisse Zeit nicht fliegen soll. Wie sieht es aber umgekehrt aus? Die Antwort lautet: ähnlich, wobei es hier aber keine genauen Zahlen gibt. Da die Luft in einem Flugzeug aus technischen Gründen trocken gehalten wird, dehydriert der Körper während des Fluges langsam, aber stetig. Vor allem auf Langstreckenflügen, verbunden mit Alkoholkonsum während des Fluges, kann die daraus resultierende Dehydratation eine eventuelle Dekompressionserkrankung fördern. Da durch den verringerten Innenraumdruck in einem Flugzeug auch eine Blockade der Stirn- und Nebenhöhlen gefördert werden kann, besteht zusätzlich die Gefahr, dass bei einem sofort auf den Flug folgenden Tauchgang die Stirn- und Nebenhöhlen wieder mit Schleim gefüllt werden – eine Umkehrblockierung beim Auftauchen kann die Folge sein, was wiederum eine Druckverletzung der Trommelfelle und der Nebenhöhlen nach sich ziehen kann. Leider gibt es keine genauen Angaben, wie lange eine solche Ruhepause nach einem längeren Flug dauern sollte. Mediziner empfehlen diese Ruhepause nach dem Flug. Als Faustregel kann man betrachten, dass man zumindest 12 Stunden bis zu einem Tauchgang verstreichen lassen sollte.

Wie hoch ist der Umgebungsdruck einer Flugzeugkabine?

Einer der Faktoren für eine nachträgliche Dekompressionserkrankung durch einen zu frühen Flug nach einem Tauchgang liegt am geringeren Umgebungsdruck einer Flugzeugkabine. Auch beim Transport einer wasserdichten Box, die mit Dichtringen verschlossen ist, bemerkt man nachträglich, dass sich der Druck während des Fluges deutlich verringert hat. Für alle, die es genauer wissen wollen: Der Druck in der Kabine ist von der Reiseflughöhe abhängig. Bei einem Transatlantikflug mit einer Boeing 767 etwa wird vom Hersteller eine durchschnittliche Reiseflughöhe von 10 000–12 000 m angegeben. Der Kabinendruck variiert dabei entsprechend einer Seehöhe von 1600–2100 m. Der Umgebungsdruck in der Kabine entspricht durchschnittlich etwa dem in einer Höhe von rund 2000 m über dem Meeresspiegel, also 0,763 bar.

Gibt es auch in Großstädten Unterwasser-Höhlen?

Ja, es gibt sie wirklich, die Unterwasser-Höhlen unter Großstädten. Eine weit verzweigte Thermalquelle im Herzen Budapests in Ungarn gilt nach wie vor als Geheimtipp für Taucher mit Mut zum Besonderen. Auf einer Länge von über 3 km und einer Tiefe von bis zu 65 m wechseln sich enge Kanäle mit kathedralenartigen Wunderräumen und glasklarer Sicht ab. Das Janos-Molnar-Höhlensystem am Fuße des Budapester Jozefbergs, nur wenige Meter vom türkischen Bad entfernt, ist sicher eines der großartigsten Erlebnisse eines Taucherlebens. Allerdings sollte man nicht vergessen, dass es sich hierbei noch immer um eine Unterwasser-Höhle handelt und das Tauchen mit den entsprechenden Gefahren verbunden ist.
Kalt wird einem in der Höhle vermutlich nicht, da das Wasser bis zu 24 °C hat. Insgesamt fließen täglich rund 70 Millionen Liter Thermalwasser mit einer Temperatur von bis zu 70 °C in Richtung Donau.

Wie erstellt man 3-D-Karten von Unterwasser-Höhlen?

Grundsätzlich gibt es dazu viele Methoden. Die einfachste ist sicherlich mit einem Kompass, einem Tiefenmesser und einem Bandmaß loszuziehen und die Höhle zu vermessen. Wer noch einen Winkelmesser und ein tauchfähiges Echolot dabeihat, der kann eine Menge Daten sammeln. Die gesammelten Daten werden sodann in eines der vielen Grafikprogramme eingepflegt und daraus eine 3-D-Karte erstellt. Dazu kann entweder AutoCAD 3 D verwendet werden oder man sieht sich die speziell dafür entwickelte Software Caverender an, deren Entwickler bereits auf der Website www.caverender.de einige 3-D-Abbildungen von Höhlen vorzeigen. Eine andere Methode fand 1987 in Wakulla-County in Florida Anwendung. Während des Wakulla Projekts wurde versucht, mit einer der herkömmlichen Methoden mittels Seil ein dort befindliches Höhlensystem zu vermessen. Dies erwies sich jedoch aufgrund der durchschnittlichen Tiefe von 100 m als nicht durchführbar.
Aus diesem Grund wurde der automatisierte, digitale 3-D-Wandkartograph (Digital 3 D Wall Mapper) entwickelt, der auf einen Scooter geschnallt wurde und automatisch Tiefe, Wassertemperatur, Abstände

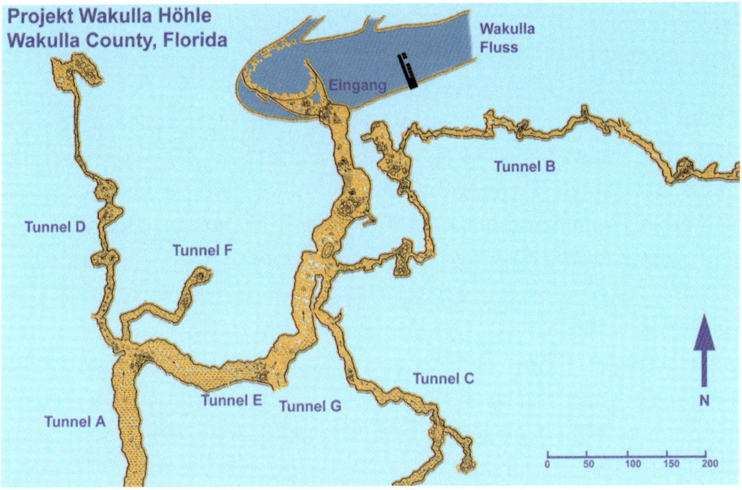

zur Wand usw. messen konnte. Damit wurde im Anschluss eine exakte 3-D-Karte des Wakulla-Höhlensystems erstellt.

Gibt es Unterwasser-Hotels?

Das weltweit erste „echte" Unterwasser-Hotel „Hydropolis" wird derzeit vom Münchner Architekten Joachim Hauser in Dubai (Vereinigte Arabische Emirate) rund 500 m vor dem Strand von Jumeihra auf einer Fläche von über 100 000 km² erbaut. Das Gesamtprojekt wird zu Weihnachten 2006 seine Türen öffnen und rund 520 Millionen Euro kosten, die zum Großteil von privaten Investoren aus dem arabischen Raum stammen. Die Details klingen fantastisch: Eine künstliche Wolke soll Schatten spenden, nachts in verschiedenen Farben leuchten und auf Knopfdruck für Regen sorgen. Ein überdachter Strand soll für Entspannung sorgen, im Ballsaal bietet eine gläserne, aus dem Meer

ragende Kuppel Ausblick auf den Sternenhimmel. Mit einem verglasten Zug werden die Gäste über einen 500 m langen, gläsernen Verbindungstunnel unter Wasser zum eigentlichen Hotel gebracht. Dort finden sie rund 300 Zimmer und Suiten auf drei Stockwerken vor, zwischen 10–15 m unter dem Meeresspiegel. Da jedes rundum verglaste Zimmer Meerblick haben wird, der umliegende Meeresboden aber keine Korallenriffe und keinen Fischreichtum bietet, greift der Architekt auf einen Trick zurück. Um die Hotelanlage wird ein Glaskasten errichtet, in dem extra gekühltes Meerwasser ein künstliches Riff beherbergen wird.
Bisher mussten Touristen, die unter Wasser nächtigen wollten, nach Key Largo (Florida) fahren. Dort befindet sich seit Mitte der 1980er Jahre in 10 m Tiefe ein ehemaliges Forschungs-Habitat, das nunmehr als Hotel genutzt wird. „Jules' Undersea Lodge" ist 17 m lang und besitzt zwei geräumige Zimmer sowie einen Gemeinschaftsraum. Die Anreise dorthin ist jedoch schwieriger als zum in Dubai geplanten Hotel: Nur Taucher haben Zutritt, das Gepäck wird in wasserdichten Koffern angeliefert.

Wie entstehen Inseln?

Bei einer Insel handelt es sich um eine Landmasse, die vollständig von Wasser umgeben ist, aber, weil bedeutend kleiner, noch nicht als Kontinent gilt. Um zu verstehen, wie eine Insel entstanden ist, ist es wichtig zu wissen, wo sie sich befindet. Ozeanische Inseln gehören oft zu den mittelozeanischen Rücken und ragen frei aus dem Meer auf. Es handelt sich dabei meist um Vulkaninseln oder Koralleninseln. Die Atolle der Malediven sind ein klassisches Beispiel für Koralleninseln. Vulkaninseln wiederum entstehen durch tektonische Erdplattenverschiebungen. Die Platten bewegen sich in eine Richtung, während ein tiefer liegender Magmaherd (Hot Spot) das Magma für die Entstehung der einzelnen Inseln liefert. Des Weiteren gibt es kontinentale Inseln, die auf dem Festlandsockel ruhen.
Für alle Rekordliebhaber unter unseren Lesern noch eine Zusatzangabe: Die größte Insel der Welt ist Grönland mit 2,2 Mio. km² Landmasse. Bevor Australien im 19. Jahrhundert als Kontinent anerkannt wurde, galt diese Landmasse als größte Insel.

Wo gibt es die schönsten Korallen?

Die bei Tauchern und Unterwasser-Fotografen gleichermaßen beliebten Weichkorallen sind Tierkolonien, die aus vielen Einzelpolypen gebildet werden. Optisch gibt es sie in den verschiedensten Ausführungen, verzweigt, baumförmig, lappig, krustig oder auch fingerförmig. Weichkorallen kommen in allen Weltmeeren vor, die meisten Arten sind aber im Flachwasserbereich der tropischen Meere anzutreffen. Wo es nun die schönsten gibt, ist naturgemäß relativ. Der berühmte Meeresforscher Jean-Michel Cousteau ist der Meinung, dass die wohl farbenprächtigsten und meisten Arten auf den Fidji-Inseln beheimatet sind. Diese Meinung kann natürlich auch daraus resultieren, dass er dort ein Tauchressort betreibt.

Sein Vater, der noch berühmtere Jacques-Yves Cousteau, wiederum befand Wakatobi, eine Inselgruppe im Tukangbesi-Archipel von Indonesien, als das wohl beste Tauchrevier der Welt. Wie immer scheint auch hier der persönliche Geschmack ausschlaggebend zu sein.

Wo befindet sich das größte Korallenriff der Welt?

Das berühmte Great Barrier Reef erstreckt sich in einer Entfernung von bis zu 300 km vor der australischen Ostküste über eine Länge von mehr als 2000 km. Es reicht vom südlichen Wendekreis bei Lady Elliot Island bis in den Norden zur Torres Straße, die Australien von Neu Guinea trennt. Das große Barrier-Riff ist das größte Riffsystem der Erde und zugleich das größte von lebenden Organismen geschaffene Bauwerk. Um weiter in Superlativen zu sprechen: Das Great Barrier Reef ist die einzige lebende Struktur, die man auch vom Weltraum aus sehen kann. Auf Grund seiner Einzigartigkeit und der Unmengen an Korallen und Fischen, die hier leben, wurde es am 26. Oktober 1981 von der UNESCO zum Welterbe ernannt.

Dies hindert die Farmer in Australien aber nicht daran, Zuckerrohr in den Sümpfen und Regenwäldern in Queensland anzubauen und auch kräftig zu düngen. Die ausgeschwemmten Ablagerungen ersticken nach und nach die empfindlichen Korallen, wie eine Gruppe internationaler Wissenschaftler herausfand. Auch der zunehmende industrielle Fischfang und der Tourismus bedrohen das empfindliche Ökosystem. Man wird sehen, wie lange wir dieses Naturdenkmal noch bewundern können.

Wie entstehen Korallenriffe?

Eine Studie der UNEP-WCMC (United Nations Environment Programme-World Conservation Monitoring Centre) gibt an, dass 284 300 km² der Erde mit Korallenriffen bedeckt sind. Eine gewaltige Unterwasserwelt, die wir kleinen Tieren verdanken, den so genannten Korallenpolypen, die sich vor allem in der Nähe tropischer Küsten ansiedeln.

Über Jahrtausende hinweg schufen sie durch Kalkablagerungen die uns Tauchern heute bekannten Korallenriffe. Den Grundbaustein für sein Kalkskelett holt sich der Polyp dabei aus dem ihn umgebenden Meerwasser: Kalziumionen und Kohlendioxid. Diese beiden Stoffe werden in Kalziumkarbonat umgewandelt. Zusätzlich sind auch Rotalgen

und Moostierchen in der Lage, Kalk zu produzieren. Ihre Absonderungen verkitten die Kalkbehausungen abgestorbener Korallen mit losen Sedimentpartikeln und sind daher auch für den Bau und das Bestehen von Korallenriffen verantwortlich.
Korallen zählen zur Gruppe der Nesseltiere, der auch Quallen und Seeanemonen angehören. Der französische Naturforscher Jean André Peyssonel stellte als Erster im Jahr 1723 fest, dass Korallen Tiere sind. Der wissenschaftliche Name „Coelenterata“ rührt vom griechischen Worten „koilos“ (= Höhle) und „enteron“ (= Darm) her, was auf den länglichen, hohlen Körper der Tiere verweist. Fast der gesamte Körper dient als Verdauungstrakt – ein großer, farbenprächtiger Darm quasi.

Gibt es Pyramiden unter Wasser?

Hier scheiden sich die Geister und die Ansichten. Aber kommen wir zum Beginn der Geschichte: Im Frühjahr 1995 entdeckte eine Gruppe von Sporttauchern in den Gewässern südlich von Japan die Ruinen einer versunkenen, prähistorischen Stadt. Im Laufe der folgenden Jahre weiteten sich die Entdeckungen und Forschungen an diesen Gebäuden immer weiter aus. Im September 1996 entdeckten Taucher in der starken Meeresströmung um die Insel Yonaguni, 500 km südwestlich von Okinawa, weitere Überreste, darunter eine Plattform, die an eine Pyramide erinnert und etwa 80 m Kantenlänge aufweist. Sie ist 20 m

hoch, wobei der obere Teil bis 5 m unter die Wasseroberfläche ragt. Mit etwas Fantasie kann man auch Stufen im sehr verwitterten und erodierten Gestein erkennen. Die Wissenschaft geht zum Großteil von einer natürlichen Felsformation aus, was aber sehr viele Taucher und Pyramiden-Begeisterte nicht davon abhält, an eine echte Pyramide zu glauben. Da es in Japan seit Jahrhunderten die überlieferte Legende des Volkes „Mu“ gibt, das von Wassermassen verschlungen wurde (man beachte die Ähnlichkeit zu Atlantis), gibt es Vermutungen, dass es sich hierbei um eine Pyramide dieses 100 000 Jahre alten Volkes handelt. Wie auch immer – das Gebilde sieht pyramidenförmig aus und steht in der Nähe von prähistorischen Gebäuden. Mag sich jeder selbst seine Meinung bilden. Das japanische Wort Mu bedeutet übrigens „etwas das nicht ist“ – ob uns das einen Anhalt geben sollte?

Gibt es Unterwasser-Restaurants?

Weltweit gibt es einige Restaurants, die als Unterwasser-Restaurants beworben werden. In Wirklichkeit bieten jedoch manche dieser Restaurants nur Einblick in ein dahinter liegendes Aquarium – liegen also nicht tatsächlich unter dem Meeresspiegel. Hier stehen an vorderster Front das Al Iwan-Restaurant im berühmten Burj Al Arab in Dubai, sowie das Atlantis Royal Towers Restaurant auf den Bahamas, im gleichnamigen Hotel gelegen. Beide bieten „nur“ einen Blick auf ein großes Aquarium, die dort befindlichen Fische haben teilweise noch nie das Meer erblickt. Das erste, tatsächlich unter der Meeresoberfläche gebaute Restaurant liegt im israelischen Eilat und hört auf den wohlklingenden Namen Red Sea Star. Über Fenster wird hier ein Einblick in die Unterwasserwelt des Roten Meeres geboten. Ein rundum voll verglastes Unterwasser-Restaurant gibt es im Hilton Ressort auf Rangali Island auf den Malediven zu bewundern. Es heißt „Ithaa“ (zu deutsch Perle) und bietet durch ein transparentes Acryldach aus 125 mm dicken Acrylbögen, die bei Flut rund 2 m unter der Wasseroberfläche liegen, Einblick in das Riffleben der Malediven.

Wie kann ich auf dem Meer meine Richtung ohne Kompass bestimmen?

Durch Sonnenaufgang und -untergang kann man, wie wir wissen, Osten und Westen bestimmen. In der Nacht orientiert man sich anhand des Polarsterns, der dann fast genau über dem Nordpol steht. In der nördlichen Hemisphäre bildet er das Ende der Deichsel des Sternbilds des „Kleinen Wagens“. Südlich des Äquators gibt es ein Pendant. Das Sternbild mit dem klingenden Namen „Kreuz des Südens“ weist den Weg zum Südpol, indem man die Längsachse 4,5-mal verlängert und danach geradeaus zum Horizont weist – dort ist dann Süden. Klingt kompliziert, ist es aber nicht – einfach rüber und runter quasi. Erfahrene Segler können sich anhand von vorherrschenden Winden orientieren. Ein weiterer Tipp: Wenn man mit einer analogen Armbanduhr den Stundenzeiger der Uhr auf der Nordhalbkugel genau auf die Sonne ausrichtet, dann ist die Mitte im kleineren Winkel zwischen Stundenzeiger und der 12 immer Süden. Zur Sommerzeit heißt es eine Stunde abziehen. Je näher man dem Äquator kommt, desto ungenauer wird diese Methode. Mit Digitaluhren geht das natürlich nicht – wahrscheinlich haben sie sich deshalb auch nicht durchgesetzt.

Was ist ein elektrisches Riff?

Durch Umweltkatastrophen, Dynamitfischen oder teils auch durch Übervölkerung von Tauchern sind heute viele Korallenriffe schwer angeschlagen oder sogar zerstört. Wie kann man ein solches Riff wieder zum Wachsen bringen? Man kann es entweder Mutter Natur überlassen – oder eben selbst Hand anlegen. Und das geht so: Über eine Unterwasserinstallation wird durch ein Kabel, das mit Kontrollgeräten am Ufer verbunden ist, ein Riff elektrifiziert. Den Strom liefern schwimmende Solarpaneele. Durch diese Konstruktion wachsen Korallen bis zu 5-mal schneller und sind teilweise auch resistenter gegenüber Wasserverschmutzungen. Experimente haben gezeigt, dass die Korallenpolypen normalerweise einen Teil ihrer Energie verwenden, um Magnesium- und Kalziumionen aus dem Meerwasser zu gewinnen. So bekommen sie diese Ionen kostenlos geliefert und können die gesparte Energie anderswo verwenden. Für Schnorchler oder Taucher ist die Konstruktion nicht gefährlich, da die Spannung nur 3 Volt bei 10 Ampère Stromstärke beträgt.

Aus was besteht Sand?

Sand ist in der Regel zerkleinertes Gestein, das eine Korngröße von 0,063–2 mm aufweist. Wird es von Wind und Wasserbewegung zu Sandstränden aufgehäuft, spricht man von Lockersediment. Je nach Art des zerkleinerten Gesteins und des Ortes, an dem der Sand vorkommt, unterscheidet sich auch die mineralische Zusammensetzung. Der sehr feine, weiße Sand auf den Malediven etwa besteht aus zermahlenen Korallenskeletten, somit überwiegend aus Kalziumkarbonat ($CaCO_3$). Bedingt durch die Zusammensetzung erhitzt sich dieser Sand auch nicht, im Gegensatz zu seinen Brüdern in anderen Orten der Welt. Der Großteil des weltweiten Sandvorkommens besteht aus Quarz (Siliziumdioxid SiO_2), der besonders verwitterungsbeständig ist.
Der grüne Sand an den Stränden Hawaiis bezieht seine Farbe durch das vulkanogene Olivin, der schwarze Sand – etwa auf Madeira – resultiert durch feinkörnig verwitterten Basalt.

Wie kann man Seekrankheit vorbeugen?

Tauchurlaube sind oftmals mit Bootstauchgängen verbunden – ein Umstand, der viele schon im Vorfeld von einem solchen Urlaub abhält. Das leidige Thema Seekrankheit (auch Kinetose, also Bewegungskrankheit, genannt) schlägt einem oftmals zu sehr im wahrsten Sinne des Wortes auf den Magen. Kopfschmerzen, Schwindelgefühl, erhöhter Puls, Schweißausbrüche und drückende Übelkeit verleiden die Bootsfahrt zum Riff für viele Taucher.
Schuld an dieser Misere ist der Vestibularapparat im Ohr, der Bewegungen wahrnimmt und zusammen mit den optischen Informationen der Augen dem Gehirn mitteilt, in welcher Lage sich der Körper im Raum gerade befindet. Und der ist beim ständigen Schaukeln auf dem Meer einfach verwirrt und meldet unterschiedlichste Botschaften ans Gehirn, was zum zuvor angeführten Übelsein führt. Allheilmittel dagegen gibt es zwar keine, aber doch einige Tipps und Tricks, die eine Bootsausfahrt angenehm gestalten können:

- Verzichte auf fettes oder besonders süßes Essen, für Tauchanfänger kann dies beim Tauchgang selbst auch zu unerwünschter Übelkeit führen.
- Bleibe im Freien und vermeide schlecht belüftete Plätze am Schiff.
- Konzentriere Deinen Blick auf den Horizont oder die Küstenlinie.

- Naturheilmittel, die als Wirkstoff Ingwer (Zingiber officinale Roscoe) beinhalten, können – rechtzeitig vor der Abfahrt eingenommen – ebenfalls wahre Wunder bewirken.

Gibt es eine Unterwasser-Stadt?

Jacques-Yves Cousteau war in vielen Belangen ein Vordenker, so auch für das Leben im Meer. Um unter Wasser filmen und arbeiten zu können, baute er kleine „Tauchuntertassen“, später regelrechte Unterwasser-Häuser. 1965 startete die Projektreihe „Précontinent“ mit der Erfindung einer runden Kapsel, in welcher sechs Männer 4 Wochen unter dem Meer lebten. Am Außenatoll von „Sha'ab Ruhmi“ im Sudan wurde das berühmte Experiment „Précontinent II“ durchgeführt (Leben auf dem Meeresgrund). Davon sind heute noch Teile übrig und können auch betaucht werden, nämlich eine Garage für das U-Boot und einige Fischbehälter. Kapitän Jacques-Yves Cousteau war auch einer der sechs „Ozeanauten“, die in der „Précontinent III“ 28 Tage ununterbrochen auf knapp 110 m Tiefe vor der französischen Mittelmeerküste am Cap Ferrat in einer Unterwasser-Station lebten. Dabei atmeten sie eine Mischung aus Sauerstoff, Helium und Wasserstoff. Weitere Unterwasser-Forschungshabitate anderer Wissenschaftler hörten u. a. auf die klingenden Namen Genesis, Sealab, Tektite, Caribe und Permon. Die bekannteste und wegweisendste blieb aber die Precontinent-Reihe von Cousteau.

Bei einem Forschungskongress in London sagte Jacques-Yves Cousteau 1956 den „Homo aquaticus“ voraus, einen Menschen mit operativ eingesetzten künstlichen Kiemen, der vollständig im Meer leben und dort sogar geboren werden könne. Sein eigentliches Ziel war eine Tiefseestadt aus Spezialglaskugeln, die in 4000 m Tiefe schwebend verankert werden sollte. Als Träger für das Projekt gewann er den amerikanischen Konzern General Electric Company, der für 1980 den Baubeginn vorsah. Tauchende Untertassen sollten als Fahrzeuge zwischen den Wohnkapseln eingesetzt werden und große Unterwasser-Fahrzeuge die Versorgung und den Personalwechsel regeln. Das Vorhaben wurde wegen Unwirtschaftlichkeit leider fallen gelassen.

Aber was geschieht, wenn das so weitergeht mit dem Schmelzen der Polar-Eiskappen? Vielleicht wird das Projekt ja dann wieder schnell aufgenommen.

Warum soll man auf Tauchbooten kein Papier in die Toilette werfen?

Ist Ihnen schon einmal aufgefallen, dass ein Tauchboot keinen direkten Schlauch zum Land hat? Alle Abwässer werden im Bauch des Bootes gesammelt, so auch Dusch- und Toilettenwasser. Diese werden dann in regelmäßigen Abständen durch kleine Abwasserluken, meist am Heck des Bootes, nach einem Durchlauf durch eine Zerkleinerungsanlage ins Meer gespült.

Da die Anlagen sehr filigran sind und leicht verstopfen, sollte man sich davor hüten, Unrat, Klopapier oder andere Hygieneartikel in der Toilette mit runterzuspülen. Im Falle einer Verstopfung muss das Boot in den Hafen zurückkehren und man verliert einen schönen Tauchtag. Das ist auch der Grund, warum man mit dem Duschwasser sparen sollte ...

Ein Tipp noch am Rande: Es kann zu unerfreulichen Erlebnissen führen, wenn man am Ankerplatz dicht am hinteren Teil des Bootes schwimmt. Warum? Das herauszufinden überlassen wir jetzt Ihnen ...

Kann man mit einem U-Boot mittauchen?

Ja. Früher war die Fahrt mit einem U-Boot nur Meeresforschern und Marinesoldaten vorbehalten. Heutzutage kann jeder Tourist an Bord eines Ausflug-U-Boots Riffe, Wracks und den enormen Fischreichtum der Unterwasserwelt bewundern.

Diese Touristen-U-Boote tauchen bis in eine Tiefe von 40 m und erreichen eine Geschwindigkeit von 5 km/h. Man findet sie mittlerweile auf dem ganzen Globus, derzeit sollen weltweit rund 30 im Einsatz sein. Sie bieten einen sehr hohen Sicherheitsstandard und gelten als ungefährlich. Durch die hohe Nachfrage wächst auch die Größe der Boote: Waren 1994 noch 48 und weniger Sitze Standard, so sind die jetzigen Boote schon mit 64 Sitzplätzen bestückt.

Wer an den Riffen von Hurghada in Ägypten tauchen geht, kann auch als Taucher neben einem solchen U-Boot her tauchen und den darin sitzenden Touristen zuwinken – eine Sightseeing-Tour der anderen Art.

Seit Mai 2006 können Taucher vor Südafrika auch das 2-Personen U-Boot „SOV II“ von Sharkproject zur Beobachtung von Weißen Haien nutzen. Da man dabei in Tauchausrüstung in einem offenen U-Boot sitzt und nur durch ein Gitter von der Umwelt abgeschirmt ist, ergeben sich völlig neue Einblicke und Erlebnisse in die Welt dieser majestätischen Riesen.

Wann zahlt die Versicherung bei Tauchunfällen?

Die Pflicht-Unfallversicherung, die die meisten Europäer aufgrund ihrer Anstellung besitzen, zahlt nur bei berufsmäßigen Unfällen oder am Weg zum und vom Arbeitsplatz. Die Krankenversicherung der gesetzlichen Sozialversicherung zahlt nur den Transport und die Behandlung im Krankenhaus. Wenn aber nach einem privaten Tauchunfall langfristige Schäden übrig bleiben, dann steht man meist alleine da.
Bei privaten Unfallversicherungen muss man aufpassen, da das Tauchen als Sondergefahr gilt. Man sollte sich daher bestätigen lassen, inwieweit man tatsächlich versichert ist. Wer eine Reise tut, sollte auch gewisse Vorkehrungen treffen und eventuell eine kurzfristige Krankenversicherung mit inkludierter Übernahme der Bergungs- und Rückholungskosten (Air Ambulance) abschließen. Zusätzlich sollte man auch sein Kreditkarten-Institut genauer unter die Lupe nehmen, da diese oft Versicherungsleistungen mit anbieten.
Für Taucher sei abschließend auch noch DAN (Diver‘s Alert Network) erwähnt, die bekannteste Non-Profit-Organisation für Tauchsicherheit, die sich sowohl auf Tauchmedizin als auch die Sicherheit und Gesundheit bei der Behandlung von Tauchern nach Tauchunfällen konzentriert. Über DAN kann jeder Taucher eine spezielle Tauchunfall-Versicherung abschließen, die im Notfall alle anfallenden Eventualitäten berücksichtigend abdeckt.

Wo kann man über Wiesen und Wanderwege tauchen?

Wir kennen einige Stellen, aber eine der bekanntesten liegt im wunderschönen Österreich und glitzert Jahr für Jahr mit seinem smaragdgrünen Wasser durch den dichten Nadelwald hervor. Es ist der Grüne See am Fuße des Hochschwab-Massivs, der zwischen Mai und Spätsommer seine volle Pracht entfaltet. Dieser Bergsee, mit einer Wassertiefe

von maximal 11 m während der Schneeschmelze, liegt auf 776 m Seehöhe.
Die einsetzende Schneeschmelze füllt diesen See mit glasklarem Quellwasser, das Temperaturen von 4–8 °C aufweist. Dies geschieht im Frühjahr so rasant, dass dabei auch die umliegenden Wanderwege und kleinen Brücken überschwemmt werden. Es ist ein malerisches Erlebnis durch diese Graslandschaften, gespickt mit ausgesetzten Forellen, zu tauchen.

Kann man in der Wüste tauchen gehen?

Der Großteil der Tauchgebiete in Ägypten, teilweise auch in Tunesien, befindet sich de facto in der Wüste. So beginnt etwa direkt hinter dem Zeltcamp in Marsa Alam die Sahara. 95 % des Gebietes von Ägypten sind Wüstengebiet – man taucht daher im wahrsten Sinne des Wortes von der Wüste aus. Auch in Tunesien, etwa in der Oase Zarzis, 60 km von Djerba entfernt, taucht man buchstäblich in der Wüste.
Zusätzlich gibt es noch weitere Tauchgebiete, vor allem im afrikanischen Raum, wo man in Oasen bzw. tatsächlich in der Wüste, die oftmals bis ans Meer reicht, Hotelanlagen mit Tauchmöglichkeiten errichtet hat. Eines der weniger bekannten, aber sehr stark im Kommen befindlichen Tauchgebiete ist etwa das Emirat Dubai sowie die umgebenden Emirate in den Vereinigten Arabischen Emiraten, ebenfalls in der Wüste gelegen.

Die Unterwasserwelt

Was ist die „Anomalie des Wassers"?

Wasser ist, wie wir wissen, eines der wichtigsten Elemente der Erde und besitzt eine einzigartige Eigenschaft, die die Wissenschaft als „Wasseranomalie" bezeichnet. Wenn es warm ist, dehnen sich Stoffe aus und wenn es kalt ist, dann ziehen sie sich normalerweise zusammen und gewinnen somit an Dichte. In Flüssigkeiten sinken so kältere Schichten nach unten ab und wärmere Schichten steigen nach oben. Nach dieser Logik müsste im Winter ein See oder anderes Gewässer durch die Zirkulation vom Grunde her zufrieren, weil sich die Schichten von unten her immer weiter abkühlen. Wenn es da nicht diese Anomalie des Wassers gäbe! Wasser weist nämlich bereits bei rund 4 °C im flüssigen Zustand seine größte Dichte und damit seine kleinste Ausdehnung auf. Wenn Wasser unter 4 °C abkühlt, dann beginnt es sich wieder auszudehnen. Dieser Vorgang tritt auch ein, wenn es in einen festen Aggregatzustand wechselt, also zu Eis wird. Deshalb schwimmt Eis auf dem Wasser. Denn es hat eine geringere Dichte als das umgebende Wasser und bildet – zum Glück für alle Lebewesen – eine wärmende Schutzschicht an der Oberfläche eines Gewässers. Am Grund des Gewässers findet sich so immer eine „warme" Wasserschicht, die mit ihren 4 °C Tieren und Pflanzen einen Lebensraum im Winter bietet. Durch dieses Phänomen ist überhaupt auch erst Leben in den Tiefen der Meere möglich, da sich dort kein Eis bilden kann. Denn unter dem enormen Umgebungsdruck würden andere Flüssigkeiten bereits feste Formen annehmen.

Kann der Bodensee zufrieren?

Der 571,5 km^2 große und an seiner tiefsten Stelle 254 m tiefe Alpenvorlandsee grenzt an die drei Staaten Deutschland, Österreich und die Schweiz an. Auf seinen 273 km Uferlänge fließen 236 Zuflüsse in den See, weswegen er selten zufriert. Trotzdem kommt das so genannte „Seegfrörni", ein komplettes Zufrieren des Bodensees, gelegentlich vor. Seit dem ersten entsprechenden Vermerk im Jahre 875 ist dies insgesamt 33 Mal vorgefallen, zuletzt im Februar 1963. Bei dieser Totalvereisung ist es sogar möglich, den See zu überqueren, so geschehen etwa im Jahr 1573, als der, in der Ballade „Der Reiter und der Bodensee" überliefert, Postmann Andreas Egglisperger per Pferd den zugefrorenen Bodensee überquerte. Statistisch gesehen kommt es übrigens alle 70 Jahre zum „Seegfrörni“, es wird also bald wieder so weit sein, obwohl man sich das kaum vorstellen kann. Ab und an fallen aber die Temperaturen so stark, dass auch der wärmste See kapitulieren muss.

Was ist die Corioliskraft?

Da unsere Erde sich bekanntermaßen um die eigene Achse dreht, wird jede Bewegung auf der Nordhalbkugel nach rechts abgelenkt, befinden wir uns als Betrachter auf der Erdoberfläche. Auf der Südhalbkugel hingegen wird die Bewegung nach links durchgeführt. Diese Ablenkungskraft wird als Corioliskraft bezeichnet. Es handelt sich dabei um eine so genannte Scheinkraft, da sie im ruhenden Bezugssystem nicht vorhanden ist. Sie tritt zusätzlich zur Zentrifugalkraft auf.
Den Namen verdankt die Corioliskraft ihrem Entdecker, dem französischen Mathematiker und Physiker Gustave Gaspard Coriolis. Coriolis wurde 1792 in Nancy in Frankreich geboren und veröffentlichte seine Untersuchungen zur Corioliskraft in den 1820er-Jahren. Von 1836 bis zu seinem Tod im Jahre 1843 war er Mitglied der renommierten Akademie der Wissenschaften in Paris.

Hat die Corioliskraft eine Wirkung auf das Wasser?

Die Corioliskraft hat starken Einfluss auf die Hauptzugrichtung von tropischen Wirbelstürmen – diese ziehen auf der Nordhalbkugel zumeist nach Westen, auf der Südhalbkugel hingegen nach Osten –, wirkt aber auch in kleinerem Ausmaß auf die Wassermassen der Erde. Bedingt durch die Corioliskraft bewegen sich diese auf der Südhalbkugel umgekehrt zu denen auf der Nordhalbkugel. Da die Corioliskraft jedoch verhältnismäßig gering ist, wirkt sie sich in den Dimensionen der Weltmeere nicht allzu stark aus. Der Wasserstrudel der Ozeane dreht sich um ein Vielfaches schneller als die Erde und wird von vielen externen Faktoren, wie etwa Strömungen, beeinflusst, sodass der Corioliseffekt nur bei äußerst präzisen Experimenten beobachtet werden kann. Im Alltag überwiegt das Chaossystem, wodurch eine Vorhersage der jeweiligen Strudelrichtung nicht mehr möglich ist. Die Geschichte vom verkehrt herum drehenden Wasserabfluss in der Badewanne kann daher ins Reich der Großstadtlegenden eingeordnet werden.

Woher kommt der Begriff „die sieben Weltmeere"?

Der Begriff lässt sich bis zu den alten Griechen und Römern zurückverfolgen und wird in vielen europäischen und arabischen Schriften angeführt. Je nach Zusammenhang unterscheiden sich die dem Begriff zugeordneten Meere. In griechischen Texten etwa werden die Adria, das Arabische Meer, das Kaspische Meer, das Schwarze Meer, das Europäische Mittelmeer, der Persische Golf und das Rote Meer als die sieben Weltmeere bezeichnet. Der englische Schriftsteller Rudyard Kipling, Autor des bekannten „Dschungelbuch", zählte hingegen das nördliche und das südliche Eismeer, den Nord- und den Südatlantik, den nördlichen und den südlichen Stillen Ozean sowie den Indischen Ozean dazu. In anderen historischen Dokumenten werden als Weltmeere die drei Ozeane Atlantik, Indischer und Pazifik plus die vier Mittelmeere, das Australasiatische Mittelmeer, das Europäische Mittelmeer, das Arktische Mittelmeer und das Amerikanische Mittelmeer, bezeichnet.

Wie viel Dioptrien werden durch die Lichtbrechung des Wassers ausgeglichen?

Wie die meisten wissen, erscheint durch die Lichtbrechung unter Wasser alles rund 33 % größer und 25 % näher als an der Wasseroberfläche. Zusätzlich hat dieser Effekt aber auch den Vorteil, dass Personen mit Sehschwächen unter Wasser teilweise auf die korrigierende Brille bzw. Kontaktlinsen verzichten können. Dies betrifft jeden, der nicht mehr als 1 Dioptrie Kurzsichtigkeit aufweist, bzw. bei Altersweitsichtigkeit und Hornhautverkrümmung (Astigmatismus) bis zu 1,5 Dioptrien. Eine relative Kontraindikation, die ein Tauchen erst nach Rücksprache mit dem Augenarzt zulässt, ist im übrigen gegeben, wenn bei Operationen das Auge geöffnet wurde (etwa Hornhautverpflanzung, grüner Star, grauer Star) sowie wenn harte Kontaktlinsen verwendet werden. Letztere sind nur dann möglich, wenn sie hochgaspermeabel, also gasdurchlässig sind. Absolutes Tauchverbot bewirken bestimmte Formen des grünen Stars (Engwinkelglaukom, Weitwinkelglaukom mit Sehnervenschaden, Zustand nach fistulierender Glaukomoperation), aktive Augenentzündungen, Sehschärfe des besseren Auges unter 50 % sowie fortgeschrittene Gefäßschäden im Auge. Da hilft auch der Lichtbrechungseffekt des Wassers nicht mehr weiter – leider.

Wieso schwimmt Eis oben?

Kurz gesagt, weil Wasser im festen Zustand, eben als Eis, weniger dicht ist als Wasser im flüssigen Zustand. Dadurch bedingt erhöht sich auch das Volumen von Eis gegenüber dem, den es im flüssigen Aggregatzustand eingenommen hat, um rund 9%. Man bezeichnet dies als Dichteanomalie von Wasser. Ähnlich einem Taucher, der sein Jacket aufbläst und dadurch sein Volumen vergrößert, treibt Eis also obenauf. Und für alle Physiker unter unseren Lesern beschreiben wir dies im Detail: Wasser hat unter Normaldruck bei 3,98°C seine größte Dichte von 1,000 g/cm³. Die Dichteanomalie des Wassers, die sich hier auswirkt, bewirkt nun, dass es sich im Zuge des Übergangs in den festen Aggregatszustand durch Ausbildung eines Kristallgitters bei der Kristallisation ausdehnt. Die Wassermoleküle verketten sich untereinander über Wasserstoffbrückenbindungen.

Bestehen Eisberge aus Süß- oder aus Salzwasser?

Eisberge sind eine Mischung aus Süßwasser und Salz. Das Eis selbst ist Süßwasser, da beim Kristallisationsvorgang des Meerwassers, also dem Übergang vom flüssigen in den festen Zustand, das Salz ausgeschieden wird. Teilweise erfolgt dies ins Meer selbst, teilweise bilden sich Salz-Einschlüsse im Inneren des Eisbergs, die so genannten Sole-Einschlüsse. Eisberge werden übrigens im Durchschnitt nur etwa drei Jahre alt – besonders große Exemplare können jedoch auch bis zu 30 Jahre über die Weltmeere schippern. Diese Giganten haben teilweise eine Fläche von über 10 000 km². So ist etwa der derzeit größte Eisberg, der B-15, im Jahr 2000 vom Ross-Schelfeis abgebrochen und beeindruckende 11 655 km² groß. Damit diese Riesen nicht wieder einmal mit einem Schiff zusammenstoßen (Stichwort: Titanic), wurden eigene Überwachungs-Organisationen geschaffen, die jede Bewegung genau beobachten. Für den Nordatlantik ist dies die International Ice Patrol, im Südpolarmeer wacht das amerikanische National Ice Center. Wir stellen uns diese Tätigkeit aber nicht so wahnsinnig spannend vor.

Wie schnell bewegen sich Geräusche unter Wasser?

Welchem Taucher ist das nicht auch schon passiert: Es gibt ein Geräusch unter Wasser, aber man kann nicht orten, woher es kommt? Die Evolution hat den Menschen auf die Wahrnehmung der Geschwindigkeit von Geräuschen an der Luft geprägt und somit ist es uns nicht möglich, den Ursprung eines Geräusches unter Wasser zu bestimmen. Denn das Geräusch wandert unter Wasser wesentlich schneller von einem Ohr zum anderen. Geräusche breiten sich in Form von Schallwellen sowohl in Gasen, wie der Luft, als auch in Festkörpern und Flüssigkeiten aus. Unter Wasser ist die Geschwindigkeit des Schalls 4,3-mal höher als an der Luft. Hier eine Liste der Geschwindigkeiten von Schall in den verschiedenen Medien:

in der Luft	343 m/sek
im Wasser	1480 m/sek
im Eis	3200 m/sek

Auch erscheint die Ursprungsquelle von Geräuschen im Wasser näher, weil durch die höhere Dichte von Wasser Schall mit weniger Verlust übertragen wird. Bei gleichem Abstand zur Quelle des Geräusches nimmt der Schalldruck im Wasser weniger stark ab als an der Luft. Schall bewegt sich nicht so gerne zwischen unterschiedlichen Medien. Darum kann man schon knapp unter der Wasseroberfläche als Taucher nicht mehr verstehen, was am Boot gesprochen wird. Eine weitere statistische Zahl ist noch interessant: Unterwasser-Sonarsysteme, wie sie von der US Navy eingesetzt werden, erzeugen einen Schalldruckpegel, dem Verhältnis von Schalldruck im Vergleich zu Hörschwelle, von 240 dB, was dem 100 000-fachen eines Presslufthammers entspricht. Was das für die umgebende Unterwasserwelt bedeutet, kann man sich leicht vorstellen.

Was ist ein Geysir?

Generell ist ein Geysir eine heiße Quelle, die ihr Wasser als Fontäne ausstößt – ein überdimensionaler Springbrunnen also. Der Ausstoß des Wassers wird als Eruption bezeichnet. Der Name leitet sich aus dem isländischen Wort „geysa" (= wirbeln, strömen) ab. Für das Entstehen eines Geysirs bedarf es vorab eines aktiven vulkanischen Gebietes. Ein Kanal in Form einer Röhre mündet von der Oberfläche in einem unterirdischen Wasserreservoir. Ist die Röhre zu weit, entsteht nur Wasserdampf, es formt sich eine Dampfquelle oder aber auch eine heiße Quelle. Je enger der Eruptionskanal wird, desto stärker wird die thermische Konvektion unterbunden und das Wasser wird mit einer Temperatur zwischen 90 und 100 °C ausgestoßen. Et voilà – wir haben unseren Geysir. Je länger die Röhre ist, desto höher wird das Wasser ausgespien. Den Rekord hält hier der Steamboat-Geysir im Yellowstone-Nationalpark in den USA mit 130 m Höhe. Der Waimangu-Geysir in Neuseeland schaffte zwar eine bedeutend höhere Fontäne, nämlich 460 m Höhe, existierte allerdings nur von 1900 bis 1904 und wurde dann durch einen Erdrutsch verschüttet.

Warum erscheint unter Wasser alles viel größer?

Dieser Effekt wird durch die unterschiedliche Dichte von Wasser und Luft hervorgerufen. Die Dichte des Wassers ist um $^1/_3$ größer als die von Luft. Dies hat zur Folge, dass man alles unter Wasser um 25 % näher und 33 % größer sieht. Dabei erfolgt eine Brechung des Lichts am Maskenglas, da außen Wasser und in der Maske Luft ist. Wenn man ohne Maske die Augen unter Wasser öffnet, dann hat man diesen Effekt nicht, denn die Hornhaut des Auges hat dabei direkt Kontakt mit dem Wasser. Man sieht allerdings auch nicht sehr viel, da die Sehschärfe stark reduziert ist. Wenn man bei einem Tauchgang senkrecht nach oben schaut, sieht man alles wie durch eine Art Weitwinkelobjektiv. Alle Objekte, die sich nicht direkt über einem befinden, wirken räumlich etwas versetzt. Bei diesem „Röhrensehen" wird alles an der Unterseite der Wasseroberfläche komplett reflektiert, direkt neben dem Rand des Maskenglases erkennt man nichts mehr. Nun kann man sich vorstellen, welchen beeindruckenden Anblick das „beste Stück" des männlichen Tauchers unter Wasser auf Frauen haben muss ...

Wie entstehen Unterwasser-Höhlen?

Der bisher gültige Höhlenentstehungsprozess wird so beschrieben: Das sich in der Atmosphäre befindende Kohlenstoffdioxid (CO_2) reagiert chemisch mit Regenwasser und bildet eine schwache Säure, die den Kalkstein angreift. So entsteht langfristig eine Höhle.

Nach neueren Theorien von Geologen der Universität in Austin (Texas) sind einige Höhlen auch aufgrund von Schwefelbakterien entstanden, da diese kleinsten Tierchen das Kalkgestein in Gips verwandeln, der wiederum leicht vom Wasser ausgewaschen werden kann. Bei den Bakterien entsteht als Abfallprodukt ihres Stoffwechsels ätzende Schwefelsäure, die wiederum mit dem Kalziumkarbonat (Kalk) im Gestein reagiert und es in Kalziumsulfat (Gips) umwandelt. Man vermutet, dass so wesentlich größere Höhlen und Höhlensysteme entstehen konnten. So könnten auch viele der Unterwasser-Höhlen und -Höhlensysteme entstanden sein, die unter den „Cave-Divern" so begehrt sind.

Wie entsteht Schwefelsulfat, das man beim Höhlentauchen manchmal zwischen Süß- und Salzwasserschicht findet?

In allen Grundwasserquellen kann man Schwefel finden. Dieser reagiert mit Sauerstoff und es entsteht Schwefelsäure, deren Salze Sulfate genannt werden. In Unterwasser-Höhlen können sich nun Schwefelsulfatschichten zwischen Süßwasser- und Salzwasserschichten bilden. Dies ist deshalb möglich, weil das Gewicht der Schwefelsäure genau zwischen dem von Salz- und Süßwasser liegt. Grundsätzlich stellt diese Wolke keine Gefahr für Taucher dar, man riecht jedoch den üblen Gestank nach verfaulten Eiern durch Regler und Maske. Messingverschlüsse und Karabiner können sich schwarz verfärben.
Es gibt auch Thesen, wonach diese Schichten für die Entstehung von Höhlen mitverantwortlich sind. Unterwasser-Höhlen mit Schwefelsulfatschichten findet man z. B. in Yucatan (Mexiko) in großer Anzahl.

Wem gehört das Meer?

Am 16. November 1994 ist das Seerechtsübereinkommen (SRÜ) der Vereinten Nationen vom 10. Dezember 1982 in Kraft getreten. 138 Staaten sind bisher dem Übereinkommen beigetreten und akzeptieren damit dessen Gesetze, die u. a. auch die Besitzverhältnisse der Weltmeere regeln. Dass es sich dabei um keine leichte Aufgabe handelte, zeigen die über 25 Jahre andauernden Verhandlungen zu diesem Thema. Im Seerechtsübereinkommen wurde festgelegt, dass „festes Land" an der

Niedrigwassergrenze endet. Von dort an gelten die nächsten 12 Seemeilen als Küstenland, das vom Meeresboden bis zum Luftraum der Souveränität des angrenzenden Küstenstaates untersteht. Es besteht kein allgemeines Überflugs- oder Tauchrecht. Der Festlandsockel (also der Schelf) untersteht auf jeden Fall dem Küstenstaat. Weitere 12 Seemeilen können bei den Vereinten Nationen als so genannte Anschlusszone angefordert werden. Der Küstenstaat kann nach erfolgter Bewilligung in diesem das Finanz-, Zoll-, Gesundheits- und Einwanderungswesen kontrollieren.

Handelt es sich beim Küstenstaat um Inseln, etwa die Malediven, werden Archipelgewässer gebildet, der äußerste Eckpunkt einer Inselgruppe wird durch eine gerade verlaufende Basislinie verbunden, das Verhältnis Wasserfläche zu Landfläche darf maximal 9:1 betragen.

Des Weiteren darf jeder Küstenstaat eine 200 Seemeilen breite Wirtschaftszone beantragen, in dem ihm das Recht auf Nutzung aller natürlichen Ressourcen zusteht. Bei benachbarten oder gegenüberliegenden Staaten gilt das Prinzip der Ausgewogenheit, das heißt beide Staaten dürfen nur gleich große Zonen an den angrenzenden Weltmeeren beanspruchen.

Außerhalb von 200 Seemeilen von den angrenzenden Küstenstaaten entfernt gilt dann endlich das Gesetz der „Hohen See", mit allen Freiheiten für alle Nationen. Hier kann eigentlich jeder machen, was er möchte – ausgenommen mineralische Rohstoffe fördern. Dies bedarf erneut einer Genehmigung durch die Vereinten Nationen. Man sieht, die Bürokratie macht auch vor den Weltmeeren nicht Halt.

Wie viele Meere gibt es?

Es gibt die drei Ozeane, den Pazifischen, den Atlantischen und den Indischen Ozean. Sie bilden zusammen die Weltmeere und weisen eine Vielzahl an Neben- und Mittelmeeren auf, nämlich 36 an der Zahl. Das Tote Meer und das Kaspische Meer werden nicht dazu gezählt, da es sich bei ihnen um Binnengewässer handelt. Wenn Binnengewässer ständig durchflossen werden, sind es Süßwasserseen. Wenn das in ihnen enthaltene Wasser aber in der Hauptsache verdunstet, werden sie „Meere" genannt – im geologischen Sinne sind sie das aber nicht. Ebenso wird das Südpolarmeer nicht dazugezählt, da dies eigentlich nur eine zusammenfassende Bezeichnung für die antarktischen Bereiche der drei Ozeane ist. Für alle, die es ganz genau wissen wollen, eine Auflistung der einzelnen Meere: Der Pazifische Ozean weist als Nebenmeere das Australasiatische Mittelmeer, zu dem auch das Südchinesische Meer, die Javasee, die Sulusee, die Celebessee, die Bandasee, die Floressee, die Arafurasee und die Timorsee gehören, sowie die Philippinensee auf. Als Randmeere beinhaltet er die Beringsee, das Ochotskische Meer, das Japanische Meer, das Ostchinesische Meer, das Gelbe Meer, die Korallensee, die Tasmansee, den Golf von Alaska und den Golf von Kalifornien. Zum Atlantischen Ozean gehören als Mittelmeere das Europäische Mittelmeer, zu dem auch das Schwarze Meer gehört, das Arktische Mittelmeer mit dem Nordpolarmeer, der Barentssee, dem Baffinmeer und der Hudsonbai, das Amerikanische Mittelmeer mit dem Karibischem Meer und dem Golf von Mexiko sowie die Ostsee. Als Randmeere weist er die Nordsee, den Ärmelkanal, die Irische See und den Sankt-Lorenz-Golf auf. Zum Indischen Ozean werden als Nebenmeere das Rote Meer und der Persische Golf gezählt.

Was ist Meeresniveau, für das die Tauchtabellen entworfen sind?

So seltsam es klingt, es gibt keine einheitliche Antwort auf diese Frage. Mit der Bezeichnung Normalnull (NN), umgangssprachlich auch Meter über dem Meeresspiegel genannt, bezeichnet man Höhenangaben über dem Meeresniveau. Nun ist es aber so, dass der Wasserspiegel der Meere nicht überall das gleich hohe Niveau hat und auf 0 m liegt, sondern davon abweicht. Jedes Land zieht als Referenz für NN ein anderes Meer als Referenz heran: So wird in Deutschland die Meereshöhe von Amsterdam als Referenz genommen, in Österreich der Pegel

bei Triest am Europäischen Mittelmeer und in der Schweiz das Meeresniveau bei Marseille. Das bedeutet, das Meeresniveau in Deutschland liegt 25 cm unter dem von Österreich und stolze 32 cm unter dem der Schweiz. Dies führt auch gelegentlich zu Problemen. Beim Bau der Rheinbrücke zwischen dem deutschen und dem Schweizer Teil der Stadt Laufenburg etwa entstand zwischen der von beiden Seiten vorangetriebenen Brücke ein gravierender Höhenunterschied von über 0,5 m. Während die Schweiz das Niveau des Mittelmeers zugrunde legte, orientierte sich Deutschland an der Nordsee. Man hatte zwar die Differenz vom Meeresniveau der Schweiz zu dem von Deutschland berücksichtigt, jedoch diese abgezogen anstatt dazugezählt. Beim Tauchsport ist der Unterschied aber so minimal, dass er für Dekompressionsberechnungen nicht herangezogen werden muss.

Wie entstehen Meeresströmungen?

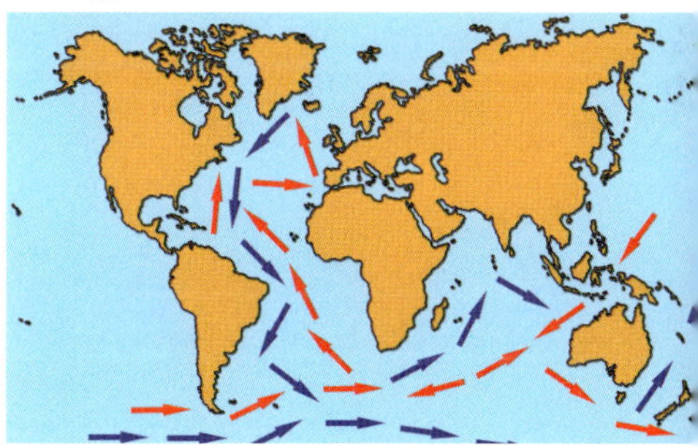

Die Wärmeschichten an der Erdoberfläche werden immer von niedrigeren zu höheren geographischen Breiten durch Luft- und Wasserströmungen transportiert, die durch den Unterschied in der Dichte angetrieben werden. Bei den Wasserströmungen kommt noch hinzu, dass der oberflächlich angreifende Wind zusätzlich die Strömung verstärkt.

Die Dichteunterschiede der Luft bei gleichem Druck, die die Luftströmungen hervorrufen, beruhen nur auf Temperaturunterschieden, beim Meerwasser werden diese auch durch den unterschiedlichen Salzgehalt beeinflusst. Der Salzgehalt wird durch Verdunstung und Bil-

dung von Eis erhöht und durch Regen und Einströmungen von Süßwasser verringert.
Historische Daten der Klimageschichte haben gezeigt, dass eine Änderung der Salzgehalte und Temperaturen an unterschiedlichen Stellen der Meeresoberfläche die Meereszirkulation beeinflussen kann.

Wie entstehen Meeresstrudel?

Gleich vorweg: Riesenstrudel, die alles bis hin zum Riesentanker verschlingen, gehören ins Reich der Märchen. Durch das Heben und Senken der Meere während der Gezeiten entstehen manchmal rotierende Strömungen, so genannte Strudel, die einen Abwärtssog erzeugen. Sie haben aber nicht genug Kraft, um Boote zum Kentern zu bringen. Allerdings können sie für Schwimmer oder Taucher gefährlich werden.
Es gibt eine Rangliste der schnellsten Strudel und Strömungen der Welt. Den Rekord der schnellsten Wirbelströmung hält mit 27,8 km/h der Moskstraumen, der an der norwegischen Küste zu finden ist, gefolgt vom Old Sow in den USA, der somit zwar nur der zweitschnellste, aber mit seinen 75 m Durchmesser der größte Strudel der Welt ist.
Der Naruto-Strudel in Japan ist mit rund 20 km/h die drittschnellste Strömung der Welt. Er ist auch einer der bekanntesten Strudel und befindet sich in der Meerenge zwischen dem Seto-Binnenmeer und dem Pazifik. Wenn Ebbe und Flut wechseln, drängt Wasser durch die Meerenge und es entsteht der Strudel mit bis zu 20 m Durchmesser, der bereits eine bekannte Touristenattraktion ist.

Aus was besteht Meerwasser?

Hauptbestandteil von Salz- bzw. Meerwasser ist natürlich Wasser (H_2O), in dem aber zahlreiche Salze, Mineralien und Zusatzelemente gelöst sind. Von den weltweit 92 chemischen Elementen sind 70 im Meerwasser nachgewiesen worden. Die Hauptbestandteile von Salzwasser sind Kochsalz (NaCl), Chlormagnesium ($MgCl_2$), Magnesiumsulfat ($MgSO_4$), Gips ($CaSO_4$), Kaliumsulfat ($K2SO_4$), Calciumcarbonat ($CaCO_3$) und Magnesiumbromid ($MgBr_2$).
Die weiteren gelösten Stoffe machen weniger als $^1/_{10}$ Promille aus, darunter auch 4 Millionstel mg Gold pro kg Meerwasser. In manchen Gebieten wird trotzdem Gold aus Meerwasser abgebaut. Neben Salzen und Mineralien sind auch die Gase der Luft im Meerwasser gelöst, u. a.

die Hauptbestandteile der Atemluft Stickstoff, Sauerstoff und Kohlendioxid. Wenn man Salzwasser schluckt, ist es aber egal, was gelöst ist – salzig schmeckt es allemal.

Was versteht man unter Mondmilch?

Mondmilch, auch Bergmilch genannt, ist ein Gemisch aus Wasser, feinen, nadeligen Kalzitkristallen und Tonmineralien und kommt zumeist in Kalksteinhöhlen vor. Ihrem weißen, milchigen Aussehen hat sie ihren Namen zu verdanken. Üblicherweise hat Mondmilch einen festen Zustand, der allerdings bedeutend weicher und poröser als Tropfstein ist. Wissenschaftler nehmen an, dass sie auf Grund bakterieller Prozesse entsteht.
Baskische Höhlenforscher haben im Januar 2005 in einer Höhle des Berges Ernio in Aia, südlich von San Sebastian (Spanien), einen unterirdischen Fluss aus Mondmilch entdeckt. Dabei dürfte es sich um die weltweit einzige, in flüssiger Form vorkommende Art von Mondmilch handeln, was auch von der spanischen Wissenschaftsgesellschaft „Sociedad de Ciencias Aranzadi" bestätigt wurde.

Saugt Wasser Öl auf?

Tatsächlich saugt Wasser Öl auf, allerdings nur, wenn es zuvor entgast wird. Normales Wasser enthält Stickstoff- und Sauerstoffbläschen, die sich an der Oberfläche von Wasser abweisenden Materialien, wie etwa auch Öl, ansammeln. Diese Ableger der Gasmoleküle führen wiederum zu einer verstärkten Bläschenbildung und die Oberflächenspannung zieht die einzelnen Partikel zusammen. Die Luftbläschen wirken also wie Klebstoff und verhindern die Auflösung des Öls. Wenn nun diese Gasbläschen aus dem Wasser entfernt werden, gibt es auch keinen Klebeeffekt mehr. Eine billige und wirkungsvolle Art der Entgasung kann durch das Pumpen des Wassers durch eine poröse Membran erfolgen. Nach einem ähnlichen Prinzip arbeiten auch herkömmliche Waschmittel: Sie überziehen die Fetttröpfchen mit einer Schicht aus reinigenden Molekülen, die einen wasserlöslichen Film bilden und so auch ein Aneinanderkleben verhindern.

Was ist ein Schwarzer Raucher?

So bezeichnet man hydrothermale Schlote, also Geysire in der Tiefsee. Sie bilden sich an den mittelozeanischen Rücken, wo durch das Aufsteigen glutflüssiger Magma jährlich rund 20 km² neuer Meeresboden entsteht. Dieser Prozess verläuft jedoch so sprunghaft und mit so unterschiedlichen Geschwindigkeiten, dass sich in Folge Risse im Gestein des frischen Meeresbodens bilden. Durch diese Spalten dringt Meerwasser ein, sickert in bis zu 1500 m Tiefe und heizt sich durch den Kontakt mit heißem Fels oder flüssiger Magma auf bis zu 360 °C auf. Auf Grund des großen Drucks verdampft das Wasser dabei nicht, sondern bleibt flüssig – man bezeichnet diesen Zustand als „superheated".
Auf ihrem Weg zurück auf den Meeresboden werden Metalle und Spurenelemente gelöst und mit nach oben transportiert. Durch den Kontakt mit dem kalten Meereswasser kühlt die Flüssigkeit auf 17–100 °C ab, die gelösten Mineralien und Metalle werden abgesondert und bilden im Laufe der Zeit die hohlen, schornsteinähnlichen Schlote. Durch die Schwefelverbindungen, die abgestoßen werden, färbt sich das austretende Wasser schwarz – so kam es zu dem Namen Schwarze Raucher. Bei den mittlerweile ebenfalls entdeckten Weißen Rauchern werden vor allem Barium, Kalzium und Silikat abgegeben, was eine weißliche Färbung erzeugt.

Wie kommt das Salz in das Meer?

Das Salz in den Weltmeeren ist sehr, sehr alt. Es stammt noch aus dem Urozean, der ersten Wasserhülle der Erde, die sich nach der Abkühlung und Verfestigung der Erdkruste gebildet hatte. Seit diesen Tagen sind zwei Prozesse für den Salzgehalt der Meere verantwortlich. Zum einen sinkt am Meeresboden Sedimentmaterial mit Salz in den geologischen Untergrund ab, zum anderen wird durch Gesteinsverwitterung Salz zugeführt. Obwohl sich diese beiden Vorgänge in etwa die Waage halten, wird der weltweite Salzgehalt in manchen Gebieten der Ozeane aber geringer, wohingegen er in anderen ansteigt. Wie bei vielem gab es diese Veränderungen zwar bereits seit Urzeiten, jedoch gerät durch die stetig zunehmende weltweite globale Erwärmung einiges durcheinander und die Konzentrationsänderungen erfolgen immer rascher.

Wie hoch ist der Salzgehalt in den einzelnen Meeren?

Der Salzgehalt der Ozeane ist im Lauf der Geschichte kein konstant gleich bleibender. Auch in unserer Zeit wird etwa der Atlantische Ozean in den tropischen Regionen seit rund 40 Jahren immer salziger. In den Gewässern rund um die Pole nimmt der Salzgehalt hingegen ab, wie Wissenschaftler des amerikanischen WHOI Physical Oceanography Department herausfanden. Verantwortlich dafür machen sie die globale Erwärmung und das damit verbundene Einschwemmen von Süßwasser ins Meer. Das wärmere Klima lässt zudem das Wasser rund um den Äquator schneller verdunsten, was zum Anstieg des Salzgehalts in der südlichen Hälfte des Atlantischen Ozeans führt.

Im Durchschnitt weist Meerwasser einen Salzgehalt von 35 Promille gelöster Salze pro kg Meerwasser auf. In den Mittel- und Nebenmeeren kann der Salzgehalt durch die erfolgte Vermischung mit Süßwasser deutlich niedriger sein oder durch verstärkte Verdunstung höher. So hat die Ostsee etwa nur 2–20 Promille/kg, das Rote Meer auf Grund der höheren Verdunstung hingegen bereits 41 Promille/kg. Das Australische Mittelmeer weist 34 Promille/kg Meerwasser auf, der Atlantische Ozean zwischen 30–37 Promille, das Europäische Mittelmeer 36,2–38,4 Promille, der Indische Ozean 34, das Nordpolarmeer 30–35, die Nordsee 35, der Pazifische Ozean 34,5, der Persische Golf 40 und das Schwarze Meer 17–18 Promille.

Wie entsteht eine Sprungschicht?

Jeder Taucher kennt sie und friert mit ihr, der Sprungschicht. Aber wie entsteht eine solche Sprungschicht? In stehenden Gewässern, etwa Seen, können Sonnenstrahlen wegen der relativ geringen Wärmeleitfähigkeit nur wenige Meter ins Wasser eindringen. In den Sommermonaten kommt es zudem zu einer schlechten Durchmischung der obersten Wasserschichten und zu einer Aufwärmung des Wassers nur bis zu einer maximalen Tiefe von 15–20 m. Das wärmere Wasser besitzt eine geringere Dichte als das tiefere, kühlere Wasser und schwimmt sozusagen auf dieser Schicht obenauf – getrennt durch die Sprungschicht, in welcher die Temperatur stark abnimmt.

Wenn ein stehendes Gewässer sich aufwärmt, dann sinkt die Sprungschicht tiefer hinab und es kommt zwischen dem kalten Tiefenwasser (Hypolimnion) und der warmen Oberflächenschicht (Epilimnion) zu keinem Austausch. Diese Phase von stabiler Schichtung nennt man Sommer-Stagnation. Die Wassertemperatur in der Sprungschicht, auch Metalimnion genannt, sinkt mit mehr als 1 °C pro m Wassertiefe stärker ab als im Epi- und Hypolimnion.

Wie heißt der tiefste See der Erde?

Der tiefste See der Erde ist der Baikalsee und erreicht eine stattliche Tiefe von 1741 m. Dieser in Irkutsk (Russland) liegende See, der auch oft nur Baikal genannt wird, ist mit rund 25 Mio. Jahren auch gleichzeitig der älteste See der Erde.
Seine durchschnittliche Breite beträgt 48 km (max. Breite von 82 km). Mit einer Länge von 728 km ist er länger als Österreich. Aufgrund seiner Tiefe enthält er mehr Wasser als alle fünf der großen Seen Nordamerikas zusammen. Neben diesen Rekorden ist er auch noch das größte Süßwasserreservoir der Erde (entspricht $^1/_5$ aller Reserven). In den Baikal passen 23 000 km^3 Wasser – das entspricht dem 460-fachen Wasserinhalt des Bodensees und ist mehr als die Ostsee fasst.
Das Einzugsgebiet des Baikalsees umfasst mit seinen Zuflüssen 1 487 480 km^2 – das ist mehr als das 4-fache der Fläche Deutschlands.

Wo liegt die tiefste Stelle im Meer?

Die tiefste Stelle aller Ozeane ist die Witjas-Tiefe I, die im westlichen Pazifischen Ozean im Marianen-Graben, der manchmal auch als Marianen-Rinne bezeichnet wird, liegt. Der Tiefseegraben verläuft östlich der Inselkette der Marianen, die zu den melanesischen Inseln gehören, und liegt 2000 km östlich der Philippinen, in der Nähe von Guam.
Die Witjas-Tiefe I wurde 1957 durch das gleichnamige sowjetische Forschungsschiff entdeckt und weist eine Maximaltiefe von 11 034 m auf. Kurz zuvor, im Jahre 1951, entdeckte das englische Vermessungsschiff „Challenger II“ das nach ihr benannte Challenger-Tief und lotete eine Tiefe von 10 863 m aus. Manche Quellen geben die Tiefe für Challenger mit 11 034 m an, was sich aber um eine Verwechslung mit der Witjas-Tiefe handeln dürfte.

Warum ist so viel Salz im Toten Meer?

Das Tote Meer, im arabischen Bahr el Miyet genannt, liegt an der tiefsten Stelle des Jordangrabens, an der Grenze zwischen Israel und Jordanien. Es wird nicht zu den Weltmeeren gerechnet, sondern zu den Binnengewässern gezählt, da es nicht mit den Ozeanen verbunden ist und auf einem Kontinent liegt. Das Tote Meer ist rund 400 m tief, 80 km lang und 18 km breit. Seinen Namen verdankt es der Armut an lebenden Organismen, was durch den extrem hohen Salzgehalt bedingt ist. Dieser resultiert daraus, dass der im Norden einmündende Jordan-Fluss permanent Salze und Mineralien einbringt. Da das Tote Meer über keinen Abfluss verfügt, auf Grund der verhältnismäßig geringen Größe aber sehr viel Wasser verdunstet bzw. zudem für landwirtschaftliche Belange abgezogen wird, bleiben die gelösten Salze zurück. Mittlerweile beträgt der Salzgehalt bereits 300 Promille pro kg Meerwasser an der Oberfläche und 330 Promille in der Tiefe. Im Vergleich dazu weist Meerwasser im Durchschnitt einen Salzgehalt von 35 Promille auf.

Wirkt ein Tsunami auch unter Wasser?

Der japanische Begriff Tsunami bedeutet „Große Welle im Hafen". Ein Tsunami, die bedrohliche Riesenwelle, entsteht, wenn durch ein Seebeben der Meeresboden nach oben gedrückt wird. Der unter Wasser zu einem Hügel hochgedrückte Boden verdrängt das Wasser in Form von gigantischen Wellen, die nicht hoch sind, aber verdammt schnell (bis zu 800 km/h). Die Geschwindigkeit eines Tsunamis hängt von der Meerestiefe ab, denn je tiefer das Meer ist, desto schneller ist dieser. Die Abstände zwischen zwei Wellenkämmen können mehrere 100 km betragen. Der Tsunami kann zudem enorme Distanzen von bis zu

20 000 km zurücklegen. Relativ ungefährlich sind diese Wellen, solange sie sich auf hoher See befinden. Dann können Schiffe problemlos über die nur wenige Meter hohen Wellen hinweggleiten. Wenn sich aber diese Wellen dem Ufer nähern, wird der Tsunami abgebremst und die Wellenkämme rücken näher zusammen. Dadurch wird das Wasser zusammengestaucht und die Wellen zu einer Wand aufgetürmt, die mehrere Zehnermeter hoch sein kann. Es hat bereits Tsunamiwellen gegeben, die sich in Ufernähe bis zu 50 m hoch aufgebäumt haben.
Dies alles bedeutet, dass der Tsunami auf offener See zwar auch unter Wasser wirkt, aber es zu keinen Zerstörungen kommt. Erst wenn der Tsunami an die Küste prallt, kommt es zu schweren Schäden unter Wasser, auch an Riffen. Der letzte große Tsunami im Dezember 2004 hat so z. B. die Außenriffe der Malediven schwer beschädigt.
Tsunamis haben stets Bodenkontakt und üben Druck auf den Unterboden aus. So kann über moderne Messstationen mit Computern, Unterwasser-Landkarten und Strömungsmodellen errechnet werden, wo der Tsunami über die Küste hereinbrechen könnte.

Gibt es unter Wasser Vulkane?

Ja, sogar jede Menge. Allein zwischen den Inseln von Mallorca und Ibiza hat man 118 seit Urzeiten erloschene Vulkane unter Wasser entdeckt. Diese Berge aus erstarrtem Magma sind teilweise bis zu 500 m hoch. In 3000 m tiefen Schluchten fand man „Schornsteine", die zeitweise viele 1000 l Methangas ausstoßen und dadurch zu gewaltigen Erdrutschen führen. Sie sollen für die Entstehung der Inseln verantwortlich gewesen sein.
Man will es nicht glauben, aber selbst an der Antarktisküste wurden bereits unter Wasser Vulkane gefunden, deren Aktivität man anhand von Basaltfunden und Temperaturmessungen nachweisen konnte. Im Golf von Mexiko wurde auf einer Expedition ein Unterwasser-Vulkan der besonderen Art gesichtet. Der in 3000 m Tiefe liegende Vulkan speit nämlich Asphalt und birgt ein völlig unbekanntes Ökosystem um sich herum. Asphalt entsteht, wenn spezielle Mikroorganismen tief am Meeresboden Erdöl zersetzen.
Unterwasser-Vulkane sind auch eine Salzquelle für das Meer, denn bei einem Ausbruch reagiert die Lava mit dem Wasser und setzt Salz frei.

Wie viel Prozent unseres Planeten sind Wasser?

Der Großteil der weltweiten Wasserreserven ist in den Weltmeeren zu finden. Diese zusammenhängende Wassermasse bildet rund 71 % der Erdoberfläche und hat einen Anteil von 96,5 % am Weltwasservorkommen. 31,7 % davon sind übrigens zwischen 4000 und 5000 m tief – an Tauchgänge kann man hier also nicht mehr denken.
Weitere 3,5 % des Wasservorrates von Mutter Erde bestehen aus Süßwasser, das sich aus dem Eis der Pole, dem Gletschereis, dem Grundwasser sowie den diversen Flüssen und Seen zusammensetzt. Insgesamt sind also 74,5 % der Erdoberfläche von Wasser bedeckt. Auf den restlichen gerade mal 25,5 % tummelt sich die „Krönung der Schöpfung" mit ihren über sechs Milliarden Angehörigen. Ein kleiner Teil davon erkundet auch von Zeit zu Zeit die Weltmeere, um wenigstens etwas Ruhe vom Stress des Alltags zu finden.

Aus was besteht Wasser?

Wasser, in der Wissenschaft auch als Wasserstoffoxid, Hydrogeniumoxid, Diwasserstoffmonoxid, Dihydrogeniumoxid oder Dihydrogenmonoxid bezeichnet, ist eine chemische Verbindung aus Sauerstoff und Wasserstoff. Die chemische Formel für Wasser lautet H_2O. Im flüssigen Aggregatzustand wird es als Wasser bezeichnet, im gefrorenen als Eis und im gasförmigen als Wasserdampf.
Ein Wassermolekül besteht aus zwei Wasserstoffatomen und einem Sauerstoffatom, die gewinkelt zueinander stehen. Der Winkel, den die Verbindungen einschließen beträgt übrigens 104,45° – für alle, die es genauer wissen wollen.
Destilliertes, also reines Wasser hat einen pH-Wert von 7 und ist damit eine chemisch neutrale Lösung. Weil im Wasser zumeist Stoffe gelöst sind, liegt der pH-Wert zwischen 5 und 7 – und das ist eine chemisch saure Lösung. Nicht, dass man das jetzt rausschmecken würde ...

Wie viel Liter Wasser enthalten die **Weltmeere** zusammen?

Viel, sehr viel sogar. Alle Weltmeere zusammen weisen ein Gesamtvolumen von 1359,2 Mio. km^3 Wasser auf. In Liter ausgedrückt wären das 1 359 200 000 000 000 000 000 Liter Wasser, eine ganz schöne Menge – man stelle sich nur eine entsprechende Sammlung an Wasserflaschen vor. Ungefähr alle 1000 Jahre wird diese Wassermenge übrigens komplett durchmischt, das Wasser pflegt also Kontakt.

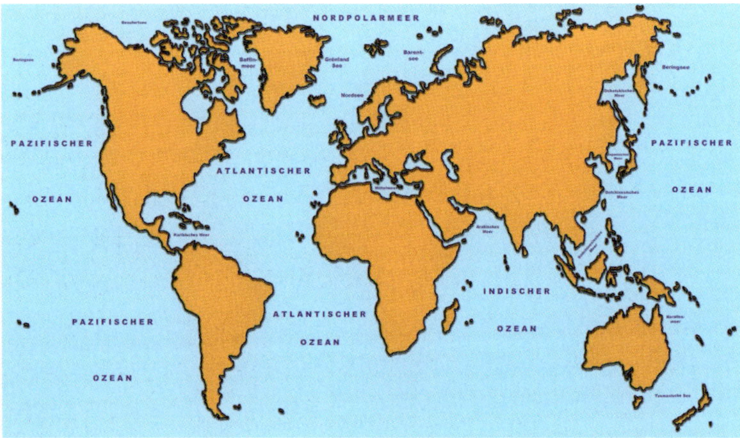

Der wasserreichste Ozean ist der Pazifische Ozean mit 723,7 Mio. km^3, gefolgt vom Atlantischen Ozean mit 350,9 Mio. km^3 und dem Indischen Ozean mit 284,6 Mio. km^3 Wasser. Genug also, um sehr viele entspannte Tauchgänge durchführen zu können.

Die Tierwelt

Wie tief können Delfine bzw. Wale tauchen?

Delfine sind nicht nur intelligente Tiere, sondern auch sehr sportliche. Wenn sie sich auf die Jagd begeben, dann tauchen sie schon mal auf 300 m in die Tiefe hinab. Der Große Tümmler schafft es sogar auf eine Rekordtiefe unter den Delfinen von 500 m. Allerdings dauern solche Tauchgänge nicht länger als 15 Minuten.

Da Delfine zu den Walen gehören ist der Rekordhalter unter ihnen der Pottwal, der bis zu 1,5 Stunden auf eine Tiefe von bis zu 3000 m hinabtauchen kann. Wenn man bedenkt, dass Wale Luft atmen, dann kann man sich vorstellen, mit welchen Herausforderungen das verbunden ist. Auf einer Tiefe von 1000 m herrscht ein Druck von 101 bar, der sich auf alle luftgefüllten Hohlräume, beim Wal ist das nur die Lunge, auswirkt. Der Wal hat aber eine Besonderheit, die ihn vor den von Tauchern gefürchteten Dekompressionskrankheiten schützt. Sein Blutgefäßsystem filtert alle Gasblasen auf dem Weg zum Gehirn aus und schützt ihn so. Zudem können Wale sehr schnell viel Sauerstoff direkt in den Muskeln und Organen speichern.

Warum springen Delfine aus dem Wasser?

Delfine sind schlichtweg faul – beim Springen sparen sie Energie. Bei den meisten Sprüngen legen sie eine gewisse Strecke außerhalb des Wassers zurück. Die Energie, die sie für diesen Sprung aufwenden, ist aber bedeutend geringer, als die Energie, die sie benötigen würden, um dieselbe Strecke unter Wasser zurückzulegen.
Dies ist jedoch nicht der einzige Grund: Berliner Wissenschaftler entdeckten eine gelartige Substanz, welche die Haut der Delfine bedeckt. Sie scheint der Reinigung der Meeressäuger zu dienen. Durch

Schwimmbewegungen und vor allem durch Sprünge löst sich etwas von dem Gel, wodurch die Haut gereinigt wird. Aber auch aus purer Spielfreude legen Delfine Luftsprünge hin.

Haben Delfine Haare?

Delfine gehören wie alle Wale bekanntermaßen zu den Säugetieren. Da alle Säugetiere Haare aufweisen, sind diese tatsächlich auch bei unseren Meeresverwandten zu finden. Am häufigsten sind Schnurrhaare anzutreffen, die jedoch kurz nach der Geburt abbrechen. Bei einigen Walarten, wie etwa den Bartenwalen, finden sich auch im Erwachsenenalter noch einzelne borstenartige Haare oberhalb der Nasenspitze und im Kopfbereich. Komplett behaarte Wale sind ausgesprochen selten, gibt es aber als Einzelerscheinungen bei einigen Walarten auch.
Haare treten aus einem Haarkanal. Da sie bei den meisten Walen aber abbrechen, sobald sie an die Hautoberfläche gelangen, kommt es auch zu Hautakne, wie wir sie von den Menschen kennen. So wurden bereits Schweinswale entdeckt, die mit Aknenarben überzogen waren. Ob sie deswegen aber auch, ähnlich uns Menschen, Probleme mit der Partnersuche haben, können wir nicht beantworten.

Wieso greifen Drückerfische manchmal Taucher an, obwohl diese weit weg schwimmen?

Von den rund 40 Arten weltweit sind vor allem die Riesen-Drückerfische bei Tauchern und Schnorchlern berüchtigt. All zu oft wurden bereits unliebsame Bekanntschaften mit diesen Riffbewohnern, deren Namen sich aus dem Schließmechanismus ihrer ersten Rückenflosse ableitet, geschlossen. Haben Drückerfische ihre Brut im Boden abgelegt, wacht das Männchen argwöhnisch über die Nachkommenschaft.

Nähert sich ein Eindringling, wird dieser vorab mit einer Scheinattacke abgewehrt. Nimmt der Fremde immer noch nicht Reißaus, wird er gerammt und gebissen. Problematisch dabei ist, dass der Drückerfisch einen sich nach oben öffnenden Kegel als Brutrevier betrachtet. Macht man also den Fehler, gerade nach oben zu schwimmen, dringt man tiefer in den zu schützenden Bereich ein – das Tier wird noch aggressiver. Der richtige Fluchtweg ist nach unten bzw. seitlich – dann klappt's auch mit diesen unliebsamen Nachbarn.

Welcher ist der schwerste Fisch?

Das schwerste im Wasser lebende Tier und gleichzeitig auch das schwerste Säugetier auf unserer Erde ist der Blauwal. Er erreicht ein Körpergewicht von 136 t und man müsste 22 afrikanische Elefanten auf die Waage stellen, damit man dieses enorme Gewicht zusammenbringt. Allerdings zählen Wale bekanntlich nicht zu den Fischen und somit ist der schwerste Fisch der Welt der Walhai. Das schwerste gewogene Tier dieser Art hatte ein Gewicht von 36 t. Zu seiner Nahrung zählen kleinere Fische und Plankton, das er mit seinem Maul aus dem Wasser filtert. Er nimmt einen Wasserschwall auf, in dem sich unzählige Kleinlebewesen befinden, danach drückt er das Wasser durch die großen Kiemenspalten wieder nach draußen und filtert das Plankton heraus. Man kann sich vorstellen, welche Massen an Nahrung er bei dem Körpergewicht täglich zu sich nehmen muss.

Welcher ist der größte Fisch?

Auch diesen Rekord hält der Walhai. Das längste bisher gemessene Exemplar hatte eine Körperlänge von 13,7 m. Allerdings gibt es Berichte von Tieren mit 18–20 m Länge. Wie auch beim Gewichtsrekord kann dies der Blauwal, der ein Säugetier ist, mit einer durchschnittlichen Länge von 26 m überbieten. Der längste je gemessene Blauwal hatte satte 33,58 m. Über die Fortpflanzung der Walhaie weiß man leider recht wenig. Diese Riesen der Meere scheinen keine festen Paarungszeiten zu haben, denn man entdeckt zu allen Jahreszeiten in verschiedensten Regionen der Erde Jungfische. Walhaie sind lebend gebärend und legen somit keine Eier. Die Neugeborenen sind zwischen 55 und 64 cm groß. Bei einzelnen Weibchen konnten bis zu 300 Nachkommen gezählt werden.

Welcher Fisch ist am vergesslichsten?

Man sagt diese Eigenschaft dem Goldfisch nach, der über ein Gedächtnis von nur 3 Sekunden verfügen soll. Da er jedoch gleichzeitig sehr lernfähig ist, findet man den Goldfisch auch in vielen Labors weltweit, um an ihm Gedächtnisexperimente durchzuführen. Eine bekannte Versuchsreihe etwa konditionierte einen Goldfisch darauf, aus verschiedenen Lichtquellen immer die richtige auszuwählen, die mit Futter belohnt wurde. Die Wahl anderer wurde mit Elektroschocks bestraft.

Die Wissenschafter stellten nach der Konditionierung zwei lösliche Gehirnproteine in der ependymalen Zone des Goldfischgehirns fest, die man Ependymine nannte. Die Proteine waren nur im Zentralnervensystem der Tiere festzustellen. Nach Lernversuchen an den Tieren verteilen sich die Ependymine jedoch um – eine Erkenntnis, die für die Gehirnforschung wichtige Fortschritte brachte. Die Goldfische können sich sowieso nicht mehr daran erinnern, was eigentlich vorgegangen ist.

Welcher ist der giftigste Fisch?

Grundsätzlich sollte man ja kein Lebewesen bei seinen Tauchgängen berühren, aber es gibt einige Tiere, die man besser überhaupt nicht anfasst. Der Steinfisch ist eines dieser Tiere. Er lebt auf dem Grund des Roten Meeres, des Indischen und Pazifischen Ozeans. Er ist der giftigste Fisch der Welt, besitzt die größten Giftdrüsen und jeder Stich seiner stacheligen Flossen kann tödlich sein. Sein Lebensraum befindet sich in 3–45 m Tiefe und er erreicht eine Körpergröße von rund 38 cm.

Sein Gift, das sich in 13 Stacheln seiner Rückenflossen befindet, setzt er allerdings nicht aktiv ein, sondern nur zur Verteidigung. Sein Aussehen kann er der Umgebung anpassen. So lauert er unbeweglich am Grund, bis sich ihm ein Beutefisch nähert, um dann blitzschnell zuzu-

schnappen. Die Beute wird eingesaugt und verschwindet im riesigen Maul.

Wie viele Tonnen Fisch werden jährlich aus den Weltmeeren gefischt?

Erschreckend sind die Zahlen, die die Welternährungsorganisation FAO (Food and Agriculture Organization) veröffentlicht. Demnach gelten 70 % der weltweiten Fischbestände als überfischt. Wenn man sich die Zahl der jährlich gefangenen Fische ansieht, verwundert dies nicht weiter: Rund 90 Mio. t Fisch landen jedes Jahr in den Schleppnetzen der kommerziellen Fischfangunternehmen. Weitere 30 Mio. t werden durch illegale Fischerei aus dem Meer geholt. Zusätzlich sterben noch rund 30 Mio. t Meereslebewesen, wie etwa Delfine, Haie, Schildkröten oder Krebse, als Beifang in den Schleppnetzen und werden als Müll über Bord geworfen. Durch den Einsatz von Scherbrettern, die den Meeresboden umpflügen, um sich versteckt haltende Fische in die bis zu 350 m breiten und 150 m hohen Schleppnetze zu treiben, werden ganze Unterwasser-Kolonien vernichtet. In Griechenland sind die Gewässer bereits so stark abgefischt, dass Speisefische, die auf den Tellern der Urlauber landen, aus Spanien stammen. Die Ostsee gilt als kurz vor dem Kollaps stehend. Allein in Deutschland werden alljährlich 2 Mio. t Fisch verzehrt. Von den hunderttausenden Dornhaien, die für die beliebten Schillerlocken sterben müssen und bereits als stark gefährdet gezählt werden, wollen wir hier erst gar nicht reden. Um mit einem abgewandelten Zitat der deutschen Musikgruppe Geier Sturzflug abzuschließen: „Genießen Sie die Meere, solange sie noch steh'n ..."

Wie tarieren Fische?

Da ein Fisch mit einem Tarierjacket etwas lächerlich aussehen würde, hat Mutter Natur ihn einfach mit einem innen liegenden „Jacket" ausgestattet: der so genannten Schwimmblase. Mit ihrer Hilfe können Fische ihr spezifisches Gewicht dem der jeweiligen Wassertiefe anpassen. Weniger komfortabel haben es hingegen die Knorpelfische, zu denen etwa Haie und Rochen gehören, die, ebenso wie Plattfische und einige andere Bodenbewohner, keine Schwimmblase besitzen. Um eine gewünschte Wassertiefe zu halten, müssen sie daher ständig mit Schwimmbewegungen ihre Tiefe halten – ähnlich einem Tauchanfänger, der das Tarieren noch nicht so ganz im Griff hat und daher ständige Flossenbewegungen macht. Einige Fische, wie etwa der Knurrhahn oder der Froschfisch, nutzen ihre Schwimmblase auch, um aufzufallen. Sie dient ihnen zugleich als Resonanzboden für die Erzeugung oder Verstärkung von Tönen. Manche müssen eben um jeden Preis auffallen.

Wie atmen Fische?

Fische brauchen zwar Luft zum Atmen, aber sie können nicht an der Luft atmen, zumindest die meisten nicht. Sie atmen mit Kiemen und ziehen den zum Überleben notwendigen Sauerstoff aus dem Wasser. Fische haben einen geschlossenen Blutkreislauf, in dem das sehr einfach aufgebaute Herz, das nahe an den Kiemen liegt, venöses Blut direkt in selbige pumpt. Über die große Oberfläche an den Kiemen wird gelöster Sauerstoff aus dem Wasser aufgenommen und in das Blut abgegeben. Bei Knochenfischen verdecken hornartige Kiemendeckel die Kiemenspalten und das Wasser strömt durch das Maul ein, beim Auspressen wird das Wasser durch die Kiemen nach außen gedrückt. Bei einigen Exemplaren, etwa Aalen, ist die Kiemenhöhle nur ganz wenig nach außen geöffnet, wodurch diese nicht so leicht austrocknet und auch noch außerhalb des Wassers funktioniert. Knorpelfische müssen ständig mit geöffnetem Maul schwimmen, damit das Wasser an den Kiemen entlang strömen kann. Es gibt auch Fischarten, die über amphibische Eigenschaften verfügen und weitere Atmungsorgane aufweisen. Dazu gehören z. B. die Schlammspringer, die Sauerstoff aus der Luft durch Hautatmung aufnehmen können. Häufiger ist die Darmatmung, bei der Luft geschluckt wird und an den Wänden des stark durchbluteten Vorderdarms verarbeitet wird.

Einige wenige Arten, wie z. B. der Labyrinthfisch, atmen die Luft über Ausstülpungen im Kopfbereich ein. Der Knochenhecht ist ein Beispiel für Fische, deren Schwimmblase mit dem Darm verbunden ist und zur Atmung verwendet wird. Man will es nicht glauben, aber bei manchen Fischen, wie z. B. den Flösselhechten und Lungenfischen, haben sich die Darmausstülpungen bereits zu Lungen entwickelt. Wollen wir hoffen, dass die nicht bald aus dem Wasser heraussteigen ...

Trinken Fische eigentlich auch Wasser?

Vereinfacht ausgedrückt: Salzwasserfische trinken, Süßwasserfische nicht. Und wieso gibt es diesen Unterschied? Ganz einfach, weil es das physikalische Gesetz der Osmose gibt, das sich eben auch bei Fischen auswirkt. Bei zwei Lösungen unterschiedlicher Konzentration (z. B. Wasser mit viel Salz und Wasser mit wenig Salz) fließt das Wasser von der niedrigeren Salz-Konzentration zum Ort der höheren. Den Überdruck in der höheren Konzentration nennt man einen osmotischen Druck.

Bei Süßwasserfischen wird das Wasser durch eben diesen Effekt durch Kiemen und Hautoberfläche aufgenommen. Da es im Süßwasser wenig Salze gibt, im Gewebe und Blut des Fisches aber Salze enthalten sind, saugt der Fisch also durch die Haut das Wasser von außen an.

Dabei nimmt er sogar so viel Wasser auf, dass er, um nicht zu platzen, ständig Wasser ausscheiden muss.
Beim Salzwasserfisch hingegen ist der Salzgehalt des Meerwassers deutlich höher als der im Gewebe und Blut des Fisches. Bei ihm läuft es anders rum – das Salzwasser saugt das Wasser aus dem Fisch ab. Würde er nichts trinken, würde er austrocknen. Der Salzwasserfisch trinkt dabei durch den Mund, durch die Schleimhaut und die Kiemen und entsalzt das Meerwasser über die Kiemen.
Bei Haien und Rochen ist es übrigens etwas anders. Diese gleichen die unterschiedlichen Salzkonzentrationen in ihrem Körper und dem Wasser dadurch aus, dass sie Harnstoff in ihre Gewebeflüssigkeit pumpen. Dadurch saugen sie also, wie die Süßwasserfische, laufend Meerwasser und müssen es ständig wieder ausscheiden, um nicht zu zerplatzen. Fische, die sowohl im Süß- als auch im Salzwasser leben, wie etwa Lachse und Aale, können übrigens beides: Wasser aufnehmen und Wasser abgeben. Sie verringern dazu im Süßwasser ihren Harnstoffspiegel, im Salzwasser wird er einfach erhöht.

Wie sprechen Fische?

Ähnlich wie Menschen: durch Reden, wobei es eher Laute sind. Die Töne, die Fische zur Kommunikation benutzen, liegen zumeist in einem für das menschliche Gehör nicht mehr wahrnehmbaren Frequenzbereich. Erzeugt werden sie nicht wie bei uns über ein Stimmband, sondern durch ihre Schwimmblase, Knirschen mit den Zähnen oder Aneinanderreiben ihrer Flossen.
Norwegische Forscher fanden 2002 heraus, dass die meisten Fischarten sich durch Laute, die durch das Anspannen der Bauchmuskeln in der Schwimmblase erzeugt werden, verständigen. Wie die unterschiedlichen Sprachen beim Menschen, hat auch jede Fischart ihr eigenes Repertoire an Lauten, um zu werben, zu drohen oder um sich zu verteidigen. Heringe z. B. „furzen", um zu kommunizieren. Wie kanadische und schottische Wissenschaftler 2003 entdeckten, pressen sie dabei Luft aus ihrer Schwimmblase in den Analtrakt und erzeugen dadurch pulsierende Töne. Ein Intervallfurz solcher Art war als Kommunikationsmittel unter Fischen bis dahin völlig unbekannt. Die klangvollen Darmwinde reichen über drei Oktaven von 1,7–22 Kilohertz und dauern bis zu 7,6 Sekunden.

Können Fische lügen?

Generell gilt, Lügen kann nur, wer auch sprechen kann. Damit muss man das Verhalten von Fischen eher in die Kategorie des Täuschens einordnen. So gibt es etwa Fische, die harmlose Putzerfische imitieren und sogar ähnlich aussehen, aber dann hinterhältig von dem zu putzenden Gefährten einfach ein Stück abbeißen. Das Nachahmen von fremden Eigenschaften oder Aussehen nennt man Mimikry (aus dem englischen mimic = der Nachahmung fähig). Die aggressive Art, wie etwa in unserem Beispiel die von den „Putzerfischen", nennt man Peckhamsche Mimikry.

Im Gegensatz dazu steht die Müllersche Mimikry, die etwa von Rotfeuerfischen gepflegt wird, bei der die Tiere durch ihr Aussehen andere vor sich selbst warnen, sowie die Batessche Mimikry, bei der sich Tiere das Aussehen gefährlicherer Artgenossen zulegen, um so abschreckend zu wirken. Hier ist vor allem die Mimikry-Krake zu nennen, die sich das Aussehen des hochgiftigen Blauring-Oktopus zugelegt hat. Allerdings können Fische auch sprechen. So haben Wissenschaftler festgestellt, dass Fische über Darmwinde miteinander kommunizieren. Vielleicht können sie so auch „furzend" lügen? Wir wissen es nicht!

Schlafen Fische?

Ja, auch Fische schlafen. Genau, wie bei höheren Wirbeltieren dient der Schlaf der Regeneration. Im Schlaf wird der Körperhaushalt verlangsamt, Atmung und Herzschlag herabgesetzt. Ohne Augenlider ist es bei Fischen schwer zu erkennen, ob und wann sie schlafen. Man kann

dies meist nur an der charakteristischen Körperhaltung erkennen.
Sie klemmen sich dann mit ihren Flossen in Felsspalten ein oder legen sich auf die Seite. Nicht jeder Fisch ruht beim Schlafen. Weißspitzenriffhaie ruhen tagsüber, allerdings nicht ohne sich zu bewegen, da sie sehr aktive Schwimmer sind. Sie „schlafwandeln". Dies ist notwendig, damit sauerstoffreiches Wasser mit genügend Druck an ihre Kiemen kommt. Auch können sie ihr Gehirn in den Energiesparmodus schalten, dann arbeitet jeweils nur eine Gehirnhälfte, wenn sie schlafen. Im Gegensatz zu Säugetieren sind Fische im Schlaf nicht völlig weggetreten.

Wonach orientieren sich Fische unter Wasser?

In Untersuchungen konnte festgestellt werden, dass sich Fische vermutlich nach Landkarten im Kopf orientieren. Sie brauchen kein sündhaft-teures GPS-Navigationssystem. Über ihr Seitenlinienorgan nehmen sie markante Hindernisse auf ihren Streifzügen wahr und speichern diese in Form einer Karte ab. Die abgespeicherten Hindernisse werden dann wie bei einem Puzzle zusammengesetzt – das konnte man in Experimenten mit blinden Höhlensalmlern herausfinden.
Das Seitenlinienorgan sind Zellen, die sich seitlich entlang der Mittellinie der Fischkörper befinden und Veränderungen der Druckverhältnisse empfangen können. Ähnlich den Radarwellen von Fledermäusen, die diese für die Orientierung verwenden, werden Wellen beim Schwimmen erzeugt, die beim Auftreffen auf Hindernisse reflektiert werden. In ungewohnter Umgebung erhöhen Fische oft ihre Geschwindigkeit und ihre Schwimmrichtung – dadurch werden stärkere Wellen erzeugt und so können sie Hindernisse früher erkennen. Einige Exemplare, wie etwa manche Haiarten, haben im Laufe der Zeit das Seitenliniensystem zu Elektrorezeptoren umgewandelt und setzen das so modifizierte System sogar zur geomagnetischen Navigation ein, d. h. Fische können sich auch an den magnetischen Feldern der Erde orientieren.

Schwimmen Fische rückwärts?

Tatsächlich gibt es einige Fische, welche die Fähigkeit besitzen, sich rückwärts fortzubewegen. Diese bilden allerdings die große Ausnahme und gehören zumeist zur Familie der Aale. Die bei Tauchern sehr beliebten Schmetterlingsfische bilden ebenfalls eine dieser Ausnahmen und können sich bei Gefahr auch rückwärts in Deckung bringen.
Der Großteil der Fische kann sich jedoch nur vorwärts fortbewegen. So etwa auch alle Haiarten, da bei ihnen die für eine Rückwärtsbewegung erforderliche Brustflosse im Vergleich zu den Knochenfischen nur sehr eingeschränkt eingesetzt werden kann.

Werden Fische seekrank?

Da auch Fische über ein Gleichgewichtsorgan, ähnlich dem der Menschen, verfügen, können sie auch tatsächlich seekrank werden. Dies tritt vor allem bei gefangenen, lebenden Fischen auf Fischerbooten auf, kann allerdings auch bei rauem Seegang in der Dünung passieren. Die Fische ziehen es dann vor, tiefere und ruhigere Regionen aufzusuchen. Experimente an Goldfischen haben dieses Phänomen wissenschaftlich bewiesen. Der deutsche Zoologe Reinhard Hilbig ging bei seinen Versuchen sogar noch weiter. 300 Fische wurden zusammen mit einigen menschlichen Passagieren an Bord eines Airbus A300 befördert und mussten dort 30 Parabolflüge über sich ergehen lassen. Dabei wird für kurze Zeit Schwerelosigkeit erreicht. Nach der Landung stellte der Wissenschaftler an 30 % der Fische Übelkeitsanzeichen fest. Der eine oder andere menschliche Passagier hat sich dabei wohl auch übergeben.

Gibt es Fische, die Sex zum Vergnügen machen?

Man will es nicht glauben, aber außer dem Menschen gibt es noch eine Art, die der schönsten Beschäftigung der Welt aus reinem Spaß nachgeht – der Delfin, der allerdings nicht zu den Fischen, sondern zu den Säugetieren zählt. Delfine zeigen ein ähnliches Sozialverhalten wie der Mensch und springen hin und wieder aus reinem Vergnügen miteinander in die Kiste. Verschiedene Studien haben gezeigt, dass Delfine nicht nur heterogen Liebe machen, sondern durchaus auch gleichgeschlechtlich miteinander verkehren. In der Regenbogenpresse hat man sie bis dato jedoch noch nicht entdeckt.

Wieso sind lebend gebärende Fische keine Säugetiere?

Der Begriff Säugetier gibt hier eigentlich schon die Antwort vor: Lebend gebärende Fische säugen nicht. In den Weltmeeren leben an die 130 verschiedene Säugetierarten. Zoologen gliedern diese in drei Gruppen: die Wale, die Robben und die Sirenen oder Seekühe. Ihnen allen gemein ist, dass sie ihren Nachwuchs mit Muttermilch aufziehen – also säugen. Bei Walen erfolgt das Stillen sogar unter Wasser.
Es gibt noch andere Unterscheidungsmerkmale. Meeressäuger haben keine Kiemen, sondern atmen mit ihren Lungen Luft. Sie können diese teilweise zwar sehr lange anhalten, müssen jedoch immer wieder an die Wasseroberfläche, um Frischluft aufzunehmen. Dass der Nachwuchs lebendig geboren wird, ist eine Eigenschaft, die nicht nur auf uns Säugetiere zutrifft, sondern quer durchs ganze Tierreich angetroffen wird. Die Fähigkeit zu säugen ist es, die den großen Unterschied ausmacht.

Zerplatzen oder implodieren Fische, die man aus großer Tiefe nach oben holt?

Eines der großen Probleme der Tiefseewissenschaft ist, dass man sich nicht einfach ein paar Exemplare aus der Tiefe holen kann. Die Tiere leben ständig unter einem enormen Druck und haben sich daran gewöhnt. Wenn man nun einen Tiefseefisch aus seiner gewohnten Umgebung mit dem Netz an die Oberfläche holen würde, dann würde sich dieser aufblasen und einfach zerplatzen.
In 8000 m Tiefe z. B. findet man eine Fischart, den so genannten „Brotula galatheae". Dieser ist der „tiefste Fisch", der jemals gefangen wurde. Wollte man nun ein Exemplar aus der Tiefe holen, dann würde er das nicht überleben. Der Druck ist in dieser Tiefe rund 800-mal größer als an Land und wir wissen ja, was mit einem Luftballon, der in der Tiefe aufgeblasen wurde, passiert, wenn er an die Oberfläche steigt.

Sehen Fische alles klar oder verschwommen wie wir ohne Maske?

Wir sollten zuerst die Frage klären, wie ein Fischauge funktioniert. Fische besitzen Linsenaugen ohne Lider, die in etwa wie eine einfache Kamera funktionieren. Die Iris ist vergleichbar mit einer Blende, da

sich die Pupillen verengen, wenn zu viel Licht auf das Auge fällt und umgekehrt vergrößern, wenn wenig Licht vorhanden ist. Ab einer Tiefe von 550 m endet die Wahrnehmung mit Ausnahme von einigen Arten, die bis 1100 m schwaches Licht wahrnehmen können.
Allgemein sind Fische weitsichtig. Sie können Farben und Farbmuster erkennen und räumlich sehen. Zusätzlich kann der Fisch aufgrund seiner vielen Muskeln das Auge auch sehr vielseitig bewegen, 180° Grad seitlich und ca. 100° Grad nach oben. Allerdings kann er seine Nasenspitze nicht sehen. Also, Fische sehen klar unter Wasser.

Wie viele Fischarten gibt es weltweit?

Die Wissenschaft hat bis dato rund 25 000 Fischarten erfasst. Diese unterteilen sich in über 400 Familien und werden in zwei Klassen – die Knorpelfische, zu denen Haie und Rochen, Seedrachen und Chimären zu rechnen sind, sowie die Knochenfische, zu denen alle übrigen und somit die Mehrzahl der heutigen Fische gehören – unterteilt. Im Vergleich dazu: Säugetiere, zu denen wir Menschen gehören, bringen es gerade einmal auf 4150 Arten.

Wie weit fliegen fliegende Fische?

Fliegende Fische der Familie Exocoetidae sind bei Tauchausflügen in tropischen und subtropischen Gewässern ständige Wegbegleiter und

gern gesehenes Schauspiel. Sie gehören zur Familie der Knochenfische, sind heringsähnlich und durch rund 40 Arten in den Weltmeeren vertreten. Ihre flügelähnlich ausgebildeten Seitenflossen ermöglichen es ihnen, für kurze Strecken das Wasser zu verlassen und im Gleitflug über die Wasseroberfläche zu segeln.
Manche Arten erreichen dabei Weiten von bis zu 150 m bei einer Sprunghöhe von durchschnittlich 1,5 m. Manche besonders vorwitzigen Gesellen schaffen auch Höhen von bis zu 5 m, was ihnen aber oftmals einen kostenlosen Bootstrip einbringt. Durch ihre schnellen Bewegungen der Schwanzflosse mit bis zu 50 Schlägen pro Sekunde können sie sich ein weiteres Mal von der Wasseroberfläche abstoßen und so auch längere Distanzen über einige 100 m fliegend zurücklegen.

Wie viele Zähne hat ein Hai?

Allgemein kann man diese Frage nicht eindeutig beantworten. So hat etwa der Tigerhai jeweils 24 Zähne im Ober- und Unterkiefer, der Weiße Hai 23–28 Zähne oben und 21–25 Zähne unten – genug also, um kraftvoll zuzubeißen. Bei den kleinen Haiarten hat z. B. der Zigarrenhai oben 31–37 Beißerchen und unten 21–25. Durchschnittlich kann man aber sagen, dass Haie rund 30 Zähne oben und rund 24 Beißerchen unten aufweisen. Eine Gemeinsamkeit haben übrigens alle: Sie besitzen mehrere, hintereinander liegende Zahnreihen, wobei bei den bekannten Großhaiarten jeweils nur eine Reihe im Oberkiefer aktiv benützt wird, jedoch zwei bis drei Reihen im Unterkiefer. Beim Ausfall eines Zahnes wird dieser entweder einzeln aus den dahinter liegenden Zähnen ersetzt oder der verbleibende Rest verschluckt und die gesamte Zahnreihe ausgetauscht. Mahlzeit!

Sehen Haie wirklich so schlecht?

Man sagt den größten Räubern der Weltmeere nach, dass sie zwar über herausragende Sensoren verfügen, aber dennoch mit ihren Augen nur schwer etwas wahrnehmen. Dies stimmt jedoch nicht. Das Auge eines Hais ist ähnlich aufgebaut wie das anderer Wirbeltiere und weist eine Netzhaut, eine Iris und eine Linse auf. Je nach Haiart variiert die Größe zwischen 1–10 % der Körperlänge. Vor allem Tiefseejäger haben größere Augen. Durch Öffnen und Schließen der Pupille wird, wie beim Menschen, die Intensität des einfallenden Lichts reguliert. Drei Muskelpaare kontrollieren die Augenbewegungen, wodurch schnelle Bewegungen des Auges, z. B. bei der Jagd, ermöglicht werden. Zusätzlich schiebt sich bei Reizung der augennahen Haut und beim Öffnen der Kiefer bei einigen Haiarten eine schützende Nickhaut vor das Auge. Manche Haie, wie etwa der Weiße Hai, drehen zum Schutz die Augäpfel nach hinten – ein schwer schielender Jäger also. Des Weiteren besitzt das Haiauge die auch beim Menschen vorhandenen lichtsensiblen Zellen, die für das Farbsehen erforderlichen Zäpfchen und die für die Wahrnehmung von schwarz und weiß wichtigen Stäbchen – Haie können also Farben unterscheiden. Durch den hohen Anteil an Stäbchen sehen Haie auch sehr gut bei schlechten Lichtverhältnissen.
Zusätzlich weist ihr Auge eine Besonderheit auf, die ihre Nachtsichtigkeit noch steigert: das Tapetum lucidum. Diese Schicht besteht aus tausenden polygonalen Platten, die mit einer Schicht von Guaninkristallen bedeckt sind und ähnlich einem Reflektor die Lichtempfindlichkeit der Augen erhöhen. Der Nachteil daran: Beim Übergang von Dunkel zu Hell benötigen Haie rund 1 Stunde, um keine Schädigung der Stäbchenzellen zu erfahren.

Greifen Haie jeden sofort an?

Natürlich nicht! Haie sind nicht die blutrünstigen Räuber, als die sie die internationale Filmindustrie und manche Medien gerne darstellen. Diese der Realität nicht entsprechende Darstellungsweise entstammt wohl mehr dem Motto: „Sharks sell!“. Die Chancen, als Mensch tatsächlich von einem Hai angegriffen zu werden, sind mehr als gering.

Pro Jahr gibt es weltweit, bei ungefähr 13–14 Milliarden Badeereignissen, also wo sich Menschen im Wasser aufhalten, und Millionen von Haien in den Meeren, rund 80–120 Haiunfälle, davon enden im Durch-

schnitt 4,5 tödlich. Laut Berechnungen von Sharkproject sind das gerade mal 0,000000006–0,000000009 %.
Um die Gefährlichkeit der Haie noch besser zu verdeutlichen: In Indien sterben jedes Jahr 4000 Menschen durch einen Viperperbiss und allein in den USA und Kanada werden jedes Jahr 40 Menschen durch Schweine erdrückt. Ein Film mit dem Titel „Die Rückkehr des Killerschweins“ würde sich aber wahrscheinlich nicht so gut vermarkten lassen.

Reagieren Haie aggressiv auf menschliches Blut?

Definitiv nein! Der Mensch gehört absolut nicht zum Beutespektrum der Haie, somit also auch unser Blut nicht zu ihren Genüssen. Wer dennoch Zweifel an dieser Behauptung hat, möge sich eine Kleinigkeit vor Augen führen: Jeden Tag gehen Millionen von Frauen weltweit während ihrer Regelblutung ins Meer – sei es um zu baden, ihre Wäsche zu waschen oder aber auch um zu fischen. Gesetzt den Fall, Haie würden auf menschliches Blut aggressiv reagieren, die Anzahl an Haiunfällen pro Jahr würde exorbitant ansteigen.
Anders verhält es sich mit dem Blut ihrer Beutetiere. So lockt etwa ein gut durchgehangenes, saftiges Thunfischsteak bei entsprechender Strömung einen Hai aus vielen 100 m an. Thunfische zählen zu den

Delikatessen im Vorratsschrank eines Hais, auch wenn viele Haiarten nie einen erwischen würden. Durch sein Blut wird natürlich der Jagdinstinkt geweckt und die Lust auf einen Biss in die delikate Leckerei gefördert. Der Mensch ist für Haie maximal ein interessantes Anschauungsobjekt ähnlich wie wir Taucher fasziniert einen Hai beobachten, nicht mehr – nicht weniger.

Wieso beißen Haie manchmal beim Käfigtauchen in den Käfig?

Die Sensationsgier der Menschen kennt leider oftmals kein Ende. Aus diesem Grund werden weltweit auch Tauchgänge mit den scheinbar gefährlichsten Räubern unter den Haien angeboten, dem Weißen Hai, dem Bullenhai und dem Tigerhai. Zum Schutz der Tauchgäste werden spezielle Käfige ins Wasser gelassen, in denen sich die Touristen geschützt den Anblick der Haie gönnen können.

Um den Nervenkitzel noch zu steigern, gibt es einige Anbieter, die es nicht damit bewenden lassen, nur einen blutigen Fischköder am Käfig zu befestigen (ohne den die Haie gar nicht auftauchen würden). Sie ziehen den Köder direkt über den Metallkäfig oder leiten über ein Metallseil eine geringe Strommenge in den an dem Metallkäfig befestigten Köder. Das Sensorfeld der Haie wird so gestört und sie nehmen nicht nur den Fischköder als Beute wahr, sondern auch den damit verbundenen Käfig. Das Resultat: „spannende“ Einblicke in das Maul eines eleganten Jägers, der sich die Zähne beim Biss in den Metallkäfig ausbeißt. Was sind diese „Tauchtouristen“ doch tapfer.

Müssen sich Haie ständig bewegen?

Der Großteil der Haie müsste sich mitnichten bewegen, tut es aber dennoch, weil Haie schlichtweg Dilettanten der Tarierung sind. Die den Fischen eigene Schwimmblase fehlt ihnen, wodurch sie ihren Auftrieb nicht regulieren können. Not macht jedoch Mutter Natur erfinderisch: Manche Arten lagern etwa erhöhte Lipidmengen in ihrer Leber ein, was sie nahezu schwerelos macht. Andere, wie etwa der Sandtigerhai, schlucken Luft an der Wasseroberfläche, um mit dem Gas in ihren Gedärmen zu tarieren. Die meisten Arten können allerdings, ähnlich einem Tauchanfänger, nur auf Grund ihrer Schwimmbewegungen ihre Tarierung im Wasser halten.

Manche Taucher sind der Meinung, dass Haie in Bewegung sein müssen, um zu atmen. Dies trifft jedoch nur für einen Teil der Haiarten zu. Sie schwimmen mit geöffnetem Maul, so dass permanent Wasser über die Kiemen strömen kann und über die Kiemenschlitze wieder austritt. Diese wenigen Arten müssen auch aus Atemgründen ständig in Bewegung bleiben.

Einige Haiarten, etwa Ammenhaie und Weißspitzenriffhaie, „saugen" das Wasser ein, filtern den Sauerstoff und stoßen es beim Schließen des Mauls wieder durch die Kiemen aus. Diese Bewegung wird oft fälschlicherweise als Drohgebärde interpretiert, ist aber tatsächlich nur die reguläre Atmung der Tiere.

Wie schlafen Haie?

Wie schlafen Menschen? Sie legen sich nieder und mümmeln gemütlich vor sich hin. Ebenso halten es viele Haie. Sie legen sich auf den Meeresgrund oder unter Felsvorsprünge und schließen teilweise sogar ihre Augen. Durch Mundbewegungen, ähnlich dem Schnarchen beim Menschen, wird der notwendige Sauerstoff aus dem Wasser gepumpt und über die Kiemen wieder ausgestoßen.

All jene Haiarten, die wegen der Atmung ständig in Bewegung bleiben müssen, schwimmen während ihrer Schlafphase einfach langsamer. Durch das starke elektromagnetische Sensorenfeld der Haie ist auch nicht zu erwarten, dass Sie bei Ihrem nächsten Tauchgang irrtümlich von einem schlafenden Hai gerammt werden – im Schlaf werden Hindernisse elegant umschifft.

Wieso heißt ein Weißer Hai so, obwohl er grau ist?

Der berühmteste der weltweit rund 500 Haiarten ist wohl auf Grund eines absolut nicht der Realität entsprechenden Hollywood-Filmes der Weiße Hai. Sein Name stammt von seinem weißen Bauch ab. Zu verdanken hat er den Beinamen „der weiße Tod" früheren Walfängern, weil er sich einst an den Walkadavern zu schaffen machte. Dabei drehte er seinen Bauch an die Wasseroberseite, die Walfänger sahen die große, weiße Fläche und der Name war geboren. Der Rücken des Weißen Hais ist zumeist grau, grau-braun, grau-schwarz oder auch blau.

Weitere Namen, die ihm im Laufe der Zeit gegeben wurden, sind „Weißhai" oder auch „Großer Weißer". In den USA nennt man ihn Great White, in Australien auf Grund seiner konisch zulaufenden Nase White Pointer, klingt fast schon liebevoll.

Weiße Haie gehören zur Ordnung der Lamniformes, Makrelenhaiartigen. Deren 15 Arten bilden sieben Familien, wovon unser Großer Weißer zusammen mit vier anderen Haiarten zur Familie der Lamnidae, also der Makrelenhaie, gehört. Ihnen allen gemeinsam ist, dass sie fünf Kiemenspalten aufweisen, keine Nickhaut, dafür aber zwei stachellose Rückenflossen besitzen. Die Schnauze weist eine konische, spitze Form auf und reicht bis hinter die Augen. Manche Wissenschaftler gehen davon aus, dass nur noch so wenige Weiße Haie in den Weltmeeren vorhanden sind, dass sie biologisch als ausgestorben gelten müssen.

Welche Farbe hat ein Hummer?

Die meisten Taucher sind unter Wasser schon einem Hummer begegnet. Allerdings sehen diese Tiere unter Wasser immer anders aus als im Kochtopf. Warum ist das so? Lebende Hummer sind am Meeresboden blaurot. An ihrer Hummerschale ist das Farbprotein Astaxanthin gebunden. Wenn nun so ein armes Tier gefangen wird und im Kochtopf landet, dann wird das Protein durch Kochen erhitzt. Durch diesen Vorgang ändert die Beta-Crustacyanin-Untereinheit des Proteins ihre Struktur und wird denaturiert. Dadurch lösen sich die gebundenen Farbmoleküle aus dem Proteinkomplex, das Carotinoid Astaxanthin verändert seine Farbe und wird knallig rot. Nach diesem Prozess sieht der Hummer aus, wie wir ihn nach dem Kochen kennen. Allerdings empfehlen wir: Schont die Hummer, esst mehr Tofu.

Können Hunde tauchen?

Die meisten Hunde haben von Natur aus keine besondere Scheu, ihren Kopf unter Wasser zu stecken. Bei denen, die sich doch etwas zieren, kann man durch ein kleines Spiel etwas nachhelfen. Eine Wanne wird mit Wasser gefüllt, ein Belohnungsbissen wird deutlich sichtbar in das Wasser geworfen. Da es an der Oberfläche schwimmt, versucht der Hund, dieses zu bekommen. Durch das Anstupsen mit der Nase schwimmen die ersehnten Gustohäppchen weg, der Hund versucht, sie zu erreichen und taucht dabei immer weiter mit seiner Schnauze ins Wasser.

Es gibt aber sogar Hunde, die von ihrem Besitzer darauf trainiert wurden, mit Tauchgerät zu tauchen. Der US-Amerikaner Dwane Folsom experimentierte jahrelang mit den verschiedensten Ausrüstungen, bis er für seine Hündin Shadow, einen Golden Retriever-Labrador-Mischling, die geeignete Tauchermontur entwickelte. Diese bestand aus einem Jacket mit integriertem Blei sowie einem Taucherhelm, der an die Luftversorgung von Folsom angeschlossen war. Die Hündin absolvierte über 200 Tauchgänge im Gebiet der Cayman Inseln, bis sie 2004, im Alter von 15 Jahren, das Tauchen bleiben ließ.

Gibt es Insekten unter Wasser?

Ja – und nein. Wenn man es genau nimmt, kommen Insekten weltweit vor, ausgenommen der Antarktis, der Arktis und dem offenen Meer. Womit wir auch schon bei unserem Thema sind. Im Flachwasserbereich der Meere, aber auch in Seen gibt es unzählige Insekten, die entweder selbst oder deren Larven dort leben. Auch sind viele Insektenarten, wie etwa die Köcherfliege, derart an die Unterwasserwelt angepasst, dass sie oft stundenlang dort zubringen können. Ameisen wie die australische Polyrhachis sokolova etwa können sogar bis zu zwei Wochen unter Wasser überleben.

Interessanter wird die Frage allerdings, wenn wir sie auf die Gruppe der Gliederfüßer ausweiten, zu denen auch die Insekten gehören. Manchen Tierchen sieht man nicht sofort ihre nahe Verwandtschaft zu Ameise, Biene, Heuschrecke und Libelle an: Krebse, u. a. auch die beliebten Hummer und Garnelen, gehören ebenso zu den Gliederfüßern wie Spinnen, Skorpione und Milben. Bei der nächsten Hummermahlzeit denken Sie also daran, dass sie soeben den Verwandten einer Spinne oder Milbe verspeisen. Mahlzeit!

Wie unterscheiden sich Kabeljau und Dorsch?

Gar nicht, denn es handelt sich dabei um ein und denselben Fisch. Bis zur Geschlechtsreife, die im Alter von 5–7 Jahren eintritt, wird er als Dorsch bezeichnet, danach als Kabeljau. Der Name kommt aus Norwegen, wo man das Jungtier als Torsk bezeichnet, den Kabeljau als Skrei. Ausgewachsen erreicht der Kabeljau bis zu 1,5 m Länge bei einem Gewicht von bis zu 40 kg. Ihr Vorkommen erstreckt sich auf bis zu 600 m Tiefe. Der Kabeljau ist hauptsächlich im Nordatlantik sowie der Nord- und der Ostsee anzutreffen. Er zählt zu den wirtschaftlich bedeutendsten Meeresfischen. Weil er in der Regel mit Schleppnetzen gejagt wird, wird das sehr vielen anderen Fischen oftmals zum Verhängnis, denn sie verfangen sich ebenfalls darin.

Was ist die Korallenbleiche?

Korallen sind sensible Geschöpfe, die eine konstante Wassertemperatur zwischen 25 und 30 °C benötigen, um gedeihen zu können. Erhöht sich die sie umgebende Temperatur auf über 30 °C, sterben die Zooxanthellen, die in den Korallen lebenden Algen, ab. Da diese aber für die lebenswichtige Versorgung der Koralle mit Kohlenhydraten zuständig sind, fehlen diese den Korallenpolypen. Die Koralle stirbt ab. Einzig das sie umgebende weiße Kalkskelett bleibt eine Zeit lang stehen. Aus diesem Umstand resultiert auch die Bezeichnung „Korallenbleiche", da durch das Absterben der Lebewesen das Kalkskelett seine bunte Farbe verliert und ausbleicht. Bis dato gab es weltweit bereits einige große Korallenbleichen. Zuerst erwärmte sich 1972 das Wasser in einigen Teilen der Ozeane auf über 30 °C, danach 1998, das letzte Mal 2002 – ein massives Absterben von bedeutenden Korallenriffen, vor allem im Indischen Ozean, war die Folge. Die Rifffische wanderten aus den abgestorbenen zu intakten Korallenriffen ab, Drückerfische und ähnliche Algenfresser gaben den verbliebenen Korallenriffen den Rest. Wüstenartige Geröllhalden aus abgestorbenen Korallen bilden heute einen Teil der Unterwasser-Landschaft dieser Regionen. Heutzutage gehen Wissenschaftler davon aus, dass es etwa eines Zeitraums von 15 Jahren bedarf, um eine Regeneration der Korallen zu bewirken. Sollte die globale Wassererwärmung jedoch so rasant fortschreiten, wie es derzeit der Fall ist, sind weitere Riffe massiv gefährdet. Eine Ökokatastrophe ungeahnten Ausmaßes wäre die Folge.

Was genau ist die Korallenblüte?

Die Korallenblüte, auch als „Sex on the reef" bezeichnet, dient der Vermehrung der Korallen und stellt ein besonders farbenprächtiges Ereignis dar. Sie findet zumeist einmal im Jahr statt. Die Natur richtet sich dabei nach einem strengen Zeitplan, der nur durch die Wassertemperatur und die Mondphase beeinflusst werden kann. Am Great Barrier Reef in Australien etwa findet dieses Spektakel wenige Tage nach dem ersten Vollmond im November statt. In der Nacht stoßen die Korallen zeitlich genau aufeinander abgestimmt Eizellen und Samen in großer Menge ab, denn nur damit kann eine erfolgreiche Fortpflanzung gewährleistet werden. Von diesem Ereignis profitieren jede Menge Meeresbewohner, da es eine Nahrungskette ins Laufen bringt und ein gelungenes Festmahl für alle darstellt. Meist kann man zu diesen Zeiten auch Walhaie und Mantarochen in den Riffen beobachten. Noch Tage später findet man an der Wasseroberfläche Reste von diesem „Massensex".

Warum heißen Krötenfische so?

Krötenfische (Opsanus tau) leben in seichten und trüben Wasserwegen. Da die Sicht in diesen Gewässern meist schlecht ist, haben Laute eine wichtige Bedeutung für diese Fischart. Besonders bei den Liebesspielen lockt das Männchen ein Weibchen mit krötenähnlichen Paarungsrufen an. So kam der Krötenfisch zu seinem Namen. Der Krötenfisch besitzt hoch spezialisierte Muskeln, die durch extrem schnelle Kontraktionen das charakteristische Geräusch erzeugen können. Diese Muskeln kontrahieren und erschlaffen 200-mal in der Sekunde – das ist das 5-fache des Flügelschlags eines Kolibris. Damit ist dieser Muskel der schnellste bei den Wirbeltieren.

Können Menschenaffen eigentlich schwimmen?

Die meisten Menschenaffen gehören, so wie wir Menschen auch, zu den wenigen Tieren, die nicht von Geburt an schwimmen können. Eine der wenigen Ausnahmen bei den Menschenaffen sind die Japanmakaken, die das Element Wasser lieben und oft auch stundenlang darin plantschen. Gorillas hingegen sind schon in seichten Wassergräben von Zoos ertrunken, da sie beim Hineinstürzen in Panik geraten waren. Ab und zu kann man auch Menschenaffen entdecken, die auf überfluteten Waldlichtungen nach Essbarem Ausschau halten. Sie tauchen dabei niemals ihren Kopf unter Wasser, zu groß ist ihre Scheu. Auch diese Verhaltensweise kann man ab und zu beim Menschen beobachten.

Was ist ein Mondfisch?

Der Mondfisch (Mola mola), ein Bewohner der Hochsee aller tropischen und wärmeren Ozeane der Erde, ist wohl einer der urtümlichsten Fische in den Meeren. Mit bis zu 3 m Länge, bis zu 4 m Höhe und einem Gewicht von bis zu 1800 kg ähnelt er fast einem kleinen Wal. Der Mondfisch, der auch noch unter vielen anderen Namen bekannt ist, ist der größte Knochenfisch der Welt. Man nimmt heute an, dass Mondfische normalerweise in einer Tiefe von bis zu 1000 m leben. Oft werden Mondfische beobachtet, wenn sie sich an der Wasseroberfläche treiben lassen. Dann ragt ihre große Rückenflosse weit über die Oberfläche hinaus. Man konnte auch schon Tiere auf der Seite liegend sehen, die wirkten, als ob sie in der Sonne baden würden. Nach neueren Erkenntnissen geht man davon aus, dass dies eine „Putzstellung" für Möwen ist, die ihnen die Parasiten aus der Haut picken. Nach der Geburt sind die Jungtiere nur 2,5 mm lang, aber in den nächsten 15 Monaten legen die Tiere über 400 kg zu. Ihr einziger Schutz vor Feinden besteht aus ihrer bis zu 15 cm dicken Haut. Es ist nicht ratsam, diesen Fisch zu verspeisen, denn er ist für Mensch und Tier ungenießbar. Sein Speiseplan sieht größtenteils Quallen und Tintenfische vor.

Sind Muränen giftig?

Bei Tauchgängen beobachtet man oft Muränen, die aus ihren Höhlen hervorschauen und dabei ihr Maul Furcht erregend geöffnet haben. Durch die haarnadelfeinen Spitzen der Zähne glauben viele, dass diese auch wie bei einer Schlange giftig sind. Sind sie aber nicht. Ein Biss einer Hauskatze kann schlimmere Folgen haben als der Biss einer Muräne. Auch die Mär vom Gift durch

Essensreste in ihren Zähnen kann nicht belegt werden. Da Muränen Jäger sind und nur Frischfisch zu sich nehmen, ist kaum anzunehmen, dass sich hier giftige Keime gebildet hätten – die noch dazu unter Wasser nur ausgesprochen kurz überleben würden.

Was ist der Unterschied zwischen einem Oktopus und einem Tintenfisch?

Der Begriff Tintenfisch bezeichnet in der Klasse der Kopffüßer die Gruppe, zu der Oktopus, Kalmar, Sepia und Nautilus gehören. Daher ist der Oktopus ein Tintenfisch. Die Bezeichnung Tintenfisch ist deswegen falsch, da er wie die Muscheln und Schnecken zu den Weichtieren gehört – er müsste daher richtigerweise Tintenschnecke heißen (klingt aber irgendwie bescheuert, deshalb lassen wir das).
Ein Oktopus, auch Krake genannt, weist acht Arme auf, ein Kalmar hingegen ebenso wie eine Sepia zehn Arme. Der Nautilus ist der einzige aus der Gruppe, der wie die einst lebenden Vorfahren, die Ammoniten, noch über einen Panzer verfügt und bis zu 90 Arme besitzt, diese allerdings ohne die bei den anderen Arten vorhandenen Saugnäpfe. Der Nautilus ist übrigens der älteste, heute noch lebende Vertreter der Tintenfische, wird auch Perlboot genannt und kann als einziger seiner Art keine Tinte verspritzen.

Wie alt wird ein Oktopus?

Taucher berichten immer wieder über besonders große Exemplare von Oktopoden, die sie oft jahrelang an derselben Stelle an einem Tauchplatz vorfinden. Manche seien wohl über zehn Jahre alt. Dies beruht allerdings auf einem Irrtum: Da Oktopoden ab einer bestimmten Größe nicht mehr unterschieden werden können, sich aber zuhauf an ein und demselben Platz tummeln, verwechseln die Taucher diese Oktopoden und denken, es wäre immer derselbe.

In der Regel haben Oktopoden eine sehr begrenzte Lebenserwartung von etwa vier Jahren. Dies liegt nicht an den Fressfeinden, wie etwa Haie und Rochen, für die ein Oktopus eine Delikatesse darstellt, sondern sie werden einfach natürlicherweise nicht älter. Unter Wissenschaftlern gilt der Oktopus als hochintelligent, vergleichbar in etwa mit der Intelligenz einer Ratte.

Was genau ist eigentlich Plankton?

Der Kieler Meeresforscher Victor Hensen prägte 1887 den Begriff Plankton, den er aus dem Griechischen entlehnte (auf Deutsch = das Umherirrende). Als „Umherirrende" bezeichnete er alle passiv treibenden Wasserlebewesen in den Gewässern der Erde, also solche, die den Strömungen ausgeliefert sind. Der Überbegriff umfasst eine unüberschaubare Anzahl an Organismen, von ganz klein bis ziemlich groß ist alles darin enthalten.

Die zahlenmäßig größte, größenmäßig aber kleinste Gruppe ist das Femto- und Nanoplankton, das aus Viren und Bakterien besteht. Einzellige Algen (Phytoplankton) sowie Würmer, Schnecken, kleine Krebse wie etwa der Krill sowie Larven und Eier verschiedenster Tiere (Zooplankton) sind im mittleren Größenspektrum zu finden. Die größte Art, die noch zum Plankton gerechnet wird, sind die Quallen, die bis zu mehrere Meter groß werden können. Da sie nur passiv dahintreiben können, gehören auch sie zu den „Umherirrenden".

Warum leuchtet Plankton?

Weil es schön ausschaut! Nein, das ist nicht die Antwort. Das Leuchten einiger Planktonlebewesen ist auf Biolumineszenz zurückzuführen, die Fähigkeit sichtbares Licht statt Wärme abzustrahlen. Früher wurde angenommen, dass das Leuchten auf Phosphoreszenz (dem Nachleuchten, nachdem ein Körper mit Licht bestrahlt wurde) zurückzuführen ist, was aber nicht richtig ist.
Das Leuchten wird zumeist in einer Welle, im Kielwasser von Booten, durch die Brandung oder in dem von Schwimmern aufgewirbelten Wasser hervorgerufen. Das Plankton verteidigt sich durch das Aufblitzen gegen mögliche Räuber, ähnlich einer „Alarmanlage". Da sie nahe der Oberfläche leben, kann man ihr Licht am Tag nicht sehen.
Einige an Land lebende Spezies, etwa die Glühwürmchen, weisen auch dieses Phänomen auf, aber diese Fähigkeit wurde im Meer, beispielsweise bei Tiefseebewohnern, wesentlich stärker entwickelt.

Gibt es Riesenkraken?

Kurz gesprochen, ja und nein. In der Tiefsee findet man die größten, wirbellosen Tiere der Erde, die Riesenkraken (Architheutis), welche zu den Kopffüßern (Tintenfische) gehören. Mit ihren Fangarmen erreichen die größten Weichtiere der Erde eine Länge von bis zu 22 m. Die Saugnäpfe der Fangarme (Tentakel) erreichen die Größe von Schallplatten und die Augen einen Durchmesser von ca. 40 cm. Meist wiegen die Tiere nur 50 kg, aber das bei einer Riesenkrake gemessene Rekordgewicht betrug stattliche 272 kg. Wissenschaftler vermuten, dass es auch Exemplare mit knapp einer Tonne Gewicht in der Tiefe geben könnte.
Natürliche Feinde dieser Tiere sind außer dem Menschen nur Pottwale, die in ihren Lebensraum in mehreren 1000 m Tiefe eindringen. Was man nicht glauben möchte, aber die Jungtiere sind nicht größer als ein Reiskorn. Tintenfische haben das komplexeste Gehirn unter den Weichtieren, besitzen ein Kurz- und ein Langzeitgedächtnis und lösen Probleme mit Erfahrung und dem „Trial-and-error"-Prinzip.
Was es aber nicht zu geben scheint, sind die aus dem Roman „20 000 Meilen unter dem Meer" bekannten Riesenkraken, die sich um ein Schiff oder Boot schlingen können und mit diesem kämpfen. Zumindest wollen wir das weiterhin hoffen ...

Wieso können Meeresvögel und Seeschlangen Salzwasser trinken?

Auf dem Meer beheimatete Vögel, wie etwa Möwen, müssen ebenso wie alle anderen Lebewesen trinken. Doch was? Denn bekanntlich sterben wir Menschen, wenn wir große Mengen salziges Meerwasser trinken. Mutter Natur hat hier mit einer klugen Erfindung Unterstützung gegeben: Zusätzlich zu ihren Nieren haben Wasservögel ein spezielles Organ, die Salzdrüse, mit deren Hilfe sie das mit dem Meerwasser aufgenommene Salz filtern und durch die Nasenlöcher ausscheiden können. Seeschlangen besitzen ein ähnliches Organ in ihrem Gaumenbereich. Uns Menschen fehlt eine solche Drüse, weshalb wir überschüssiges Salz nur über die Nieren abgeben können. Da sie Salz nur in kleinen Mengen verarbeiten können, können wir nicht soviel Salzwasser zu uns nehmen.

Wie tief können Schildkröten tauchen?

Durchschnittlich beschränken Schildkröten ihre Tauchtiefe auf 250 m. Aber auch unter ihnen gibt es Tiefenjäger. So wurde die größte jemals von einem Reptil erzielte Tauchtiefe von einer Lederrückenschildkröte erreicht: Sie tauchte 1230 m ab – ein beachtliches Freitauchergebnis dieser, durch Tiefseefischerei leider vom Aussterben bedrohten, über 100 Millionen Jahre alten Einzelgängerin. Sie zählt zugleich auch zur größten Vertreterin aller Schildkröten und kann bis zu 2,4 m groß und bis zu 860 kg schwer werden.

Wie lange können Schildkröten die Luft anhalten?

Von den weltweit rund 260 Arten kann die Unechte Karettschildkröte durchschnittlich 45 Minuten den Atem anhalten. Die Grüne Schildkröte, oft auch als Suppenschildkröte bezeichnet, bringt es sogar auf 5 Stunden Tauchzeit. Ähnlich den menschlichen Freitauchern wird während solcher Extremtauchgänge der Puls gesenkt und das Herz schlägt nur noch alle 9 Minuten. Um Luft zu holen, entleeren Schildkröten ihre Lunge in einem einzigen Zug und füllen sie sogleich wieder an. Dies ist auch einer der Gründe, warum man schlafende Schildkröten während eines Nachttauchgangs nicht wecken sollte: Sie müssten danach sofort zur Wasseroberfläche aufsteigen, um Luft zu holen und sind dadurch den Gefahren durch die nachtaktiven räuberischen Fische des nächtlichen Meeres ungeschützt ausgesetzt.

Welche ist die schnellste Schnecke der Welt?

Die Begriffe Schnecke und Schnelligkeit sollten sich eigentlich gegenseitig ausschließen, tun sie aber nicht. In der Unterwasserwelt lebt die zu den Baumschnecken gehörende Nacktschneckenart Dendronotus iris, deren Jagdverhalten und Schnelligkeit dem einer Kobra gleicht. Auf ihrem Speiseplan steht auch eine Anemone, die in einer lederartigen Röhre eingegraben im Schlick und Sand lebt. Bei Erschütterung zieht sie sich blitzartig in ihre Wohnröhre zurück. Wenn die Baumschnecke eine Anemone mit ihrem Riechorgan aufgespürt hat, berührt sie mit ihren Mundtentakeln sanft den Stamm der Wohnröhre. Sie richtet behutsam ihren Vorderkörper auf, schätzt die Entfernung nochmals genau ein und schnellt dann blitzartig vor. Dabei berührt sie die Anemone, die sich blitzschnell in ihre Röhre zurückzieht – doch Pech gehabt, die Nacktschnecke hält sie fest. Innerhalb der Wohnröhre verspeist sie nun genüsslich die willkommene Nahrung. Eine Selbsteinladung zum Abendessen quasi.

Wie ändern Schwarmfische zeitgleich die Richtung?

Ganz einfach durch das ihnen eigene Seitenlinienorgan, das seinen Namen von dem bei vielen Fischen sichtbaren Verlauf an beiden Körperseiten hat. Es besteht aus einem System von Kanälen, die durch feine Öffnungen in den Schuppen mit dem sie umgebenden Wasser in Verbindung stehen. Der Hohlraum des Kanalsystems ist mit Schleim gefüllt und weist am Grund Sinneszellen auf, die mit einem Fortsatz in den Hohlraum hineinragen. Durch eine Veränderung des Wasserdrucks, etwa durch Erschütterungen, Strömungen, aber auch Töne, werden diese wahrgenommen. Fische erkennen sogar die Richtung, aus der sie kommen und können entsprechend darauf reagieren. Durch dieses Organ können Fische auch sehr eng nebeneinander schwimmen, ohne sich zu berühren. Der Schwarm an sich wird zusammengehalten, weil jeder einzelne Fisch versucht, in die Mitte zu gelangen. Dadurch bildet sich der Schwarm also auch ohne ein Leittier von selbst.

Zu welcher Tiergruppe gehören Seepferdchen?

Seepferdchen sehen zwar bedeutend anders aus, sind aber tatsächlich Fische. Gemeinsam mit den Fetzenfischen gehören sie zur Gruppe der Seenadeln und zur Klasse der Knochenfische. Bisher sind weltweit 32 Arten von Seepferdchen bekannt mit Längen von 15 mm bis 35 cm. Der Lebensraum der possierlichen Tiere ist ziemlich breit gefächert und reicht vom englischen Kanal bis nach Neuseeland. Die meisten Arten kommen aber in den flachen Gewässern der tropischen Meere vor. Sie ernähren sich von Kleinkrebsen.

Die seltsame Form verdanken die Fische einem Panzer aus knöchernen Ringen und Platten, der ihren Körper umschließt. Die bei anderen Fischen vorhandene Schwanzflosse ist zu einem Greiforgan ausgebildet und dient dem Tier als „Anker" im Seegras. Obwohl es kaum natürliche Feinde gibt, werden Seepferdchen immer seltener. Dies liegt einerseits am Beifang bei der Schleppnetzfischerei, andererseits aber auch an der systematischen Jagd auf Seepferdchen, die im asiatischen Raum als Potenzmittel gelten. Etwa 20 Mio. Exemplare pro Jahr landen dort auf den Markttischen. Allein China importiert 45 t Seepferdchen jährlich.

Wie vermehren sich Seepferdchen?

Was in der Menschenwelt so oft gefordert wird, ist bei den Seepferdchen seit jeher Usus: die Gleichberechtigung. Bei ihnen produziert das Weibchen die Eier, das Männchen ist aber für das Austragen zuständig. Beim Geschlechtsakt spritzt das Weibchen dem Männchen die Eier in die Bauchtasche, das Männchen befruchtet sie mit seinem Sperma. Zuvor wird aber im Seegras gebalzt, was das Zeug hält. Das launige Auf und Ab dieser Tiere mit ineinander verhakten Schwänzen kann gelegentlich beim Tauchen beobachtet werden. Wir sind dann Zeuge beim Sexualakt zweier Seepferdchen.

Seepferdchen sind im Prinzip auch Familienmenschen, bleiben also als Pärchen zusammen. Trotzdem kann es dazu kommen, dass auch andere Weibchen, die gerade keinen Sexualpartner an der Hand haben, ihre Eier beim nächsten verfügbaren Männchen ablegen. Bis zu 200 Eier kann ein Männchen so gleichzeitig in sich tragen. Etwa 10–12 Tage später schlüpft der Nachwuchs. Sollte der Vater diese Prozedur überleben – was nicht immer der Fall ist – muss er einige Tage später schon wieder herhalten. Bei manchen Arten hat das männliche Tier nicht mehr als einen Tag Zeit zur Erholung. Sexsüchtige kleine Biester eigentlich, diese possierlichen Tierchen.

Wieso sind viele Tiefseefische durchsichtig?

Unterhalb der oberen Meeresschicht, dem Epipelagial, beginnt die Tiefsee. Die obere Tiefseesphäre wird als Mesopelagial bezeichnet und reicht bis etwa 1000 m Tiefe, darunter beginnt die ewige Dunkelheit. Dieser Bereich teilt sich in das Bathypelagial, den Abyssal und schlussendlich, in die größten uns bekannten Meerestiefen, den Hadal.
Je tiefer die Fische leben, desto weniger Kalk ist im sie umgebenden Wasser vorhanden und einem umso größeren Umgebungsdruck ist ihr Körper ausgesetzt. Man bedenke: Im Marianen-Graben etwa, die größte uns bekannte Meerestiefe, herrscht ein Umgebungsdruck von rund 1100 bar, das bedeutet rund 1 t Wassermasse drückt auf den Körper der Fische. Sie können diesem Druck nur standhalten, da der Großteil ihres Körpers aus Flüssigkeit besteht. Zusätzlich fehlt ihnen der für die Ausbildung eines Knochenskeletts notwendige Kalk. Dies ist auch der Grund, weshalb ihr den Körper tragendes Skelett und ihre Zähne durchsichtig sind, manchmal sogar glasklar.

Wie kann man Vergiftungen durch Meerestiere behandeln?

Wird ein Taucher von einem giftigen Meerestier verletzt, ist dies zumeist auf unachtsames Verhalten zurückzuführen.
Generell entstehen Vergiftungen durch zwei Hauptarten von Gift, die neurotoxischen, die das Nervensystem angreifen, und die hämolytischen, die feste Bestandteile des Blutes auflösen. Es handelt sich dabei um Eiweißsubstanzen, die bei Temperaturen über 50 °C denaturie-

ren – womit wir auch schon bei einer Behandlungsmethode sind. Die Wunde sollte zur Erstversorgung in einer Flüssigkeit, z. B. erhitztes Wasser, gelagert werden. Des Weiteren muss unterschieden werden, welcher Art die Verletzung ist: Handelt es sich um Nesselvergiftungen, etwa durch Quallen, oder um punktuelle Verletzungen durch Stiche oder offene Wunden, etwa durch Kegelschnecken, Steinfische oder die Rückenstacheln der Rotfeuerfische?

Bei einer Nesselvergiftung ist es wichtig, ein Platzen der noch anhaftenden Nesselzellen zu verhindern. Intensives Spülen der Wunde mit Meerwasser sowie eventuell ein vorsichtiges Entfernen der am Körper verbliebenen Nesselarme mittels Pinzette oder Messerrücken kann hier eine wirkungsvolle Erstversorgung darstellen. Handelt es sich um eine Schnitt-, Stich- oder Bissverletzung empfiehlt sich ein Ausblutenlassen der Wunde bzw. auch eine Stauung des Blutes zwischen Verletzungsstelle und Herz. Die eingangs erwähnte Lagerung des verletzten Körperteils oder auch entsprechend heiße Kompressen mit rund 50 °C Temperatur können ebenfalls eine wirkungsvolle Erstversorgung darstellen. Generell gilt jedoch: Stetig die Vitalfunktionen beobachten und sofort zum Arzt gehen, sind ein unabdingbares Muss bei Verletzungen durch Unterwasser-Lebewesen.

Wie klein ist der kleinste Wal?

Viele meinen, dass der Vaquita oder Pazifische Hafenschweinswal mit durchschnittlich 1,5 m Länge der kleinste Wal der Welt ist, der leider auch mit nur noch 200–300 Exemplaren zu den am meisten bedrohten Meeressäugern zählt. Den Platz des kleinsten Wals macht ihm allerdings der Hector-Delfin streitig, der als der kleinste Wal der Welt anzusehen ist (Delfine gehören zu den Walen). Er erreicht ausgewachsen eine Länge von nicht mehr als 1,2 m und wiegt 35–60 kg. Leider ist auch dieser Wal bzw. Delfin gefährdet.

Wie groß ist der größte Wal?

Der Blauwal ist der größte Wal der Erde und nach aktuellen Erkenntnissen auch das größte Lebewesen, das je auf der Erde gelebt hat, größer als der größte Saurier. Ein ausgewachsenes Tier wird bis zu 30 m lang und würde somit ein neunstöckiges Hochhaus überragen. Seine Nachkommen sind bei der Geburt 6–8 m lang und wiegen 2–3 t. Ein erwachsenes Tier wiegt durchschnittlich 120 t. 1947 wurde in der Nähe der Antarktis ein 190 t schwerer Blauwal gefangen. Sein Gewicht entspricht knapp dem von 100 Autos.

Im antarktischen Sommer vertilgt der Blauwal täglich 3–4 Mio. Krillkrebse, das sind 3–4 t Nahrung pro Tag. Leider ist der Blauwal ein begehrtes Fangobjekt. Durch den intensiven Walfang gibt es heute nur noch 10 000 dieser beeindruckenden Tiere. Dabei haben erwachsene Blauwale außer dem Menschen keine natürlichen Feinde. Neben vielen anderen Rekorden in der Tierwelt zählt der Blauwal übrigens auch zu den lautesten Tieren auf Erden – seine tiefen, rollenden Töne kann man noch über hunderte von Kilometern Entfernung wahrnehmen.

Warum stoßen Wale Wasser aus?

Wale besitzen keine Kiemen, sondern haben Lungen, mit denen sie an der Wasseroberfläche atmen. Die Fontäne, die aus den ein oder zwei Spritzlöchern auf dem Kopf spritzt, besteht nur aus verbrauchter Atemluft. Mit dem Ausatmen wird jedoch auch das Wasser, das sich während des Tauchgangs im Spritzloch gesammelt hat, ausgeblasen – dies erzeugt zusammen mit den Dämpfen der Ausatemluft die Fontäne.

Binnen weniger Sekunden wird beim Ausatmen eine große Menge verbrauchter Luft mit einem Druck von mehreren bar ausgestoßen. Diese Fontänen, die man auch als Blas bezeichnet, können so etwa bei einem Pottwal eine Höhe von bis zu 10 m erreichen. Die Fontänen sehen bei jeder Walart anders aus, sodass ein Experte bereits aus großer Entfernung auf Grund ihrer Form den dazugehörigen Wal identifizieren kann.

Welche Farbe hat das Blut von Walen?

Um möglichst lange und ausgiebige Tauchgänge durchführen zu können, reichern Meeressäugetiere ihr Blut, ihre Muskulatur, ihre Organe und ihre Lunge mit Sauerstoff an. Durch die hohe Anreicherung der

Eiweiße Myoglobin und Cytoglobin mit Sauerstoff ist ihr Blut dadurch beinahe schwarz gefärbt. So werden 40 % Sauerstoff im Myoglobin, dem Muskelfarbstoff, und im Blut abgelegt, aber nur 8 % in den Organen und ebenso viel in der Lunge. Im Vergleich dazu, legt der Mensch 13 % im Myoglobin und Cytoglobin und 34 % in der Lunge ab. Wale nehmen auch fast doppelt so viel Sauerstoff über ihr Lungengewebe auf wie Landsäugetiere, etwa der Mensch.
Während des Tauchvorgangs selbst sind bei Walen nur das Gehirn, das Herz, das Rückenmark und ein Teil der Muskulatur mit sauerstoffreichem Blut versorgt, der Rest des Körpers wird über interne Klappen von der Blutzufuhr abgetrennt. Mit jedem Atemzug tauscht ein Wal übrigens bis zu 90 % des gesamten Lungenvolumens aus, bei Menschen sind es gerade mal rund 15 %.

Wie viele Walarten gibt es weltweit?

Wissenschaftler gehen von derzeit etwas über 80 Walarten aus. Es kommen jedoch ständig neue Arten hinzu, da man auf Grund genetischer Untersuchungen festgestellt hat, dass eine bisher als eine Walart angesehene Art in Wirklichkeit zwei oder mehrere Arten sind.
Als Beispiel wollen wir den Minkwal anführen, der früher als eine Art galt, mittlerweile jedoch in den nördlichen und den südlichen Minkwal unterteilt wurde. Noch drastischer ist dies etwa beim Brydeswal, der bereits sehr viele Unterarten aufweist. Die Frage, die sich uns an dieser Stelle aufdrängt, ist daher: Gibt es eigentlich nur eine Menschenart?

Wieso werden an Land gespülte Walkadaver gesprengt?

Wale leben bekanntlich im Meer und sterben ebenso wie alle anderen Lebewesen auf diesem Planeten. Ihre Kadaver werden durch die Meeresströmungen oft an Strände gespült und kurz danach von Schaulustigen umringt. Nun ist es aber an den Behörden, die Tiere zu entfernen. Bei einem mehrere Tonnen schweren Exemplar nicht immer sehr leicht. Daher begann man vor Jahrzehnten, die Körper in kleinere Stücke zu zerlegen, die danach leichter entsorgt werden können. Die einfachste Art und Weise dafür sind Explosivstoffe. Nach dem Stranden eines Walkadavers sind die Behörden zu raschem Handeln veranlasst, weil sich durch den Verwesungsprozess in den Tieren hochentzündliche Faulgase bilden. So versuchte man etwa in der taiwanesischen Hauptstadt Taipeh im Januar 2004 einen Walkadaver als Ganzes in ein wissenschaftliches Institut zu überführen. Mit dem Ergebnis, dass mitten in der Innenstadt das Tier explodierte und einen Riesenschlamassel verursachte.

Wie viel Strom hat ein Zitteraal?

Der Zitteraal ist in Wirklichkeit keine Aalart, sondern gehört zur Gattung der Messerfische. Seinen Namen verdankt er seinem aalartigen Aussehen. Die schlammigen Süßwasserseen und Flüsse im Nordosten Südamerikas, vor allem der Amazonas und der Orinoko, zählen zu seinem Verbreitungsgebiet.

Zitteraale werden bis zu 2,5 m lang und erreichen ein Gewicht von bis zu 20 kg. Um zu atmen muss er ungefähr alle 10 Minuten an die Oberfläche auftauchen, wo er durch spezielle Blutgefäße in seiner Mundhöhle Sauerstoff aufnimmt.

Durch elektrische Organe an seinem Körper, den so genannten Elektroplaxen, kann der Zitteraal Stromschläge erzeugen, die auch für Menschen gefährlich werden können. Jeder dieser umgebildeten Muskeln für sich genommen, ist zwar nur in der Lage, eine geringe Spannung zu erzeugen, alle zusammen geben aber bis zu 700 Volt mit 50 Ampere Strom ab.

Der Zitterrochen, der ebenfalls Stromstöße abgeben kann, erreicht vergleichsweise „schwache" 60–230 Volt bei bis zu 30 Ampere. Allerdings kommt er weit häufiger vor und ist auch in europäischen Breitengraden im Mittelmeer vorzufinden.

Pflanzen unter Wasser

Sind Algen für die menschliche Ernährung geeignet?

Tatsächlich gibt es Millionen Menschen weltweit, die sich von Algen ernähren. So sind diese ein wichtiger, eiweißreicher Bestandteil der Ernährung in asiatischen Ländern. In Europa kennen wir vor allem die Algen, mit denen bei Sushi-Gerichten die Maki zubereitet werden: Seetang. Zusätzlich werden seit einiger Zeit Algenpräparate als Nahrungsergänzungsmittel angeboten und finden sich als Verdickungsmittel in vielen Lebensmitteln. Viele Algen sind einzellige Lebewesen, die als Phytoplankton der Meeresoberfläche die globale Sauerstoffproduktion sichern und weltweit in etwa 12 000 Arten vorkommen, darunter auch viele vielzellige Arten. Für die Ernährung geeignet sind jedoch nur bestimmte Rot- und Braunalgen sowie die Mikroalgen Spirulina und Chlorella. Algen liefern übrigens pro Hektar Anbaufläche mehr Eiweiß als jedes andere Lebewesen und gelten so vielerorts als zukünftige unerschöpfliche Eiweißquelle zur Ernährung der Weltbevölkerung. Algen enthalten bis zu 70 % hochwertiges Eiweiß, viele Ballaststoffe, Vitamine und Spurenelemente. Hervorzuheben sind ihr relativ hoher Gehalt an Eisen, Beta-Carotin (Vorstufe von Vitamin A), Vitamin B12 und Jod. Dabei weisen Algen einen niedrigen Fett- und Energiegehalt auf. Problematisch für die menschliche Ernährung sind die hohe Jod- sowie die hohe Schadstoff-Belastung bei Algen aus der freien Natur.

Wie viel Sauerstoff produzieren die Algen in den Weltmeeren?

Geht es um das Thema Sauerstoff-Produktion auf der Erde ist zumeist vom Regenwald die Rede. In Wirklichkeit entstammen aber rund zwei Drittel des jährlich freigesetzten Sauerstoffs der Arbeit von Süß- und Salzwasseralgen. Die zumeist einzelligen Organismen leben in Tiefen bis zu 200 m und nehmen dort Licht und Nährstoffe auf, um Fotosynthese zu betreiben. Die Hauptleistung haben dabei die Kieselalgen, die so weit verbreitet sind, dass sie sogar in Wasserpfützen vorkommen. Schätzungen gehen davon aus, dass in 1 l Meerwasser Millionen dieser Einzeller tätig sind. Ihre tägliche Arbeit beschert uns unseren lebensnotwendigen Sauerstoff. Durch Umweltverschmutzung gerät aber immer weniger Licht in die Tiefen der Weltmeere, sodass langsam, aber sicher auch diese fleißigen Pflanzen arbeitslos werden.

Gibt es unter Wasser „Fleisch fressende Pflanzen“?

Ja, es gibt sie auch im Wasser, die alles verschlingenden Fleisch fressenden Pflanzen. Allerdings müssen wir Taucher uns nicht davor fürchten. Die bis zu 20 cm lange Wasserfalle kommt aus der Familie der Sonnentaugewächse. An den Enden ihrer Blattquirle befinden sich Klappfallen, die 5 mm lang sind und in Sekundenschnelle zuklappen, wenn die Reizborsten berührt werden. Zum Glück sind die Hauptbeute keine Taucher, sondern nur Wasserflöhe, Mückenlarven oder andere Kleintiere. Leider blüht die Wasserfalle nur selten. Dann erheben sich die kleinen, weißen Blüten an kurzen Stielen über die Wasseroberfläche und bleiben für wenige Stunden geöffnet. Die nachfolgende Bildung der Samenkapsel hingegen erfolgt wieder unter Wasser. Die Pflanze kommt in Indien, Europa, Japan und Australien vor. Sie bevorzugt seichte, stehende Gewässer und braucht sauberes Wasser. In den meisten Standorten ist die Wasserfalle wegen der Gewässerverschmutzung selten geworden. In Deutschland gilt sie als bereits ausgestorben.

Bis zu welcher Tiefe gibt es Pflanzen unter Wasser?

Pflanzen benötigen für die für ihr Überleben wichtige Fotosynthese Licht. Dieses dringt allerdings nur, je nach Meer, einige 100 m tief in die Unterwasserwelt vor. Aus diesem Grund werden selten Pflanzen unterhalb einer Tiefe von 400–500 m vorgefunden. Diese obere Schicht der Ozeane, in denen noch Pflanzen leben, bezeichnet man als Epipelagial. Darunter beginnt die Tiefsee.
Da aber bekanntlich auch an den tiefsten Stellen der Weltmeere Tiere leben, die teilweise Pflanzen als Nahrung benötigen, stellt sich die Frage, wie sie sich diese beschaffen? Ganz einfach – sie tauchen in flachere Regionen auf, schlagen sich den Bauch voll und verziehen sich wieder in ihre tiefen Wohngründe.
Einige von ihnen werden während des Abstiegs auch von anderen Tiefseeräubern gefressen. Die noch im Verdauungstrakt vorhandenen Pflanzenreste dienen diesen wiederum als Nahrungszusatz – ein hervorragender Nahrungskreislauf in der Tiefsee.

Gibt es Pflanzen, die sowohl im Süß- als auch im Salzwasser leben?

Es gibt im Wasser verschiedene Lebensräume, jeder für sich bietet einer Vielzahl an Pflanzen die geeignete Umgebung, sofern es genügend Licht gibt. Einen Lebensraum stellen die Mündungsbereiche dar, in denen sich das Meerwasser mit dem Süßwasser der einmündenden Flüsse vermischt. Die küstennahen Feuchtgebiete, die permanent oder nur einen Teil des Jahres von Meerwasser bedeckt sind, stellen einen weiteren Lebensraum dar. Zu ihnen zählen etwa Buchten und Lagunen, die für die Qualität des Küstenwassers sorgen, indem Schmutz- und Nährstoffe herausgefiltert und abgesetzt werden. Auch als Überschwemmungs- und Erosionsschutz bieten sie eine perfekte natürliche Barriere. Der dritte Mischwasserlebensraum sind die tropischen Küsten, die einen hohen Anteil an Feinsedimenten aufweisen und Sümpfe ausbilden. All diese Regionen, die sowohl Salz- als auch Süßwasser beinhalten, bieten den Lebensraum für tausende Fische, Vögel, Pflanzen und zeitweise auch für Taucher.

Welches ist die gefährlichste Unterwasser-Pflanze?

Zu definieren, was denn nun „gefährlich" bedeutet, bereitete uns zunächst etwas Mühe. Wir haben uns schlussendlich für eine Algenart entschieden, die während der Entstehung dieses Buches für ein Blätterrauschen in der Medienwelt gesorgt hat: die Algenart Ostreopsis ovata. Sie gehört zur Gruppe der Dinoflagellaten, die vor allem in tropischen und subtropischen Gewässern beheimatet ist, aber mittlerweile auch bis ins Mittelmeer vorgedrungen ist. Bedingt durch Umwelteinflüsse, etwa Umweltverschmutzung, können sich Dinoflagellaten so stark vermehren, dass die oberen Schichten des Meeres rot bis braun gefärbt sind. Von daher rührt auch der Name „Rote Flut" oder „Rote Tide" (englisch: red tide). Das von der nur 0,02 mm großen Alge produzierte Gift Saxotoxin, ein Alkaloid, das dem Strychnin und den Aconitumalkaloiden ähnelt und als Nervengift wirkt, kann bei Menschen, Vögeln und Meeressäugern allein durch Einatmen zu Atemlähmungen und schweren Vergiftungen führen. In der Unterwasserwelt kann es zu einem Massensterben kommen. Im Juli 2005 erkrankten 180 Menschen an der ligurischen Küste in Italien durch ein Auftreten dieser Algenart.

Wie heißt die größte Wasserpflanze der Welt?

Der Kelp, auch Birntang oder Salzkraut genannt, ist die größte Wasserpflanze der Welt. Man findet sie an vielen Küsten der Welt, vor allem dort, wo kalte Meeresströme vorhanden sind. Der Kelp ist eine Algenart und wächst unglaublich schnell, im Sommer kann er bis zu 20 cm pro Tag zulegen. Die größten jemals gesichteten Exemplare hatten 60 m Länge, im Durchschnitt werden sie bis zu 30 m lang.

Die Pflanze wächst auf felsigem Grund, wo sie sich festklammert und mehrere Tangstränge entwickelt. Kelp hat keine Wurzeln, sondern bezieht die Nahrung durch die gesamte Außenhaut. Die einzelnen Pflanzen haben Schwimmblasen, die mit Gas gefüllt sind. Sie ermöglichen es dem Kelp, seine stattliche Größe auch zu entfalten. Im Kelpwald finden auch bis zu 800 Tierarten Unterkunft, Nahrung und Schutz. Ein Tauchgang in dieser Umgebung wird ein unvergessliches Erlebnis bleiben.

Was ist ein Wasserschlauch?

Der Wasserschlauch der Gattung Utricularia ist, wie die Wasserfalle, eine Fleisch fressende Unterwasser-Pflanze, die in Mitteleuropa mit sechs Arten vertreten ist. Die Pflanze gedeiht im Wasser von Übergangs- und Hochmooren. Die Blätter sind fein zerteilt, zwischen Juni und September weist der Wasserschlauch an der Oberfläche auffällige gelbe Blüten auf. An den unter Wasser liegenden Blättern sind kleine Blasen ausgebildet, die als Fangblasen dienen. In ihnen wird zunächst ein Unterdruck aufgebaut. Nähert sich nun ein potenzielles Beutetier – etwa ein Wasserfloh – und berührt die an der verschlossenen Blasenöffnung stehenden Borsten, springt eine Klappe auf und das Opfer wird durch den Unterdruck ins Innere der Pflanze gesaugt. Dort beginnen die Verdauungssäfte zu arbeiten und zersetzen das Tier.

Gibt es unter Wasser Wiesen?

Ja, und zwar Seegraswiesen. Den Namen erhielt die mit wissenschaftlichem Namen als Halophila bezeichnete Unterwasserpflanze durch ihre Ähnlichkeit mit echtem Gras. Seegras wächst hauptsächlich auf Sandflächen, deren Oberflächen es durch seine netzartigen Ausläufer stabilisiert und bindet.
Relativ wenige Tiere finden hingegen Geschmack am Seegras. So findet sich das Gewächs z. B. nur beim Seeigel, bei einigen Muscheln und Schnecken sowie bei Schildkröten und Dugongs auf der Speisekarte. Seegraswiesen bieten aber die idealen Bedingungen für die Aufzucht von Jungen. Viele Fischarten, Langusten und Krebse etwa verbringen ihre Kinderstube dort. Leider ist auch Seegras mittlerweile weltweit stark gefährdet. Durch Baumaßnahmen im Uferbereich, Schleppnetzfischerei im tieferen Bereich sowie immer stärker werdender Lichtmangel aufgrund verstärkten Algenwachstums durch die Umweltverschmutzung in den Weltmeeren wird dieser für so viele Unterwasser-Lebewesen wichtige Lebensraum immer rarer.

Wracks

Was ist das größte betauchbare Wrack der Welt?

Jedem fällt natürlich beim größten Wrack sofort die „Titanic" ein, die im April 1912 sank und mit einer stolzen Länge von knapp 270 m auch zu den größten Wracks der Welt zählt. Allerdings sind 3800 m Tiefe ein kleines Problem für den normalen Sporttaucher. Das größte, betauchbare Wrack heutzutage ist die „Amoco Milford Haven", die mit einer Länge von 334 m schwer zu überbieten ist. Das Wrack des unter zypriotischer Flagge fahrenden Tankers ist ein Traum aller Taucher und liegt westlich von Genua (Italien). Im April 1991 gesunken und dabei für die schlimmste Ölpest der ligurischen Küste verantwortlich, liegt sie nun in 89 m Tiefe auf Grund. Das Dach der Aufbauten erreicht man aber schon bei 32 m. Auch der Zwillingstanker „Amoco Cadiz" ist vor der britischen Küste gesunken und verursachte eine Umweltkatastrophe größten Ausmaßes.

Nicht das größte, aber sicher eines der faszinierendsten Wracks findet man am Bikini-Atoll in Mikronesien. 1946 wurde dort in der „Operation Crossroads" eine Serie von Tests ausgeführt, um den Effekt von Atombomben auf Kriegsschiffe herauszufinden. Eine Flotte von amerikanischen Kriegsschiffen sowie beschlagnahmte japanische und deutsche Schiffe wurden in der Nähe von Ground Zero, wo die Detonation stattfinden sollte, im Kreis festgezurrt. Alle Schiffe wurden aufgetankt und mit entsprechenden Waffen versehen, um echte Kriegsverhältnisse zu simulieren. Seit der Detonation findet man in 55 m Tiefe u.a. die „USS Saratoga", einen ziemlich intakten Flugzeugträger aus dem 2. Weltkrieg, der 271 m misst und 33 000 t schwer ist. Nach den Atombombentests der Amerikaner hörte man natürlich blöde Sprüche, wie „Nimm Bleiunterwäsche und lass den Bleigürtel weg." Doch seit Juli 1996 ist das Bikini-Atoll wieder offiziell für Besucher geöffnet.

Wo liegt der größte Wrack-Friedhof der Welt?

Als der größte, aber auch schönste Wrack-Friedhof der Welt gilt allgemein Truk Lagon, das heutige Chuuk, in Mikronesien. Der aus 287 Inseln bestehende Staat liegt im Pazifik und war im 2. Weltkrieg ein wichtiger Stützpunkt der Japanischen Marine. Im Februar 1944 griffen die USA während der Operation „Hailstone" die dort stationierten japanischen Einheiten mit der Task-Force 58 an. Diese bestand aus einer Gruppe von neun Flugzeugträgern, begleitet von Kreuzern, Zerstörern und Unterseebooten. Mehr als 400 japanische Flugzeuge wurden damals zerstört und rund 60 Schiffe wurden versenkt. Die Flugzeug- und Schiffswracks liegen in einer Tiefe bis zu 70 m, wobei die Aufbauten teilweise bis zu 5 m unter die Wasseroberfläche reichen. Die meisten Wracks, allerdings aus verschiedenen geschichtlichen Epochen, liegen vor den britischen Scilly-Inseln. Die kleine Inselgruppe südwestlich von England besteht aus fünf größeren und 50 kleineren Inseln. Die scharfkantigen Felsen der Inseln haben in den vergangenen Jahrhunderten über 800 Schiffen das Fürchten gelehrt.

Wie alt war das jüngste Schiff, das je gesunken ist?

Es gibt Wracks unter Wasser, denen kein besonders langes Leben auf See beschieden war. Aber den einsamen Rekord dürfte das ehemalige Flaggschiff der schwedischen Marine, die „Vasa“, haben. Sie war 1628, als sie gebaut wurde, das schönste und größte Schiff und wurde auch entsprechend von den schwedischen Behörden und der herstellenden Werft beworben. Anlässlich ihres Stapellaufs war ein Riesenpublikum anwesend, die Musikkapelle spielte auf. An Bord hisste man die Segel und feuerte zum fulminanten Start auf die Meere einige Salutschüsse aus den an Bord befindlichen Kanonen. Wenige 100 m vom Pier entfernt drehte jedoch eine Böe das stolze Schiff so in die Wellen, dass Wasser durch die noch offenen Kanonenluken eindrang. Ergebnis: Nach weniger als einer Seemeile sank die „Vasa“. Der Taucher Anders Franzén entdeckte die Überreste im Jahr 1956 und überließ das Wrack dem Maritim Museum in Stockholm, die das weltweit einzige, verbliebene Schiff aus dem 17. Jahrhundert im eigenen Vasa-Museum in Stockholm ausstellen.

Wofür benötigt die NASA Metall von alten Schiffswracks?

Durch die Entdeckung der Atomenergie und dem damit zusammenhängenden Bau der ersten Atombombe und in späterer Folge der Wasserstoffbombe hat sich vieles auf unserem Planeten geändert. Neben dem erhöhten Ausstoß an Radioaktivität in die Atmosphäre wird auch

künstliche Radioaktivität „eingeschleppt". Das für den Bau einer Wasserstoffbombe nötige radioaktive Tritium kommt z. B. in der Natur praktisch nicht vor. Um es aber dennoch in ausreichendem Maße für Bomben zur Verfügung zu haben, muss es im Fusionsprozess hergestellt werden.

Bedingt durch die weltweiten Atombomben-Tests (seit den ersten Tests wurden bis dato rund 2000 durchgeführt) hat sich der radioaktive Anteil in der Atmosphäre, aber eben auch in Metallen erhöht. Jedes auf der Erdoberfläche befindliche Metall ist somit leicht kontaminiert. Nun benötigt man für hoch präzise Messinstrumente aber ein möglichst unbelastetes Metall. Dieses fand man in den Weltmeeren: in den vor den ersten Atombombentests gesunkenen Schiffen. Eigene Forschungsgruppen bei der NASA, aber auch bei anderen Forschungseinrichtungen, befassen sich mit diesem Thema.

Um der zunehmenden Verseuchung der Umwelt Einhalt zu gebieten, wurde übrigens am 5. August 1963 der Vertrag Limited Test Ban Treaty in Moskau unterzeichnet, wonach alle Kernwaffentests im Wasser, in der Atmosphäre und im Weltraum verboten wurden. Am 24. September 1996 wurde in Genf der Vertrag über das umfassende Verbot von Nuklearversuchen beschlossen, aber durch zu wenig Unterschriften bis heute nicht in Kraft gesetzt.

Wie viele Öltanker sanken in den vergangenen Jahren?

So traurig es für die Unterwasserwelt ist, so sehr ist es mittlerweile alltäglich geworden, Berichte über sinkende Öltanker in den Medien zu finden. Allein zwischen 1963 bis 1996 sanken weltweit 686 Tanker. Durch kriegsbedingte Unfälle sanken 97 Öltanker. Von den restlichen

589 Öltankern sind 40% durch Feuer oder Explosionen untergegangen, der Rest durch andere technische Gebrechen oder menschliches Fehlverhalten. Bei diesen Zwischenfällen flossen insgesamt 5,4 Mio. t Öl in die Weltmeere, Abermillionen von Meereslebewesen wurden zerstört. Die uns vorliegenden Zahlen decken nur einen kleinen Teil der tatsächlich untergegangenen Schiffe ab – erschreckend sind sie aber allemal.

Statistisch gesehen ist der Großteil der gesunkenen Riesen unter der Flagge von „Billigländern" unterwegs gewesen, also Länder, die weitaus geringere Schiffsgebühren erheben als etwa Länder der Europäischen Union oder die USA.

Wieso rosten Wracks unter Wasser weniger schnell als an der Luft?

Ungeschütztes Eisen rostet hauptsächlich durch den Kontakt mit dem Sauerstoff, der sich in der Luft befindet. Dieser oxidiert das feste, metallische Eisen in feuchter Umgebung zu bröseligen, wasserhaltigen Oxiden. Im Wasser kommt allerdings nur ein Bruchteil des Sauerstoffs vor, der sich in der Luft befindet. Daher verlangsamt sich hier der Korrosionsprozess sehr deutlich.

Doch auch das Wasser selbst greift Eisen an, das dauert allerdings sehr lange. Im Prinzip wäre ein Eisenwrack unter Wasser also recht lange für uns Taucher eine Augenweide, wäre da nicht noch etwas. Anstatt von Sauerstoff wird das Eisen unter Wasser oft von Bakterien angegriffen, die speziell an ein Leben ohne Sauerstoff angepasst sind. Man spricht von anaerober Biokorrosion. Experimente des Max-Planck-Instituts sprechen dafür, dass diese Bakterien im engen Kontakt mit dem Eisen diesem Elektronen entziehen, was wiederum zur Korrosion führt.

Wem gehören Schiffswracks?

Den Besitz von Schiffswracks regeln die jeweiligen Gesetze eines Staates. Wenn man z. B. den „Abandoned Shipwreck Act“ (Gesetz zu herrenlosen Schiffwracks in den USA) liest, dann stellt man fest, dass der Staat alle Wracks, die von den ehemaligen Eignern aufgegeben wurden, besitzt. Jeder sollte sich über die jeweilige Gesetzeslage informieren, bevor man Pläne schmiedet, ein Wrack auszuräumen oder zu heben.

Wracks, die so lange verborgen gelegen sind, dass der Eigentümer nicht mehr zu ermitteln ist, gelten als Schatzfund. Eine solche Fundsache gehört beispielsweise nach deutschem BGB zur Hälfte dem Finder und zur Hälfte dem Eigentümer, in dessen Gewässer die Sache gefunden wurde.

Wann sank die „Titanic“?

Als die Titanic am 13. Mai 1911 zu Wasser gelassen wurde, galt die von der Belfaster Werft Harland & Wolff Ltd. im Auftrag der Reederei White Star Line gebaute Olympic-Klasse, zu der auch die „Titanic“ gehörte, als die unsinkbarsten Schiffe aller Zeiten. Bei der Jungfernfahrt der „Titanic“, die sie ab dem 10. April 1912 von Southampton nach New York führen sollte, wurde sie von einem frenetischen Publikum gefeiert. Der berühmte Zusammenstoß mit einem Eisberg am 14. April 1912 um 23.40 Uhr belehrte kurz darauf alle eines Besseren. Der Kampf des waidwunden Schiffes dauerte bis um 2.20 Uhr am 15. April 1912 – dann brach es in zwei Teile und sank.

Erst am 1. September 1985 entdeckte Dr. Robert Ballard vom amerikanischen Woods Hole Oceanographic Institute das Wrack in 3821 m Tiefe wieder und lieferte aus seinem Tauchboot „Alvin“ die ersten Bilder vom zerstörten Schiff. Von den 2208 Passagieren und Besatzungsmitgliedern fanden beim Untergang 1504 den Tod. Damit ist der Untergang der „Titanic“ nach dem Untergang der „Tek Sing“ im Januar 1822 (1600 Tote) und dem Kentern der Fähre „Joola“ vor Senegal im September 2002 (1863 Todesopfer) das drittschwerste Schiffsunglück der zivilen Schifffahrt.

Wie viele Schiffe derselben Bauart wie die „Titanic“ gab es?

Die Titanic war das zweite von drei Schiffen der Olympic-Klasse. Einige Wochen vor ihrem Stapellauf verließ ihr Schwesternschiff, die „Olympic“, die Heimatwerft. Die „Olympic“ hatte bereits kurz danach ihren ersten Zusammenstoß mit einem anderen Schiff, der „HMS Hawk“. Im 1. Weltkrieg wurde die „Olympic“ als Truppentransporter eingesetzt und war auch im Mai 1918 das erste Handelsschiff, das ein U-Boot durch Überfahren versenken konnte. Bis in die 1930er Jahre folgten noch einige, nicht beabsichtigte Kollisionen mit anderen Schiffen, die aber alle glimpflich ausgingen. 1935 wurde das einst stolze Schiff zur Verschrottung freigegeben.

Im Untergangsjahr der Titanic, 1912, war auch ihre jüngste Schwester, das dritte Schiff der Klasse, bereits im Bau. Ursprünglich wollte man es auf „Gigantic“ taufen, durch den Untergang der Titanic wurde man aber etwas bescheidener und änderte den Namen in „Britannic“. Da die Transatlantik-Strecke nicht mehr den großen Gewinn brachte und der 1. Weltkrieg begonnen hatte, wurde aus dem ursprünglich als Passagierschiff gedachten Luxusliner ein riesiges Lazarettschiff, das im Mittelmeer eingesetzt wurde.

Die „Britannic“ sank im November 1916 zwischen den griechischen Inseln Kea und Makrónissos. Manche meinen, es sei nach einem Minentreffer untergegangen, andere vertreten die Theorie, dass illegal transportierte Munition explodiert war. Wir werden es wohl nie erfahren. Eine Tauchexpedition unter der Leitung von Jacques-Yves Cousteau entdeckte 1976 in 127 m Tiefe das Wrack der „Britannic“ mit Hilfe der Side-Scan-Technologie. 1996 besuchte auch der Titanic-Entdecker Dr. Robert Ballard das Wrack.

Kann man eine Tauchfahrt zur „Titanic“ buchen?

Tatsächlich gibt es seit Ende der 1990er Jahre einige Agenturen, u.a. die Agenturen Deep Ocean und Zegrahm Expeditions, die Tauchfahrten zum wohl berühmtesten Wrack der Welt anbieten. Sie alle arbeiten mit russischen Tiefseeforschungsbooten. Die russischen Wissenschaftler finanzieren durch diese Touristentouren mit ihrem Forschungsschiff „Akademi Keldysh“ und den U-Booten MIR I und MIR II ihre Meeresforschungsaktivitäten. Die Preise für eine solche Fahrt liegen in etwa bei 35000,– US-Dollar pro Person.
Aufgrund der Wetterlage werden die Touren nur im Sommer angeboten. Die Fahrt beginnt im Hafen von St. John's in Kanada. Aus drei winzigen Bullaugen haben jeweils zwei Freizeit-Tiefseeforscher Ausblick in die dunkle Tiefe. Die gesamte Fahrt dauert 11 Stunden, davon sind 7 Stunden für Ab- und Aufstieg in 3821 m Tiefe eingerechnet. Am Boden angekommen beleuchten Suchscheinwerfer die Überreste des Wracks, wobei zwischen Bug und Heck auf etwa 600 m nichts zu sehen ist. Allemal aber ein geschichtsträchtiger Tauchgang.

Was war das letzte Menü der Titanic-Passagiere?

Am Abend des beginnenden Untergangs der „Titanic“, am 14. April 1912, wurden die illustren Gäste der 1. Klasse an Bord des Luxusliners nach allen Regeln der Kochkunst verwöhnt. Das Menü bestand aus elf erlesenen Gängen, die wir nachstehend kurz auflisten wollen.

Erster Gang:	Canapés la Amiral mit Garnelen
Zweiter Gang:	Consommé Olga
Dritter Gang:	Pochierter Lachs mit Schaumsauce
Vierter Gang:	Hühnchen Lyonnaise mit Kürbis-Eierbrötchen
Fünfter Gang:	Gebratenes Lendensteak mit Sauce Forestière
Sechster Gang:	Sorbet Punch Romaine
Siebter Gang:	Gebratenes Täubchen auf Kresse
Achter Gang:	Spargelsalat mit Champagner-Safran-Vinaigrette
Neunter Gang:	Trüffel-Leberpastete an Salat Waldorf
Zehnter Gang :	Eclairs mit Schokolade und franz. Vanillecreme
Elfter Gang:	Frisches Obst und Käse

Wie alt ist das älteste U-Boot-Wrack?

Das erste erfolgreiche U-Boot war die amerikanische „CSS Hunley" der Konföderierten, welche im amerikanischen Bürgerkrieg am 17.2.1864 die „USS Housatonic" mit 1400 t Eigengewicht rammte und damit versenkte. Am U-Boot war eine Art Harpune mit einer Sprengladung befestigt. Allerdings dürfte sie durch die Explosion selbst beschädigt worden sein und versank kurz darauf. Im Jahr 2000 wurde die „CSS Hunley" nach 136 Jahren mit einem aufwändigen Bergeverfahren wieder aus der Tiefe geholt. Das U-Boot war in einem sehr guten Zustand – man fand u.a. auch die Leichen der neunköpfigen Besatzung, die man am 17. April 2004 feierlich auf dem Magnolia Cemetery in Charleston zur letzten Ruhe bettete. Die „CSS Hunley" war 8 t schwer, 12 m lang und hatte nur 1 m im Durchmesser. Der Propeller am Heck wurde von acht Mann mit einer Handkurbel betrieben. Es gab Ballasttanks für die Tarierung und einen abwerfbaren Eisenkiel zur Sicherheit. Das Boot erreichte 4 Knoten und konnte eine halbe Stunde untergetaucht gefahren werden. Das erste deutsche U-Boot war der Brandtaucher von 1851, der mit einem Tretrad angetrieben wurde. Leider sank das U-Boot bei der Probefahrt, die Besatzung konnte sich gerade noch retten.

Wo liegt das tiefste Wrack?

Am 19. Mai 1998 fand eine „National Geographic Society"-Expedition unter der Leitung von Robert Ballard, bekannt als der Entdecker der Titanic (1985), und unterstützt von der US Navy statt. Diese hatte zum Ziel, den Flugzeugträger „USS Yorktown" in 5075 m Tiefe im Nordzentralpazifik zu finden – 56 Jahre nach der Schlacht von Midway, in welcher die Yorktown gesunken war. Diese Schlacht war ein Wendepunkt im 2. Weltkrieg über die Kontrolle des Pazifiks. Das größte Problem war, herauszufinden, wo man überhaupt suchen muss. Die Zone, in der die Suche stattfand, war 300 km² groß, also wesentlich größer als

das Suchgebiet der Titanic und zudem noch 1,6 km tiefer. Dennoch hatte man Erfolg.
Ein weiteres Wrack von einem japanischen U-Boot vom Typ I-52 wurde von Paul Tidwell nach einer 5-jährigen Expedition in einer Tiefe von rund 5,2 km gefunden. Es wurde in einer abenteuerlichen Bergungsaktion an die Oberfläche zurückgebracht. Ein Grund für die über 2 Mio. US-$ teure Aktion waren vermutlich die 2 t Gold an Bord.

Wie lange gilt ein Wrack noch als Wrack?

Verschiedene Lexika definieren ein Wrack als einen durch Beschädigung unbrauchbar gemachten Körper, der deutlich sichtbare Zeichen des Zerfalls aufweist. Es ist dabei unerheblich, ob es sich um Autos, Schiffe, Flugzeuge, Panzer oder andere Körper handelt. Der Begriff „Wrack" an und für sich legt auch bereits eine weitere Definition fest: Er entstammt dem Mittelniederdeutschen und bedeutet „herumtreibender Gegenstand". Im US-amerikanischen wird damit zugleich auch der Untergang an sich definiert.
Wie lange ein Gegenstand jedoch tatsächlich als Wrack gilt und ab wann es einfach eine Ansammlung von kaputten Teilen ist, ist in kei-

ner der uns bekannten Enzyklopädien festgelegt. Unserer Definition nach sollte es zumindest so lange, wie man noch die ursprüngliche Form erkennen kann, als Wrack gelten. So sich die Form nicht mehr nachvollziehen lässt und nur mehr einzelne Trümmer am Meeresgrund anzutreffen sind, kann man wohl von Überresten eines Wracks sprechen.
Dies ist vor allem bei alten Holzschiffen zu beobachten, bei denen der Schiffsbohrwurm und die Gezeiten dem ehemaligen Wrack bereits so stark zugesetzt hat, dass nur mehr einige Nägel, Aufbauten und Ladungsteile vorhanden sind. Hier noch von einem Wrack zu sprechen, erscheint uns übertrieben – nach der wortwörtlichen Definition handelt es sich aber sehr wohl um ein solches.

Wie viele Wracks gibt es auf der ganzen Welt?

Da man erst relativ spät mit der Aufzeichnung von Schiffsunglücken begann, gibt es nur Schätzungen über die tatsächliche Anzahl. Experten gehen von bis zu 3 Mio. Wracks aus, die weltweit in den Ozeanen liegen. Rund 100 000 davon werden als erhaltungswürdig bezeichnet bzw. haben noch Ladungen mit wertvollen Gütern an Bord. Das Bre-

mer Institut für Seeverkehrswirtschaft und Logistik gibt allein für den Zeitraum von 1992 bis Mitte 2003 insgesamt 968 Handelsschiffe mit einer Tragfähigkeit größer als 500 Bruttoregistertonnen sowie 113 Tanker als gesunken an.

Viele der gesunkenen Schiffe aus den vergangenen Jahrhunderten fielen bereits einem maritimen Vielfraß zum Opfer. Der Schiffsbohrwurm, der eigentlich eine Muschelart und kein Wurm ist, setzt seine Schale als Bohrwerkzeug ein und vernichtet so im Laufe der Zeit das Holz alter Schiffe.

Rekorde und Fakten

Wie viele Bücher gibt es zum Thema Tauchen?

Diese Frage ist natürlich eine rein theoretische, da wir hier sicher nicht alle Bücher zu diesem Thema anführen können. Nichts desto trotz wollen wir einen kleinen Überblick geben. Der führende Online-Buchhändler Amazon führt 498 deutschsprachige Bücher über das Tauchen in seinem Sortiment. Auf Englisch sind sogar 1551 Bücher über die Wunder der Unterwasserwelt gelistet. Da alle im Verzeichnis lieferbarer Bücher (VLB) aufgeführten Druckwerke auch bei Amazon aufgenommen werden, kann man davon ausgehen, dass diese Zahlen mehr oder weniger korrekt und vollständig sind.

Mit dem nun vorliegenden Buch wollen wir diese Zahl um 1 nach oben korrigieren. Für alle, die noch konkretere Informationen benötigen, was es zum Schreiben eines Buches bedarf: viel Ausdauer, Geduld, Recherchefähigkeiten, einen guten Verlag, gutes Bildmaterial, verständnisvolle Vorgesetzte, hilfsbereite Freunde, eine gute Idee, einen mehr oder weniger guten Schreibstil und, last but not least, viel, viel Arbeitseinsatz.

In diesem Sinne – frohes Schaffen, vielleicht halten wir auch bald ein Buch unserer Leser in Händen.

Wie gefährlich ist Tauchen im Vergleich zu anderen Sportarten?

Taucher sind nicht so sehr gefährdet, wie viele meinen. Tauchen gilt, aus welchen Gründen auch immer, in der Allgemeinheit als eine gefährliche Angelegenheit. Zu Unrecht, wie man sieht, vergleicht man den Tauchsport mit anderen Sportaktivitäten. Das amerikanische Unternehmen Failure Analysis Associates hat diesbezüglich eine Untersuchung durchgeführt, die zwar schon einige Jahre zurückliegt, aber dennoch schön den Unterschied aufzeigt.

In 1 Mio. Stunden Sport passieren jeweils folgende Unfälle: 128,71 beim Fallschirmspringen, 8,8 beim Motorradfahren, 1,98 beim Geräte-

tauchen, 1,07 beim Schwimmen und 0,28 beim Wasserskifahren. Knappe zwei Unfälle in 1 Mio. Stunden (bei rund 1 Mio. Tauchgängen also) kann man doch nicht als allzu gefährlich einstufen – oder sehen Sie das anders?

Wie viele Taucher sind gleichzeitig gemeinsam abgetaucht?

Diese Massentauchveranstaltung fand weltweit bereits einige Male statt – es galt immer, den zuvor erzielten Weltrekord zu brechen. Vorreiter war am 7. Juli 2001 der Durban Unterwasser Club am Vetch's Pier in Südafrika. Bei diesem Rekord, der auch einen Eintrag im „Guinness-Buch der Rekorde" fand, tauchten 592 Taucher gleichzeitig ab. Bei der Veranstaltung Monsterdive in Deutschland versuchte man 2004 und 2005 diesen Rekord zu brechen, blieb allerdings mit 350 Tauchern im Jahr 2004 weit vom Ziel entfernt (2005 waren es noch weniger).

Anlässlich des Koh Tao Unterwasser Festivals in Thailand wurde der Rekord im Februar 2005 mit 722 teilnehmenden Tauchern schließlich deutlich nach oben revidiert. Das beliebte Taucherparadies Malediven setzte am 25. Februar 2006, mit angepeilten 979 Tauchern noch eins drauf.

An der schönen, geraden Zahl bei den meisten dieser Events kann man erkennen, dass natürlich auch hier das Buddy-System zur Anwendung kam. Wer auf den Malediven allerdings allein war und wie viel Schlamm jeweils aufgewühlt wurde, konnten wir nicht eruieren.

In welcher größten Tiefe war bisher jemals ein Mensch?

Man kann es so ausdrücken: Der Mensch war schon fast an der tiefsten Stelle, die es auf unserem Planeten gibt. Am 23. Januar 1960 gelangte das Tiefsee-U-Boot „Trieste" mit zwei Forschern bemannt, darunter der bekannte französische Forscher Jacques Piccard, in eine Rekordtiefe von 10916 m im Marianen-Graben im Pazifik. Das Tiefsee-U-Boot „Trieste", das diese Meisterleistung vollbracht hat, ist nur 15 m lang. Während der Tauchfahrt entdeckte man auch gleich einen Plattfisch, womit bewiesen war, dass es auch Leben in dieser Tiefe gibt.

Was war die größte Unterwasser-Hochzeit?

Die größte Unterwasser-Hochzeit fand am 13. September 2003 statt. Zur Zeremonie erschienen 105 Taucher (inklusive der Braut, Bräutigam und Priester), die zum feierlichen Akt in die Tiefen des Meeres abtauchten. Das eheliche Gelöbnis wurde zwischen Toni Wilson und John Santino in der Nähe des Rainbow Beach auf den Virgin Islands, USA ausgesprochen. In 3 m Tiefe wurde dazu ein Tisch aufgebaut, und die Zeugen mussten das laminierte Gästebuch unterzeichnen, natürlich mit einem wasserfesten Stift. Die Veranstaltung erfolgte schwimmend, nur beim Niederknien auf dem sandigen Untergrund gab es für die Gäste ein kleines Sichtproblem.

Welches war der tiefste Höhlentauchgang?

Der südafrikanische Tek-Diver Nuno Gomes brach nicht nur vor kurzem den Weltrekord im Tieftauchen mit 318,25 m im Roten Meer (dieser ist mittlerweile wieder überboten worden), sondern er hält auch den Rekord im tiefsten Höhlentauchgang der Welt. 1996 tauchte er in der in Südafrika liegenden Boesmansgat-Höhle, die auch unter dem Namen „Bushman's Hole" bekannt ist, auf eine unglaubliche Tiefe von 282,6 m. Gomes hätte dort beinahe sein Leben verloren, als er im Schlamm am Grund der Höhle die Orientierung verlor.

Wo liegt der Weltrekord im Langzeittauchen mit Flasche?

Hier stellt sich zusätzlich die Frage, was Langzeittauchen genau ist? 2001 wurde z. B. der seit 1994 bestehende Weltrekord im Langzeittauchen und „Mensch ärgere dich nicht"-Spielen von 40 Stunden und 36 Minuten überboten. Der jetzige Rekord liegt nun bei 41 Stunden. Einen anderen Langzeittauch-Rekord hält Brent Hudson aus Yarm (England), der mit einer 200 bar gefüllten 18 l Pressluftflasche 6 Stunden, 31 Minuten und 8 Sekunden lang tauchte. Muss dem fad gewesen sein.

Ein weiteres Projekt beschäftigte sich im September 2005 mit dem Thema Langzeittauchen. Vor der italienischen Insel Ponza verbrachten der 37-jährige Stefano Barbaresi und die 29-jährige Stefania Mensa zehn ganze Tage im feuchten Element. Der wissenschaftliche Versuch fand in 8 m Tiefe statt. Die Probanden lebten auf eigens angefertigten Unterwassermöbeln, Trimmräder sorgten für den Erhalt der Muskelmasse und ein Fernseher für Abwechslung. In einem Habitat wurde ausschließlich die Nahrung aufgenommen, den Rest der Zeit – inklusive der Schlafphasen und dem Wechsel der Pressluftflaschen – verbrachte das Paar im Wasser.

Was ist der Rekord im Luftanhalten?

Der aktuelle Rekord (Stand November 2006) im statischen Luftanhalten wird laut der internationalen Apnoe-Vereinigung AIDA International von Tom Sietas aus Deutschland mit 9 Minuten gehalten. In der Zeit hätte man locker 2 km laufen können.

Interessantes Detail am Rande: Der Weltrekord im Luftanhalten liegt viel höher und wurde über viele Jahre von keinem Ausnahmeathleten gehalten. Der amerikanische Anästhesist Dr. Keats und sein Schüler Robert Foster atmeten 30 Minuten lang reinen Sauerstoff und schafften es anschließend 13 Minuten 35 Sekunden (Keats) bzw. 13 Minuten 42 Sekunden (Foster) die Luft anzuhalten. Aufgrund der Sauerstoffanreicherung wird diese Zeit aber von den Freitauchorganisationen nicht anerkannt – sehr wohl aber vom „Guinness Buch der Rekorde".

Beeindruckender wird diese Leistung noch dadurch, dass Tom Sietas diesen Rekord erst im zweiten Anlauf am 7. Februar 2006 in der „Guinness Show of World Records" in Italien auf 14 Minuten 15 Sekunden hochschrauben konnte. Womit wir natürlich die Leistung von Tom nicht schmälern wollen, sondern die Leistung der Wissenschaftler hervorheben.

Wie tief kann man ohne Luft tauchen?

Menschen vollbringen immer unglaublichere Leistungen, und gerade beim Tieftauchen ohne Luft wird einem erst bewusst, was ein Mensch leisten kann. Die AIDA International unterscheidet verschiedene Kategorien des Tieftauchens. Eine davon nennt sich „No Limit", hier lassen sich Freitaucher mit Hilfe von Gewichten in die Tiefe hinab. Für den Aufstieg kann man eine freie Methode wählen, allerdings erfolgt dies meistens unter Zuhilfenahme eines Hebeballons. In dieser Kategorie werden auch die größten Tiefen im Apnoe-Sport erzielt.

Der derzeitige AIDA-Weltrekord in „No Limit" wurde mit einer Tiefe von 183 m am 28. August 2006 vom Österreicher Herbert Nitsch aufgestellt. Ein weiterer Apnoe-Rekord in der Kategorie „Variables Gewicht" wird derzeit vom Venezuelaner Carlos Coste mit 140 m gehalten; dabei wird auch mit einem Gewicht getaucht, aber der Aufstieg erfolgt aus eigener Kraft.

Als Ausnahmeerscheinung gilt der belgische Freitaucher Patrick Musimu. Er trat aufgrund von Differenzen aus der AIDA aus, um kurze Zeit später am 30. Juni 2005 in Ägypten in der Disziplin „No Limit" auf eine Tiefe von 209 m zu tauchen. Der Tauchgang gilt als Weltrekord, wird aber aufgrund der fehlenden Verbandszugehörigkeit nicht von der AIDA anerkannt.

Experten gehen übrigens davon aus, dass mit den derzeit erzielten Tiefen die menschliche Grenze erreicht ist. Zukünftige Rekorde werden wohl alle in diesen Tiefen stattfinden.

Wie lange kann man mit einer Pressluftflasche tauchen?

Je tiefer man taucht, desto mehr Umgebungsdruck wirkt auf die aus der Pressluftflasche abgegebene Atemluft ein und desto mehr wird sie komprimiert. Da man aber die ebenfalls komprimierte Lunge wieder auf das normale Niveau ausdehnen muss, wird dementsprechend mehr Luft eingeatmet. So weit, so klar. D. h., je tiefer man taucht, desto mehr Luft verbraucht man innerhalb desselben Zeitraums bei gleich bleibenden Umgebungsbedingungen, wie etwa Strömung und Temperatur.

Gehen wir von einer bei 200 bar komprimierten Atemluft gefüllten 10-Liter-Pressluftflasche aus, führen wir an der Oberfläche bei 1 bar Umgebungsdruck auf Meeresniveau also 10 × 200 = 2000 l Atemluft mit uns. Ein durchschnittlicher Mensch hat ein Lungenvolumen von annähernd 5 l und nimmt mit einem Atemzug (Atemzugvolumen) im Ruhezustand rund 0,5 l Atemluft an der Oberfläche zu sich. In 10 m Tiefe herrschen bereits 2 bar Umgebungsdruck, also das Doppelte wie an der Oberfläche. Das bedeutet, dass man auch doppelt so viel Luft einatmen muss, um die Lunge auf das Normalniveau zu füllen.

Kann man also an der Oberfläche aus der oben angeführten Flasche 4000 Atemzüge machen (4000 Atemzüge × 0,5 Liter = 2000 Liter), schafft man in 10 m Tiefe bereits nur mehr 2000 Atemzüge. Geht man jetzt noch von einem durchschnittlichen Atemintervall eines Erwachsenen von 16 Atemzügen pro Minute aus (8 l/Minute), können wir an der Oberfläche rund 4 Stunden atmen, in 10 m Tiefe nur mehr 2 Stunden, in 20 m Tiefe nur mehr 1,33 Stunden und in 30 m Tiefe nur mehr 1 Stunde. Alles wohlgemerkt im Ruhezustand! Durch die Anstrengung eines Tauchgangs erhöht sich das eingeatmete Luftvolumen und die angegebenen Zeiten sinken drastisch ab. Wie wir ja alle schon in der Praxis miterlebt haben – oder etwa nicht?

Welche Strecke legt man während eines Tauchgangs zurück?

Die Antwort auf diese Frage ist natürlich deutlich von den Strömungen abhängig. Wird man von einer Strömung getrieben, verlängert sich die Strecke beträchtlich. Muss man gegen eine Strömung anschwimmen, verkürzt sie sich enorm. Bei einem durchschnittlichen Tauchgang, bei dem der Taucher entspannt die ihn umgebende Unterwasser-Landschaft genießt, ist die tatsächlich zurückgelegte Strecke sehr kurz. In der Praxis bewegt man sich rund 100–150 m vom Ausgangspunkt weg. Diese Entfernung mag wenig erscheinen – beobachten Sie aber einfach selbst bei Ihrem nächsten Tauchgang die zurückgelegte Distanz, sehr viel mehr wird es nicht werden.

Was sind die skurrilsten Taucharten?

Wo es Menschen gibt, gibt es auch Skurriles, so nicht anders bei den Tauchern. Wir konnten uns nicht klar für die skurrilste Tauchart entscheiden, daher haben wir unsere persönlichen Top 5 zusammengestellt:

Platz 1: Unterwasser-Extrem-Bügeln (Underwater Extreme Ironing durchgeführt durch verschiedene Geräte- und Freitaucher, wie etwa Erik Kaiser). **Platz 2:** Unterwasser-Poppen (zertifiziert u.a. durch die IUPA, International Underwater Popping Association, und die IOUA, International Oral Underwater Apnoeists). **Platz 3:** Unterwasser-Apnoe-Eishockey unter Eis (Länderspiel Österreich – Deutschland 2005 und Österreich – Slowakei 2006, beide Male organisiert von Christian Redl und Jaromir Foukal). **Platz 4:** Unterwasser-Apnoe-Radfahren (Weltrekord 2003 durch Ludovic Diligeart). **Platz 5:** Unterwasser-Marathon-Laufen (Weltrekord 2003 durch Wolfgang Kulow).

Für weitere Anregungen sind wir natürlich immer offen und erweitern gerne diese Liste.

Wie viele Taucher gibt es weltweit?

Da es zu diesem Thema keine tatsächliche Untersuchung gibt, wagen wir uns an einen Schätzwert, der auf Grund vorliegender Zahlen der beiden größten Tauchsportorganisationen PADI und CMAS sowie inoffiziellen Angaben der Gerätetauchindustrie errechnet wurde. In den USA sind demnach 8,5 Mio. Gerätetaucher brevetiert, in Deutschland rund 3 Mio., in der Schweiz rund 250 000 und in Österreich rund 300 000 Taucher. Daraus resultierend ergibt sich ein Wert von rund 3 % der jeweiligen Bevölkerung. Legt man jetzt der Schätzung ein Ost-West-Gefälle zu Grunde, da anzunehmen ist, dass in der westlichen Welt der überwiegende Großteil der brevetierten Gerätetaucher zu finden ist, kann man Kontinente wie Asien, Afrika und Lateinamerika ausschließen.

Nehmen wir also für unsere Schätzung Europa, Nordamerika und Ozeanien und legen auf diese Bevölkerung unseren errechneten Wert von 3 %. Demnach müsste es rund 32,61 Mio. Gerätetaucher weltweit geben. Dieser Wert dürfte annähernd stimmen.

Wer ist der reichste Taucher der Welt?

Der Amerikaner Paul Allen, Mitbegründer von Microsoft, ist seit seinen Studientagen begeisterter Taucher. Auf der alljährlich erscheinenden Liste der reichsten Menschen der Welt wird er im Jahr 2004 mit seinen 21 Mrd. US-Dollar als Nummer 5 aufgeführt. Vor ihm liegen noch Bill Gates, Warren Buffett, der Aldi-Gründer Karl Albrecht und der saudiarabische Scheich Prinz Alwaleed Bin Talal Alsaud, allesamt Nichttaucher.

Kurz nach seinem Ausstieg bei Microsoft Anfang der 1980er Jahre begab sich Allen auf eine Weltreise, auf der er hauptsächlich das Skifahren und Tauchen genoss. Wie meint er doch selbst so treffend: „Once I dive into something, I tend to dive in, I guess, head first."
Nach ihm wäre übrigens John Walton gereiht, Erbe des Wal Mart Supermarktes und elftreichster Mann der Welt, der jedoch bei einem Flugzeugunglück am 27. Juni 2005 in den USA ums Leben kam. Walton war begeisterter Tiefseetaucher. Außer der Wertung läuft Prinz Charles von Windsor, Kronprinz von Großbritannien und Prinz von Wales. Prinz Charles ist Präsident des BS-AC (British Sub-Aqua Club). Da er aber über kein eigenes Vermögen verfügt, sondern „nur" über das nicht unbeträchtliche Familienvermögen der Windsors regiert, haben wir ihn nicht in die offizielle Reihung aufgenommen.

Was ist der Altersdurchschnitt der Taucher?

Nehmen wir den durchschnittlichen Taucher und nennen ihn Hans Müller, denn er ist männlich. 72 % aller Taucher weltweit sind männlichen Geschlechts. Hans ist 39 Jahre alt. Dies ergibt sich daraus, dass 16 % alle Taucher weltweit zwischen 16–24 Jahre alt sind, 29 % liegen zwischen 25–34 Jahren, der Altersgruppe 35–44 Jahre gehört der Großteil, nämlich 33 %. an, über 45 Jahre sind nur noch 19 % aller Taucher weltweit. Hans hat übrigens sein Abitur gemacht, ist in der mittleren Managementebene tätig, ist verheiratet und verdient jährlich rund 45 000,– Euro brutto. Der Autor dieser Zeilen muss zugeben, dass er selbst mehrere Hänschen kennt, die diesem Typus entsprechen und die Weltmeere unsicher machen.

Wo findet die größte Tauchermesse in Europa statt?

Dieses Prädikat kann die seit 1969 im deutschen Düsseldorf stattfindende „boot" für sich in Anspruch nehmen. Zusätzlich ist die „boot" in Düsseldorf auch die größte Wassersportmesse der Welt. Nach ihr ist die ebenfalls alljährlich stattfindende DEMA in Las Vegas, USA, die zweitgrößte Tauchermesse der Welt.

Im Jahr 2006 waren 1659 Teilnehmer aus 51 Ländern mit ihren Produkten vertreten und präsentierten ihre Produkte 296 000 Besuchern. Die „boot" ist auch die einzige Messe in Europa, auf der die größten Yachten innerhalb der Messehallen gezeigt werden können – eine Messe der Superlative, die auch alle Jahre wieder die diversen Schnäppchenjäger anlockt. Petri Heil können wir da nur wünschen.

Wie viele Tauchunfälle gibt es weltweit pro Jahr?

Tauchunfälle sind prinzipiell relativ selten, ergeben aber natürlich für die Medien einen guten Bericht. Man schreibt aber sehr wenig über die tatsächlich durchgeführten Tauchgänge im Verhältnis zu den Unfallzahlen. Das Netzwerk für Tauchsicherheit, DAN (Divers Alert Network), spricht von rund einem schweren Tauchunfall pro 10 000 Tauchgänge weltweit, amerikanische Statistiken gehen von 1:5000 aus. Um das Verhältnis in Zahlen zu fassen: Von rund 3 Millionen Sporttauchern in Deutschland verunfallen rund 150 im Jahr schwer, weitere 100 Taucher sterben durch einen Tauchunfall. In einer weltweiten Studie unter allen DAN-Mitgliedern wurde erhoben, dass das Risiko eines schweren Tauchunfalls pro Taucher und Jahr 0,38 % beträgt. Das allgemeine Unfallrisiko wird sogar nur mit 0,015 % eingeschätzt. Vermeidet man Tauchgänge über 30 m und taucht in der Nullzeit, also ohne Dekompressionspflicht, sinkt laut dieser Untersuchung das Risiko auf 0,0025 %. Rund 95 % aller Tauchunfälle sind laut DAN ausschließlich auf menschliches Versagen zurückzuführen: durch Selbstüberschätzung, Alkohol und dem Überschreiten der physischen und psychischen Leistungsgrenzen. Wie heißt es doch so schön: Plane deinen Tauchgang und tauche deinen Plan.

Was ist die längste, jemals unter Eis zurückgelegte Strecke eines Freitauchers?

Der österreichische Freitaucher Christian Redl legte am 14. Februar 2003 nur mit Hilfe seiner Flossen 90 m unter dem Eis des Kärntner Weißensees zurück. Er überbot damit den bis dahin laut „Guinness-Buch der Rekorde“ geltenden Weltrekord des Italieners Nicola Brischigiaro um 5 m. In einem zweiten Weltrekord am selben Tag erreichte er unter Zuhilfenahme eines Unterwasser-Scooters eine Länge von 150 m mit nur einem Atemzug. Er übertraf dabei Brischigiaro um 50 m. Während der gesamten Trainingszeit für seine Weltrekorde führte der deutsche Taucharzt Holger Göbel verschiedene Tests an Redl durch, um herauszufinden, wie die menschliche Physiologie auf solche Extremtauchgänge reagiert.

Was ist der Rekord im Weittauchen?

Dies ist nicht so leicht zu beantworten, denn es stellt sich die Frage, wie man Weittauchen definiert. Für uns ist der Meister im Weittauchen Wolfgang Kulow, der den 1. Unterwasser-Marathon-Lauf der Welt bestand. Für diesen Marathon, der nicht nur dem Menschen das Letzte abforderte, wurden ganz spezielle Anforderungen an das Material gestellt. Getränke mussten über ein Schlauchsystem aufgenommen werden, neben der gesamten Tauchtechnik wurde auch ein ganz neu entwickelter Atemluftbefeuchter verwendet. Für den nötigen Gripp beim Laufen wurden die Sportschuhe über die Füßlinge des Taucheranzugs gezogen. Beachtlich war, dass Wolfgang Kulow die ersten 100 m in 2 Minuten 7 Sekunden zurücklegte, was einer guten Leistung eines Schwimmers entspricht. Für die Gesamtstrecke von 42,195 km brauchte er 24 Stunden 24 Minuten und 47 Sekunden. Dabei verbrauchte er 52 800 l Luft und ist 58 900 Schritte gelaufen. Beachtliche Leistung!

Nachwort Umberto Pelizzari

Die Welt der Ozeane ist eine faszinierende und fremde für uns Menschen. Je tiefer man vordringt, desto langsamer wird der Herzschlag und desto stärker nimmt man die Umgebung in sich auf. Während all meiner Jahre als Freitauchprofi und während all meinen Weltrekorden habe ich das immer am meisten genossen: das Eindringen in diese fremden Dimensionen, das Abschalten und das Reduzieren meiner selbst auf mein innerstes Ich. Meter um Meter, den ich abtauche, finde ich mehr und mehr zu mir selbst zurück.

Als mich die Autoren dieses Buches um ein Nachwort baten, war es daher für mich eine Selbstverständlichkeit, dieses auch zu schreiben. Bieten sie doch so vielen Menschen einen kleinen Einblick und vor allem einen besseren Durchblick in diese faszinierende Welt, die mir immer so viel gegeben hat und gibt. Als Journalist ist es mittlerweile selbst meine Aufgabe, in Fernsehprogrammen Wissen über die Unterwasserwelt zu verbreiten und dem Publikum auf anschauliche Art und Weise zu vermitteln. Ich weiß also, dass dies nicht immer sehr einfach ist, hier aber auf wundervolle Art und Weise passiert ist. In meiner Tätigkeit als Apnoe-Instruktor in meiner Apnea Academy International ist es zusätzlich meine Berufung, den Nachwuchs für diesen wundervollen Sport zu fördern. Auch hier kann das vorliegende Buch vielleicht ein klein wenig helfen.
In diesem Sinne wünsche ich Ihnen entspannte Stunden beim Lesen dieses Buches und hoffentlich viele beeindruckende und faszinierende Tauchgänge in der Zukunft!

Ihr
Umberto Pelizzari
Mehrfacher Apnoe-Weltrekordhalter
Mehrfacher Apnoe-Weltmeister
Apnoe Instructor der Apnea Academy

Nachwort Dr. Erich Ritter

Ich kann mich oft nur schwer zurückhalten, wenn es um den Schutz von Tieren geht und bin daher schon vielen Menschen auf die Füße getreten, da ich ihre Gleichgültigkeit gegenüber Tieren öffentlich anprangerte. Deshalb bin ich froh, dass es mehr und mehr Gleichgesinnte gibt, die den Kampf gegen all die Misshandlungen, Experimente und sonstigen Schlächtereien aufnehmen und es sich zum Ziel gemacht haben, solches zu unterbinden.
Hier kann auch dieses Buch gute Dienste leisten, zeigt es doch auf eindrucksvolle und amüsante Art und Weise Missstände auf und räumt mit lang gehegten Vorurteilen auf. Vielleicht können so auch neue „Mitstreiter" für den Schutz und Erhalt des maritimen Lebens gewonnen werden?
Doch selbst wenn die Zahl dieser Menschen und Organisationen größer wird, so scheint es, dass diese Bewegung für die Meeresbewohner nicht im selben Maße vonstatten geht. Bedenkt man das Heer von Tauchern, das Jahr für Jahr die Weltmeere bereist und sich der Unterwasserpracht erfreut, müsste man eigentlich annehmen können, dass der Schutz der marinen Tiergruppen im gleichen Rahmen zunimmt. Doch dem ist nicht so. Warum nicht?
Ein Grund liegt leider daran, dass es immer noch viele Taucher gibt, denen das Gesehene nicht so ans Herz geht, dass sie beginnen würden, sich dafür öffentlich auszusprechen und mitzuhelfen, diese Tiere zu schützen. Wer kennt nicht den typischen „Konsumententaucher", der einen Tauchgang im Meer als langweilig empfand, weil er nichts „Großes" sah, oder er nicht ein zweites Mal am gleichen Platz tauchen gehen würde, weil er diesen scheinbar schon kennt? Dass sich solche Taucher nicht für das Wohlergehen unserer Meere einsetzen, muss man leider akzeptieren, doch wie steht es mit all den anderen, den Videografen, Fotografen, Wissenschaftlern?
Tausende von Foto- und Videografen zeigen täglich ihr bestes Bild oder ihre beste Sequenz. Was für Bilder würden sie zeigen, wenn sie kein

Objekt mehr hätten, das es zu fotografieren oder zu filmen lohnt? Was für Forschung würden Meeresbiologen machen, wenn es ihre Tiere nicht mehr gäbe? Oder auch Tauchausbilder, die nur deshalb ihren Beruf ausüben können, weil es eben etwas unter der Wasseroberfläche zu sehen gibt.

Obwohl es schlussendlich alle Taucher angehen sollte, so liegt die Verantwortung doch zu einem Großteil bei diesen Menschen, da sie durch ihre Bilder, Filme, Worte und Erkenntnisse andere motivieren und dazu ansporne können, ebenfalls etwas für die Lebewesen unter Wasser zu unternehmen. An dieser Stelle möchte ich daher auch den beiden Autoren dieses Buches danken, da sie mit Hilfe ihrer Informationen, die hier in Hülle und Fülle zu finden sind, dazu beitragen können, andere Menschen wachzurütteln.

Es ist ein Privileg, wenn man die Möglichkeit hat, an nahe und ferne Plätze dieser Erde zu reisen, abzutauchen, die Unterwasserwelt sehen zu dürfen, abzulichten und zu untersuchen. Und es muss jedem klar werden, dass, wenn er dieses Privileg in Anspruch nimmt, er den Tieren, die er gesehen hat, etwas schuldet.

Diese Schuld bedeutet, aufzustehen für die Tiere, mitzuhelfen die Unterwasserwelt zu erhalten und die Botschaft zu verbreiten. Unsere Generation ist die Letzte, die es noch in die Wege leiten kann, unsere Kinder werden diese Chance nicht mehr haben. Es geht uns alle an.

Ihr
Dr. Erich Ritter
Biologe, Zoologe, Haiforscher
Vizepräsident und Wissenschaftlicher Leiter Sharkproject

Register

Danksagung

Wir möchten uns, neben vielen anderen, speziell bei diesen Informationsquellen und Helfern bedanken, ohne die eine Vielzahl der Informationen in diesem Buch nicht zustande gekommen wäre:

Helfer: Ing. Robert Freissl (Wasserrettung Mödling), Tina Gstöttner (Sharkproject Österreich), Ing. Mag. Marcus Hantschel (nullzeit.at), Dr. Jörg Christoph Michael Klingmann (Heidelberger Tauchersprechstunde), Walter Moraru (Stingray Divers), Umberto Pelizzari (Apnea Academy), Christian Redl (Apnea Academy Instructor), Dr. Erich Ritter (Sharkproject), Roger Rüegger (Dive into watches) sowie Horst Schmid (UMEX)

Informationsquellen: AIDA International, Austria Presse Agentur APA, Chris Benz Taucheruhren, British Sub-Aqua Club; CMAS, DAN (Divers Alert Network), Deutsche Marine, Dive into watches, Food and Agriculture Organization of the United Nations (FAO), Forbes Magazine, Geo Magazin Online, Gesellschaft für Tauch- und Überdruckmedizin e.V., Greenpeace, Lakesidepress.com, mare (dreiviertel-Verlag Gmbh & Co. KG), NAUI, Newsgroup de.rec.sport.tauchen, nullzeit.at, Onmeda – medicine worldwide, Österreichisches Bundesheer, Ozeane.de, PADI, PM-Magazin, Pruefraum-online.de und Holger Langer, Rolex S.A., Sharkinfo.ch, Sharkproject e.V., SSI, Stoerringer.de, Taucher.net, Tauchersprechstunde.de, TSVÖ, United Nations (UNO), Universität Bielefeld, Universität München, VDST, Wikipedia – Die freie Enzyklopädie sowie World Health Organisation (WHO)

Oskar F. Ehm, Max Hahn, Uwe Hoffmann: Der neue EHM, Tauchen noch sicherer, Verlag Müller Rüschlikon, 2003
Guinness Buch der Rekorde 2005, Guinness Verlag, 2004
Enzyklopädie des Sporttauchens, PADI EU Services AG, Produkt Nummer 1734

Impressum

Mit 96 Farbfotos von Dieter Baumann (S. 32), Manfred Dorner/Christian Redl (S. 13, 215), Fabrice Dall'Anese/Umberto Pelizzari (S. 216), Tina Gstöttner, sharkproject.org (S. 164, 165, 166), Marcus Hantschel (S. 4), Erik Kaiser (S. 211), Michael Krammer (S. 109, 137), Walter Moraru (S. 25, 31, 79, 119, 120, 156, 158, 162, 172, 173, 176 u., 177, 179, 181, 185, 190), Österreichisches Bundesheer Pressestelle, bundesheer.at (S. 18, 52), Rolex S.A. Pressestelle (S. 206), Klaus-M. Schremser, nullzeit.at (S. 189), sharkproject.org (S. 217), taucher.net (S. 21, 205), US Navy Newsstand (S. 43, 66, 133, 152), alle übrigen Fotos von Leo Ochsenbauer.
Die Zeichnung auf S. 199 stammt von R.G. Skerrett, 1902 (Navy Art Collection, Washington, DC), alle anderen 6 Grafiken von Leo Ochsenbauer und Walter Moraru.

Umschlaggestaltung von Stefan Schmid unter Verwendung von einem Foto von Leo Ochsenbauer.

Bibliographische Information der Deutschen Nationalbibliothek
Die Deutsche Nationalbibliothek verzeichnet diese Publikation in der Deutschen Nationalbibliografie; detaillierte bibliografische Daten sind im Internet über http://dnb.ddb.de abrufbar.

Gedruckt auf chlorfrei gebleichtem Papier

ISBN 978-3-440-10762-1
Projektleitung: Monika Weymann
Lektorat: Bärbel Oftring
Grundlayout: eStudio Calamar
Produktion: Johannes Geyer
Printed in The Czech Republic / Imprimé en République Tchèque

Postfach 10 60 11
D-70049 Stuttgart
TELEFON +49 (0)711-2191-0
FAX +49 (0)711-2191-422
WEB www.kosmos.de
E-MAIL info@kosmos.de